田中弘之

「蛮社の獄」のすべて

吉川弘文館

目　次

V

挿図目次

はじめに

天保十年（一八三九）五月に起きた「蛮社の獄」については、シーボルト事件とともに、いわゆる「蘭学者弾圧事件」として知られている。天保九年十月、前年のモリソン号来航事件をきっかけとして、江戸の蘭学者高野長英は『戊戌夢物語《ぼじゅつゆめものがたり》』（以後主に『夢物語』と略記する）を書き、田原藩の渡辺崋山は『慎機論《しんきろん》』を書いて幕府の対外政策を批判した。そのため長英は永牢（終身禁固）の判決を受けたが、弘化元年（一八四四）獄舎の火災に乗じて出獄し、嘉永三年（一八五〇）江戸に潜伏中捕吏に襲われて死亡した。崋山は在所蟄居《ざいしょちっきょ》の判決であったが二年後に自決し、崋山・長英の同志であった小関三英《こせきさんえい》は容疑者ではなかったが、事件発生直後捕縛を恐れて自ら命を絶った。このほかに常陸の僧侶と江戸の町人たちが無人島（小笠原島）への渡海を計画していたとして捕えられ、そのうち四人は取調べ中に拷問を受けて死亡している。

この「蛮社の獄」と称する事件が広く知られるようになったのは、事件から約半世紀を経た明治十七年（一八八四）に書かれた藤田茂吉著『文明東漸史《ぶんめいとうぜんし》』以来である。折から自由民権運動はその最盛期を迎え、官憲の弾圧も激しさを増していた。そのため自由民権運動の論客藤田茂吉は、天保の蛮社の獄を「新・旧思想の衝突」「新思想への弾圧」の一例として、彼らが直面する自由民権の政治活動の先駆をなすものと位置づけて『文明東漸史』を書いたという。彼が主に参考にした資料は、獄中で高野長英が事件の顚末を記した『蛮社遭厄小記《ばんしゃそうやくしょうき》』であった。これは事件の正確な記録というよりも、多分に自己弁護、釈明ともいうべき色彩が濃く、事件を正確に伝えているとはいいがたい。これはある程度やむをえないことではあるが、その結果『蛮社遭厄小記』における歪曲や当時の誤った巷説が『文明東漸史』によってさらに増幅された面も少なくない。以来、蛮社の獄という事件は「新思想の結社尚歯会《しょうしかい》に対する弾圧」「先覚者受難の悲劇」というテーマで語られるようになった。

明治の自由民権運動以来、足尾鉱毒事件、大逆事件、その後の治安維持法にかかわる弾圧等々、官憲による言論弾圧と抵抗という主題は、近代日本の知識人にとって常に身近な存在であり続けたといえよう。蛮社の獄はまさにその原点として位置づけられ、明治以降も各時代の人々によって共感をもって語られてきた。したがって歴史家の研究をまつまでもなく、われわれには、長英が説き『文明東漸史』が広めた、鳥居耀蔵《とりいようぞう》による「新思想への弾圧」説は、違和感なく受け入れられ、他の原因は考えがたく、事件の原因を耀蔵の洋学に対する憎悪と彼の特異な性格に帰することによって、おのずと事件の経過・意義めいたものが定着し、さらなる学問的研究がおろそかになったという面もなしとしない。こうした事情もあってか、蛮社の獄は、崋山や長英の評伝や小説のなかでしばしば取り上げられ、天保期の歴史では必ず言及される事件として人口に膾炙《かいしゃ》しているわりには、蛮社の獄そのものに関する学問的研究は進んでいないといわれて久しい。

明治以来の通説では、折から迫り来る内憂・外患を憂慮する知識人の集まりといわれる尚歯会で活躍する長英や、海防問題に取り組む開明的な崋山らを、天保の改革でも庶民の恨みを買うことになる悪名高い幕府の目付鳥居耀蔵が弾圧するというきわめて明快な構図で語られてきた。特に耀蔵は幕府の文教を掌る林家《りんけ》出身のため旧弊で洋学を憎悪し、耀蔵の実父大学頭《だいがくのかみ》林述斎《はやしじゅっさい》も洋学を嫌忌しており、事件の背景には、こうした洋学の隆盛に対する林家を中心とする儒学者らの反発・反感があったという。こうした解釈は一見わかりやすく、事件当時から現在までほぼ定説として知られている。

たしかに鳥居耀蔵が長英・崋山らを告発したのは事実であるが、しかし、実際には事件全体の摘発と断罪は、形式上にせよ老中水野忠邦が指揮をとるという形で進められており、これをみると蛮社の獄は、たんに林家の蘭学に対する反感や耀蔵の蘭学者に対する憎悪という個人的次元を超えた、幕政にかかわる政治的な事件として扱われていたことがわかる。

従来、林家は洋学・洋学者を嫌忌し守旧的で因循、しかも対外問題にも無関心であったとするのが一般的理解であった。しかし、林家は元来外交問題で幕府の諮問に応える役職の家であり、そのため常に最新の情報を収集・分析し、その時々の諮問に応えてきたものとみられる。したがって林家は対外問題に無関心ではなく、むしろ常々対外問題には関心を払っていたといえよう。また大学頭林述斎は、鎖国政策、異国船無二念打払令など幕府の基本政策に無批判に同調するのではなく、むしろ本来国と国との関係はどうあるべきかという普遍的原則をふまえたうえで諮問に応えていたことがうかがえる。したがって、ときには老中方と意見を異にすることも少なくなかった。モリソン号事件の際、幕府の評定所一座は打払いを主張し、わが国の漂流民さえあえて犠牲にすることも辞さないとする硬直した姿勢であったが、これに対し、述斎は臆することなく「遠国船方等之賤《いやし》き者迄も我国之人に候得は、御憐愍《れんびん》被下候と申儀君徳之重き所に候」と反論し、漂流民の受け入れを主張している。こうした述斎の姿勢は、当時の幕府の排外的政策とも一線を画していたといえよう。また古賀侗庵《こがどうあん》・安積艮斎《あさかごんさい》その他、昌平坂学問所の儒者や林家の門人らが蘭学者とも親交があったことはよく知られている。彼らのこうした行動にも干渉することなく寛容であった述斎の柔軟な姿勢にも注目すべきであろう。したがって、蛮社の獄に関して、林家一門を因循、非開明的で蘭学者を憎悪する勢力と決めつけ、事件の要因に結びつけて云々する説にはなお検討の余地があるといえよう。

また「尚歯会への弾圧」説をみても、蛮社の獄の「蛮社」の由来でもある「尚歯会」は弾圧されておらず、この事件で断罪された蘭学者は高野長英だけであり、しかも彼の主な訴因は『夢物語』における幕政批判と処士横議《しょしおうぎ》であった。したがって蛮社の獄をたんに尚歯会や蘭学者への弾圧事件とする通説についても、あらためて見直してみる必要があるものと思われる。

従来の研究では、事件に関する史料が最も多く残されている崋山・長英を中心に事件が語られてきたためか、耀蔵が崋山・長英らと同時に告発した僧侶や町人たちの無人島（小笠原島）渡海計画事件は、崋山・長英の陰に埋もれたかのように研究も進んでいなかった。しかし、蛮社の獄の実態を知るためには、この無人島事件についてもあらためて注目する必要があろう。

無人島渡海計画を進めていた町人・僧侶たちは、なぜ関係のない崋山と同時に捕えられたのか。またこの無人島事件は、奉行所が最も厳しく追及し、四人もの獄死者を出しているのはなぜか。崋山が拘留された直後、早くも老中水野忠邦は、無人島問題とは無関係のはずの崋山について「登（渡辺崋山）事夢物語一件にてはこれ無く、全く無人島渡海一件の魁首なり」と断言しているのは何を意味するのか。さらに崋山は、判決で無人島問題とは無関係であることが明らかになったにもかかわらず、町奉行所の記録では、のちのちまでこの「蛮社の獄」を「三宅土佐守家来渡辺登其外之もの無人島渡海相企候一件」と称している。幕府が判決を無視して定めたこの名称は、幕府の蛮社の獄に対する姿勢、意図を物語るものではあるまいか。

蛮社の獄については明治以来一世紀以上にわたる長い研究史があり、その原因、経緯はすでに定説化し、異論はないかにみられがちである。しかし、一歩踏み込んでみると、この事件は意外に難解で、従来の研究にはなお未解明の部分も少なくない。そこで本書では、従来の定説にとらわれず、事件にかかわる個々の事象と人物、彼らが残した史料についてあらたに検討を加えるとともに、これまであまり触れられることのなかった奉行所での取調べの実態、判決の周辺にも目を通して「蛮社の獄」と称されたこの事件についてあらためて考察を試みてみたい。

＊引用文献における原註および割註は〈 〉で示した。
＊筆者による補足、説明は（ ）で示した。
＊藤田茂吉著『文明東漸史』の地の文は、漢字以外すべてカタカナで記されているが、ひらがなに改めた。
＊文献註の発行年は、引用した版の発行年を示した。

I

研究史の回顧と問題の所在

天保十年（一八三九）五月に起きたいわゆる「蛮社の獄」は、事件当時からかなり話題になった模様で、それは当時の市井の記録、落首などによっても知られるが、その後事件は幕末の動乱を経てほとんど忘れ去られていた。しかし、事件から四十五年後の明治十七年（一八八四）自由民権運動の論客藤田茂吉によって蛮社の獄を主題とした『文明東漸史』[1]が刊行されると、旧幕時代のこの事件はにわかに注目を集めるようになった。なお「蛮社」とは「蛮学社中」の約語で、蛮学（西洋の学問）を修める者たちの集まりを意味する普通名詞である。

『蛮社遭厄小記』と『文明東漸史』

ところで「蛮社の獄」と称されるこの事件は、明治二十五年に上梓された福地桜痴《ふくちおうち》の『幕府衰亡論』では「蛮社の禍」[2]とあり、明治四十二年に刊行された土井禮著『崋山研究』には事件の起きた年の干支から「己亥《きがい》の獄」[3]とある。大正四年（一九一五）井野辺茂雄氏が『歴史地理』二五巻二号に発表した「蛮社の獄を論ず」において「世にこれを蛮社の獄といふ。抑々蛮社の獄たる夙に人口に膾炙する所にして」とあることから、大正四年以前すでに「蛮社の獄」という名称があったものとみられる。

江戸時代の事件、蛮社の獄が明治になって広く知られるきっかけとなった『文明東漸史』は、郵便報知新聞の記者で立憲改進党系の論客藤田茂吉が、当時流行の文明史観に拠って「天文以降、天保の末年に至る迄凡そ三百年間、外国交際より生じたる事変を記述し、泰西文明の東漸せる起因成果を明かにし、読者をして、封建鎖国の世に当り、泰西文明の進歩せる実勢を知らしむ(4)」という主題のもとに著したものという。

この『文明東漸史』を藤田茂吉が著すにあたって史料として主に利用したのが、高野長英が獄中で事件の顚末を記した『蛮社遭厄小記』であった。

この長英の視点で書かれた『蛮社遭厄小記』は、天文十二年(一五四三)ポルトガル人の種子島漂着などヨーロッパ人の来日から説き起こし、織・豊期の南蛮人の渡来、江戸時代の蘭学の勃興、やがてシーボルト事件における「蘭学者弾圧」という流れの中に蛮社の獄を位置づけている。長英は『蛮社遭厄小記』で題名が示すように「蛮社が厄に遭った」としているが、尚歯会は蛮社ではなく、厄にも遭っていない。この『蛮社遭厄小記』を敷衍して書かれた『文明東漸史』の構成も『蛮社遭厄小記』に倣っており、為政者による弾圧とこれに敢然と立ち向かう長英らの苦闘を描いている。ただし誇張、創作とみられる点も少なくない。

藤田は『文明東漸史』の自序において次のように記している。

当時西学を講する者、其新思想を政治上に実施せんことを勉めて禍に罹り、流離辛苦、次くに死を以てし、偉績を後世に貽《のこ》せるの志士、其跡の隠滅して世に伝はらさるを見て頗る遺憾とせり。依て泰西文明の東漸せる情勢と、其学術技芸を伝へたる志士の国家に対する事跡とを討尋して、一部の小史を編せんことを期し(中略)本史に於て余は最も渡辺崋山、高野長英等の事跡に力を用ひたり。

藤田茂吉『文明東漸史』とびら

是れ微意の存するもののあるに由るなり。

『文明東漸史』が刊行された明治十七年は、加波山事件・秩父事件などの反政府暴動が続発し、自由民権運動が最高潮に達した時期であり、同時に官憲の弾圧もその激しさを増していた。そこで藤田は、蛮社の獄における高野長英らの不屈の抵抗精神と、藩閥政府に対する自由民権派の反体制的活動とを重ね合わせて、蛮社の獄に注目したものとみられる。むろん歴史の研究課題としてではなく、蛮社の獄を「新・旧思想の衝突」「官憲による弾圧」の一例、自由民権の政治活動の先駆をなすものとしてとらえ、現に藤田らの置かれている立場とその意義を明らかにし、困難な現状の中で未来への展望を見出そうとしたものであった。こうして『文明東漸史』で取り上げられた蛮社の獄は、やがて広く知られるようになり、かなり話題になった模様で、この書に刺激されたのであろうか、二年後の明治十九年五月、河竹黙阿弥による活歴劇「夢物語盧生容画《ゆめものがたりろせいのすがたえ》」〈長英と崋山〉が新富座で上演されて評判になったという。同じくこの年、香夢楼主人編輯、加藤栄著『高野長英諭迷《ゆめ》物語』が金桜堂から出版されている。また、寄席の講談でも演じられた模様で、この『高野長英諭迷物語』をもとにしたとみられる講談を松林伯円《しょうりんはくえん》が演じ、その速記をもとにした青果園（真山青果）著『幕末俊傑高野長英』が明治四十二年に春江堂から出版されている。[5]

国民的偉人

　こうして明治のなかば、「蛮社の獄」という事件が再び世間に知られるようになると、高野長英と並んで事件の中心的人物ともいうべき渡辺崋山についても、忠・孝両全の偉人としてその伝記的研究が盛んになり、また美術史の面からも崋山の絵画に関する論考も夥《おびただ》しく発表されるようになって一躍名声が高まった。

　一方、大正の末年から昭和初期にかけて、治安維持法の制定と特高による思想弾圧が強まると、再び長英は反権力の闘士、弾圧に敢然と立ち向かった人物として脚光を浴びるようになった。こうして長英や崋山を主人公にした戯曲や小説が多く発表されるようになった。一例をあげると、(6)真山青果は大正十三年（一九二四）九月号の『中央公論』に戯曲「玄朴と長英」を発表し、同年十月、同志座第一回公演として邦楽座において田中介二の玄朴、金井謹之助の長英で上演された。この「玄朴と長英」は大正十五年六月にも松本幸四郎・守田勘弥によって上演されている。これは当時の治安維持法下のインテリゲンチャの苦悩が描かれているという(7)。

　昭和十年（一九三五）プロレタリア作家の藤森成吉は小説『渡辺崋山』を著し、これをもとにした同名の戯曲が翌年一月築地小劇場で上演された。同じく洋学者の苦悩を主題にしたものでは、翌昭和十一年に前進座のために書きおろした戯曲「シーボルト夜話」が上演された。同年貴司山治は新築地劇団十周年記念公演のために戯曲「洋学年代記」を書いて、シーボルトとその門下生の学問のための苦闘を描いた(8)。

　戦後では、学界においても蛮社の獄を蘭学への弾圧ととらえる視点から、蛮社の獄以降の蘭学界の動向が注目され、蛮社の獄はいわゆる洋学論争の指標の一つとなった。

昭和二十七年の破壊活動防止法制定にいたる騒然とした社会情勢を背景に、官憲による弾圧と抵抗という視点を止揚しつつ、プロレタリア文学運動の理論家蔵原惟人《くらはらこれひと》は「いま崋山にかんするものを読みかえしてみて、あらためて感ずることは、彼がおかれた立場が現在の進歩的な人びとの場合と或る点できわめて類似している(9)」と共感を述べている。長英については、折からベトナム戦争の脱走アメリカ兵救援運動の体験から、脱獄した長英に焦点を当てた鶴見俊輔著『高野長英』(朝日新聞社、一九七五年)があり、近年再刊されている。

二〇〇四年には高野長英生誕二百年を記念してジェームス三木脚本・演出の「ドクトル長英」を劇団わらび座が公演している。近年の崋山の評伝では、ドナルド・キーン著『渡辺崋山』(新潮社、二〇〇七年)がある。キーン氏は従来の政治的側面が強調された崋山像を見直して、芸術家知識人、すぐれた封建的武士としての崋山像を描いている。彼は崋山について「政治的ないしは哲学的なレッテルを貼って分類することは難しい」という。

このように蛮社の獄における崋山や長英は、いつの時代でも新鮮さを失わず、長英は自由民権運動の中で脚光を浴び、また大正末から昭和にかけて特高の弾圧下で反権力の不屈の闘士の象徴として顧みられてきた。一方、崋山は為政者の側からも忠孝両全の偉人として鑽仰の的であった。そのため崋山は、昭和九年からの文部省尋常小学校修身科教科書に、忠孝・兄弟愛・勉学などの偉人として登場している。さらに戦後においても崋山や長英は、主に進歩的知識人によってくりかえし取り上げられてきた。

事件とその史料

明治のなかば以降、長英や崋山の名が一般に知られるようになると、彼らの伝記・評伝が相ついで著されるようになり、蛮社の獄という事件は主にそれらの中で語られてきた。こうして長英や崋山については、明治以来の長い研究史を有するものの、肝心の蛮社の獄そのものに関する学問的研究は意外に低調であった。管見の限りでは戦前においては、蛮社の獄を学問的な立場から考察した研究文献としては、井野辺茂雄「蛮社の獄を論ず」および同じく井野辺氏による「蛮社の獄」が『幕末史の研究』(雄山閣、一九二七年)の中で取り上げられている。また「蛮社の獄」を標題とする図書は、唯一芳賀登著『蛮社の獄』(秀英出版、一九七〇年)を数えることができようか。

戦後、蛮社の獄の研究に精力的に取り組んだ佐藤昌介氏は『洋学史研究序説』(岩波書店、一九六四年)の中で数章を割き「蛮社の獄の研究」と題して斬新な見解を発表した。

佐藤氏によれば、蛮社の獄の研究は著しく立ち遅れており「従来の研究にあっては、かかる史料批判がほとんど行われていない。のみならず、研究文献としてもっとも古い、藤田茂吉の『文明東漸史』(一八八四年刊)の所説が、今日(一九六〇年代)においても、無批判のまま、ほぼその儘踏襲されている、といってもかならずしも過言ではない[10]」という。佐藤氏は、このように研究が遅れた理由として、事件当時においても、当事者を除けば、真相を知るものはほとんどなく、そのうえ、連座をおそれた人々の手で、関係史料が故意に湮滅《いんめつ》された形跡がうかがえるという。しかし、研究が遅れた理由についてはのちに述べるとして、史料に関してみた場合、蛮社の獄に関する史料は、決して少ないのではなく、シーボルト事件と比べても意外なほど豊富といえよう。

まず事件に直接関連するものだけでも、奉行所関係では、目付鳥居耀蔵が容疑者の探索を部下に命じた際のメモ、それに対する探索復命書、それに基づく告発状、奉行所における崋山の「口書」(供述調書)、すべてではないが吟味の際の応答、申渡書(判決文)まで、こうした一次史料が今に残されていることはきわめて稀有な例といえよう。

蛮社の獄の当事者の一人である高野長英には、事件の発端となった『戊戌夢物語《ぼじゅつゆめものがたり》』をはじめ、自ら事件の顛末を記した『わすれがたみ』（別名『鳥の鳴音』）『蛮社遭厄小記』がある。また獄中からの書簡も数点ある。同じく渡辺崋山には有罪を決定づけた『慎機論《しんきろん》』があり、『鴃舌小記《げきぜつしょうき》』『鴃舌或問《げきぜつわくもん》』『西洋事情書』その他、崋山の西洋認識を知るうえで重要な論稿が残されている。また各種の日誌・紀行文などは直接蛮社の獄に触れていないまでも、崋山の思想を知るうえで重要である。

蛮社の獄を知るうえで最も重要な史料の一つは崋山の書簡類であろう、特に獄中からの書簡は二十通以上に及び、吟味の様子を生々しく伝えている。これらは蛮社の獄の原因、幕府の意図などを知る重要な史料といえよう。このほかにも事件の真相をうかがわせる史料として、崋山周辺の知人・友人によって記された記録類が少なからず残されている。

崋山と親交のあった長沼流兵学者清水赤城《せきじょう》俊蔵の長子、清水礫洲正巡には、事件を回顧した『有也無也』(11)があり、これには訟庭における奉行と被疑者らとの問答の様子も若干記されている。同じく崋山と親交のあった高松藩の儒者赤井東海巌三は『奪紅秘事《だっこうひじ》』(12)を残し、崋山の絵画の弟子で崋山が最も信頼を寄せていた椿椿山《つばきちんざん》には「麴町一件日録」(13)がある。崋山の儒学の師で崋山救解のため老中水野忠邦に長文の書簡(14)を送って崋山を弁護した松崎慊堂《こうどう》の書簡がある。また『慊堂日歴』(15)には崋山について数ヶ所で触れている。

このように事件に関する記録類が多数残された理由としては、日頃崋山は、諸藩の江戸詰の重役や儒者、文人墨客など知識人との交際も広く、その中には、幕府の高官や奉行所の情報に通じた者もいた模様で、友人たちは事件の発生に驚くとともに事件の動向に注目し、情報を集めて記録した結果、こうした貴重な史料が多数残されたものとみられる。したがって関係史料が故意に湮滅に至った部分があったとしても、蛮社の獄に関する史料は決して少ないのではなく、江戸時代のこの種の事件で、これほど多くの関係史料が残されているのはむしろ異例といえよう。

藤田茂吉がはじめて蛮社の獄の研究に着手した明治初年当時は、事件そのものも風化しつつあり、史料も湮滅を待つばかりであったであろう。しかし、明治十七年に『文明東漸史』が刊行されると、事件は一躍有名になり、こうして埋もれかけていた史料も次第に世に出るようになり、明治四十三年には最初の『崋山全集』が編まれた。特に震災・戦災に遭う前にこうした史料が世に出たことは幸運であった。近年では地元田原の崋山研究の第一人者と知られる小沢耕一氏の監修による『渡辺崋山集』全七巻が一九九九年に刊行されている。また高野長英には『高野長英全集』[16]および、高野長運著『高野長英伝』[17]がある。

このように蛮社の獄に関する史料は決して少なくないにもかかわらず、また比較的長い研究史を有しながら、なお未解明の部分も少なくない。そこには、それぞれの史料固有の性格、およびその扱いにも問題があるように思われる。たとえば『文明東漸史』で主に用いられた史料は長英の『蛮社遭厄小記』であるが、これには長英の自己弁護とみられる面が多分にみられ、長英本人の意図的韜晦・恣意的解釈とみられる部分も含まれていることは、けだし当然といえよう。しかも、これまでその信憑性についての検証も十分であったとはいいがたい。

このことは崋山についても同様で、奉行所での供述では、崋山は田原藩士としての立場上、藩主や藩に、また師友に迷惑がかからぬよう、細心の注意を払わねばならなかった。奉行所で取られた「口書《くちがき》」も、第一級の史料のはずであるが、これも被疑者の訟庭における釈明の書ともいうべき性格のもので、その場合当然のことながら崋山にとって不利な部分、事件の拡大につながりかねない部分は可能な限り隠蔽され、また事実を偽っている部分もうかがえる。このように事件の当事者長英や崋山の遺した信拠すべき記録といえども、彼らにはそれぞれの事情があり、立場があった。特に奉行所での証言であれば、ときには事実を隠し、偽らなければならなかったことはいうまでもない。特に崋山が証言する海岸掛就任と、それにともなう西洋研究など、こうした海防問題を強調した部分には、奉行所で崋山が「外国を尊奉致(18)」として追及されていたため、対外問題については意図的な韜晦・偽証が少なくない。こうした韜晦の結果、崋山を「海防に熱心な人物」ととらえることによって生じた矛盾や混乱、そのほか鳥居耀蔵による断罪の原因を、たんに彼の蘭学・蘭学者嫌忌という個人的性格に卑小化したことにより、事件全体を見渡すことが困難になり、「蛮社の獄」をいっそうわかりにくくしているといっても過言ではないであろう。

明治以来、われわれの蛮社の獄に関する認識は、多分にこうした性格の史料に拠らざるをえなかったといえよう。蛮社の獄について崋山は出獄後ほとんど語っていないが、長英は獄中で書いたといわれる『蛮社遭厄小記』『わすれがたみ』で事件の顚末を語っている。そのため明治以降、蛮社の獄については、多かれ少なかれ長英の立場に立った長英のための「蛮社の獄」がわれわれの理解するところであったといえよう。蛮社の獄の研究において、これまで最も信拠すべきこうした事件の当事者が残した証言・記録にも少なからぬ欠陥が存在するとすれば、従来の定説といえどもこの際あらためて検討を加え直してみる必要があるものと思われる。

ところで、これまでの蛮社の獄に関する通説ともいうべき大方の見解についてみてみよう。戦後佐藤昌介氏は蛮社の獄関係の史料の再検討を行い、長英の『蛮社遭厄小記』『わすれがたみ』の誇張、たんなる巷説とみられる部分を取り上げて、従来の通説を次のように整理している。

蛮社の獄の通説

天保の初年、江戸において渡辺崋山・高野長英・小関三英らが中心となって尚歯会という洋学研究団体を組織し、これには代官江川英竜らの幕臣をはじめ、紀州藩士遠藤勝助その他の諸藩士も参加していた。彼らは天保の大飢饉に際して、その対策を立て、あるいは諸侯の諮問に応ずるなどの活動を通じて、都下において隠然たる勢力をなすにいたった。天保十年（一八三九）一月、目付鳥居耀蔵は江川とともに江戸湾備場《そなえば》を巡見した際、部下の作成した海岸測量図の優劣から面目を失ったため江川を恨んでいた。また、近年蘭学が盛んになり、儒学者まで蘭学に関心を寄せるようになったが、こうした傾向を快く思わない幕府の儒学の司林家出身で西洋嫌いの耀蔵がその弾圧の機会を狙っていた。この弾圧のきっかけとなったのは、天保九年、尚歯会の席上で漏らされたモリソン号来航の情報で、幕府がモリソン号に打払い策をもって臨むものと信じた長英は、これに反対する『戊戌夢物語』を著し、友人らに見せたところ筆写されて広まった。鳥居はその著者の探索を開始し、いわゆる蛮社の獄が引き起こされた。すなわち、蛮社の獄は林家出身で蘭学を嫌忌する目付鳥居耀蔵による尚歯会関係者の新思想・新学問への弾圧事件で、蘭学者の高野長英および「蘭学にて大施主」と噂された渡辺崋山らが犠牲になった。以上が蛮社の獄に関する一般的な理解であるといえよう(19)。

こうした従来の通説に対し、佐藤氏は、まず『文明東漸史』の誤りとおぼしき部分を次のように指摘している。(20)

そもそも藤田茂吉の『文明東漸史』には「国民主義の先駆として、封建権力の犠牲に供せられた、崋山・長英らの事績を顕彰せんとする」意図があり、客観的批判的基礎にたって叙述されたものではない。しかもこの『文明東漸史』をはじめ、その後の蛮社の獄に関する通説の多くは、いずれもその典拠とする史料を長英の『蛮社遭厄小記』に求めており、そもそもこの『蛮社遭厄小記』には疑う余地が多分にあるとし、特に通説における「尚歯会」について佐藤氏は、通説によれば、崋山および長英が中心となって「尚歯会」という名の洋学研究団体を組織し、諸侯の諮問に応え、あるいは政治を議し、ために隠然たる勢力をなすにいたった、といわれているものの、この説は、もとはといえば『文明東漸史』の著者藤田茂吉が、長英の獄中手記である『蛮社遭厄小記』を誤読ないし曲解したところから生じた誤伝にすぎない(21)、と通説を批判するとともに『蛮社遭厄小記』の記述を全面的に事実とみることの危険性を示唆した。

ところで『文明東漸史』以来の通説、すなわち、蛮社の獄は、西洋嫌いの耀蔵による「新思想・新学問への弾圧」とする見方に関しては、すでに大正四年（一九一五）、井野辺茂雄氏は、次のように疑問を呈していた。

幕府専制の時代に、かかる言論（『夢物語』『慎機論』）を筆にして、孰んぞ罪を免るゝの理あるべき（中略）要するに二人（崋山・長英）の処罰は、其位にあらざる者が、相当の順序手続を履まずして、政治を論ずるを許さゞる幕府の規制に触れたるが為のみ、豈たゞ鳥居忠耀輩の羅織なりと称すべけ

んや。当時の世態習慣より論ずれば必然の結果なり。[22]（羅織＝いろいろかまえて罪に陥れること）

さらに井野辺氏は昭和二年（一九二七）にも再び次のように指摘している。

文明東漸史の著者、此獄を以て、新旧思想の衝突となし、漢学と蘭学との軋轢にして、文明の新説野蛮の法網に罹るといひ、処罰を以て苛法濫刑と為す。近時の史家また左袒の色あり。然れども事実の真相を誤る。蛮社の獄は要するに、処士横議を許さゞる幕府の制度に触れたるが為なり。新旧思想の衝突を以て目すべきにあらず。[23]

これら井野辺氏の指摘は従来の臆説を排した注目すべき見解であったが、高橋磌一氏ら一部の例外を除いて大方の注目するところとはならなかった。このように『文明東漸史』以降、戯曲をはじめ、崋山・長英らをめぐる伝記など多くの書が世に出たが、いずれも新旧思想の衝突、林家出身の鳥居耀蔵の陰謀による蘭学・蘭学者弾圧説を踏襲したものであった。井野辺氏は近年（昭和初年）の歴史家にもなおその傾向があると批判した。この井野辺氏の指摘は現在においても大筋において新鮮さを失っていない。

戦後の蛮社の獄研究

戦後の蛮社の獄研究の第一人者ともいうべき佐藤昌介氏の研究は、江川家文書における渡辺崋山・鳥居耀蔵関連の記録・書簡類の調査を通じて、蛮社の獄の研究にあらたな展開を図ったものとして注目すべき業績であった。

佐藤氏は、蛮社の獄に関する研究が、いまなおほとんど皆無に等しい現状にあるとして、根本資料の調査・蒐集とこれに基づく基礎的研究の必要を指摘し、さらに蛮社の獄はひとり洋学史上の問題にとどまらず、幕政史、また国際関係史とも深いつながりを有するため、その方面の研究も必要であると指摘した。[24]

従来蛮社の獄の原因について藤田茂吉が『文明東漸史』で「抑も鳥居等か此獄を起せしは延て江川に及ほさんとするの目的にして江川を中傷することは寧ろ此獄を起すの本旨なりしならん[25]」として、鳥居の目的は江川の弾圧にあったとしたのに対し、佐藤氏は、藤田茂吉の説をさらに江川の背後にあるとする崋山にまで拡張し、鳥居によって「弾圧の対象とされたのは、渡辺崋山とその同志である[26]」とした。

こうして佐藤氏は、蛮社の獄を、鳥居耀蔵ら林家一門の守旧派による幕府内開明派の排斥と、その背後にあるとする渡辺崋山の断罪が目的であったとする、いわゆる「政治疑獄説[27]」を提起した。

ところで、佐藤氏が疑獄説の背景をなすものとして想定した、幕府内の「守旧派」「開明派」なるものについては、その両派の存在自体が明確でなく、のちにみるように、その根拠となる老中水野忠邦による画策説自体も実証的裏づけに欠けているとする説もあり、また、そこから派生した高野長英・小関三英を翻訳技術者とみて長英の政治意識は「意外に低俗[28]」とする説についても異論が少なくない。

そこで現在最新の研究ともいうべき佐藤氏の説を『洋学史研究序説』その他から整理してみると次のように要約できるであろう。

（1） 蛮社の獄は、林家出身で蘭学を嫌忌する目付鳥居耀蔵による蘭学者弾圧事件で、弾圧の対象とされたのは渡辺崋山とその同志である[29]。

（2） 当時崋山のもとには、内外の情勢に危機意識を抱いて崋山に師事し、崋山の蘭学的知識ないし知見を慕って、個人的に崋山と接触した人々「蛮社グループ」があり、幕臣の場合その目的は海防である。その中に代官江川英竜・川路聖謨・羽倉簡堂（用九）らがいた[30]。

（3） 事件の背景には、江戸湾防備問題をめぐる幕府官僚間の対立があり、蛮社の獄は、鳥居耀蔵および彼の生家である林家一門の幕府内部の守旧派が、崋山に連なる江川英竜・川路聖謨・羽倉簡堂らの開明派官僚の失脚を図った政治疑獄である。その「開明派官僚」の背後にあって指導的役割を果たしたのが崋山であるとして崋山が標的にされた。[31]

（4）耀蔵の直接の目標は、江川が江戸湾巡視の復命書に添える予定で崋山に執筆を依頼した『外国事情書』の上申を阻止すること、同時に崋山の幕政介入を阻むことであった。[32]

以上のように佐藤氏によれば、蛮社の獄は鳥居耀蔵による蘭学者弾圧事件であると同時に、幕府内守旧派官僚と開明派官僚との対立に派生した政治疑獄であるという。いわば井野辺茂雄氏が否定した耀蔵の羅織・陰謀説を幕府内の政治疑獄として拡大再構成した見解といえよう。したがって従来強調されてきた思想弾圧という線は若干弱められている。これらには佐藤氏の新しい見解が盛り込まれているが、実証面ではなお検討の余地があるものとみられる。

こうした佐藤氏の政治疑獄説に対する批判的見解をみてみよう。

幕政史の視点からの見解について、山脇悌二郎氏は、幕府が長崎会所の長年にわたる杜撰な運営の責任者として会所調役頭取の高島四郎太夫（秋帆）らを処罰した、いわゆる高島一件を参考に、佐藤氏のいう「開明家の高島をおとしいれようとする鳥居ら守旧派の陰謀によるもので、これは蛮社の獄の再版にほかならない」とする見解を批判して、すなわち高島の逮捕、長崎会所の粛清は、会所経理の乱脈が銅座の精銅生産を阻害することを恐れた老中水野忠邦によって行われたもので、革新・保守の「対立」で割り切ろうとするには無理があること、「ひいては蛮社の獄も、その〈対立〉で受けとめてよいものかどうか、疑問の余地が出てくるのではなかろうか[33]」として、政治疑獄説に疑問を投じた。

また、伊東多三郎氏は「蛮社の獄は単純に先覚者の受難の悲劇として考えるべき事件ではなく、当時の幕府内部の政治情勢との関連でその真相を見るべきものでありましょうが、思想史の上では、やはり洋学者の進歩的な活動をめぐる新旧思想の抗争の問題が重視されましょう[34]」（傍点引用者）。

高橋磌一氏は佐藤氏の政治疑獄説を否定して「〈蛮社の獄〉は、江川英竜と鳥居耀蔵の確執でもなく、洋学一般への弾圧でもなく、まさに洋学者ないし、その影響下にあるものが、そのわくを一歩ふみだして政治の上におどりだす姿勢を見せたとき、すかさず一撃を加えられたのであり、そのいわばデッチ上げの過程に、部分的な人間関係の憎悪がいろいろとからまったものなのである[35]」。

有馬成甫氏は、蛮社の獄と高島秋帆捕縛事件に関連して、次のように評している。「これを政治的両勢力――守旧派と革新派と――の衝突と見る向もあるが、当時守旧派と称すべき党組織も、また革新派というべき派閥も何等存在していなかった事実に照らし、これもまた一つの錯覚に過ぎないものというべきであろう[36]」。

ところで佐藤氏の耀蔵および林家一門による政治疑獄説の場合には、本来事件の発端となった『夢物語』の著者として追及された高野長英は、蛮社の獄における位置づけがきわめて弱いものになる。そのためか佐藤氏によれば「長英らの洋学者は、翻訳技術者ないし知識提供者として、崋山に奉仕していたにすぎない[37]」として、事件における長英・三英らのかかわりを卑小化し、また彼らの政治意識はきわめて低いものとしている。

これに対し高橋磌一氏は、長英の社会に対する透徹した観察、天保の飢饉には『救荒二物考』『避疫要法』を著し、また幕府の異国船無二念打払令を批判した『戊戌夢物語』を著したことなどをあげて、

「長英が単なる翻訳技術者でなかったことは以上述べたごとくであって、佐藤の意見にはにわかに賛意を表しがたい(38)」という。

以上のように佐藤氏の政治疑獄説は、学界の長い沈黙を破って戦後いち早く発表された斬新な見解であったが、この注目すべき新説には事実関係などにおいて、なおいくつかの問題が残されているように思われる。

無人島渡海計画事件

明治以来の通説では、林家や鳥居耀蔵の蘭学者への怨恨が事件の原因とされてきたが、無人島（小笠原島）渡海関連の四人の町人や僧侶が「牢屋責め」（拷問）で獄死し、水野忠邦が当初から総指揮をとっていたことからみても、蛮社の獄は、むしろ幕府の対外政策自体にかかわる事件ではなかったか。無人島渡海計画事件は、目付の鳥居耀蔵が『夢物語』の著者探索に乗り出す前年からひそかに内偵を進めており、その容疑者として常陸の僧侶父子をはじめ江戸の三人の町人、幕臣と陪臣三人合計八人が、崋山と同時に捕えられた事件である。

耀蔵の告発状によれば、崋山をはじめ町人たちが、無人島渡海にかこつけて異国への漂流、脱出を図ろうとしたという嫌疑であった。崋山の吟味も終始無人島関連で厳しく追及されている。このことは、いわゆる蛮社の獄という事件において、幕府が長英の『夢物語』よりも無人島渡海問題を重視していたことをうかがわせるものであろう。従来、蛮社の獄の研究では、この無人島事件はあまり重視されず、蛮社の獄の付随的事件として触れられるにすぎなかった。しかし、崋山や長英の陰に埋れた感のある無人島渡海計画事件は、水野忠邦が当初から崋山を「無人島渡海計画の魁首」と断定して、断罪の総指揮をとっていたことからみても、この無人島事件は、日本人の海外渡航を禁じた鎖国政策との関連においても蛮社の獄の核心をなす事件として、あらためて検討すべき課題といえよう。

ところで現在、蛮社の獄の原因について、江戸時代に関する概説書や天保期の人物の評伝では、①林家および鳥居耀蔵の蘭学に対する憎悪、②江戸湾巡視における耀蔵と江川英竜との確執などがあげられ、その結果、尚歯会または蘭学者に厳しい弾圧を加えられた、とする解釈が大方の見方であるように思われる。しかし、かつての井野辺茂雄氏の指摘も無視できないであろう。このように蛮社の獄の原因に関しては未解決の問題も少なくない。

明治初期、文明開化の時代に著された『文明東漸史』以来、極端にいえば、西洋の新思想＝進歩、儒教思想＝旧弊という認識が当然のように存在し、林家は旧弊、新思想の対立物という見解があった。さらに儒教の「仁」は古臭いもの、したがって現在でも「儒教的仁政思想からの発想」[39]といえば価値の低いマイナスイメージとする見方さえある。従来の研究の根底にはこうした認識が多かれ少なかれ存在していたといえよう。

『文明東漸史』以来の蛮社の獄に関する研究史を通覧してみると、研究史の背景には、明治の自由民権運動以来、足尾鉱毒事件、大逆事件、治安維持法等々、官憲による言論弾圧と抵抗という主題が、近代日本の知識人にとって常に身近な存在であり続けたであろう。蛮社の獄はまさにその原点として位置づけられ、共感をもって語られてきた。いわば蛮社の獄は、明治以来知識人によって彼らの立場に引きつけて解釈され、歴史家の研究をまつまでもなく、長英が説き『文明東漸史』が広めた、鳥居耀蔵による新思想への言論弾圧説は、違和感なく受け入れられ、おのずと歴史的意義めいたものが定着したといえよう。そのような解釈を可能にしたのも、本格的な学問的研究書が見当たらなかったことにも原因の一端があるであろう。そのことは、肝心の無人島渡海計画事件、奉行所での取調べ、判決の周辺には、これまでほとんど踏み込んだ研究がなされてこなかったということがあげられるであろう。「蛮社の獄」が難解といわれる原因の一つとしては、長英と崋山が『夢物語』や『慎機論』でみずから暗示した鎖国の撤廃に対する期待を、長英は『蛮社遭厄小記』で、崋山は「口書」で、それぞれ隠蔽、韜晦してしまったことが指摘できるであろう。しかも長英は事件の要因を、鳥居耀蔵と林家による洋学嫌忌として矮小化したため、以来蛮社の獄は思想弾圧という面が強調され、近世の対外関係史における蛮社の獄の位置づけが不鮮明になったことも否めない。

こうした情況の中で蛮社の獄は、天保期の歴史では必ず言及される事件であり、また崋山や長英の評伝でも取り上げられるものの、そのわりには「蛮社の獄」そのものに対する学問的研究は活発であったとはいいがたい。そのため釈明の書ともいうべき長英の『蛮社遭厄小記』および崋山の「口書」に依拠することになり、その結果事件当時からの巷説が厳密な検証を経ないまま定説化するという面が多分にあったといっても過言ではないであろう。

註

（1）藤田茂吉『文明東漸史』報知社、一八八四年（『明治文学全集』七七「明治史論集」筑摩書房、一九六五年。ただし、関係史料等を収めた外篇は省かれている）。なお本書での引用は報知社版による。
（2）福地桜痴『幕府衰亡論』（『明治文学全集』一一「福地桜痴集」筑摩書房、一九八九年、二六二頁）。
（3）土井禮『崋山研究』弘文書院、一九〇九年、一二六頁。
（4）前掲、藤田茂吉『文明東漸史』凡例一頁。

(5) 野村正雄「見落されていた『高野長英諭迷物語』—蛮社の獄に関する新史料の伝播—」(『日本歴史』六八四号、二〇〇五年五月)。
(6) 早稲田大学演劇博物館編『日本演劇史年表』八木書店、一九九八年。
(7) 『高橋磌一著作集』三巻、あゆみ出版、一九八五年、一七六頁。
(8) 同、一巻、一八七頁。
(9) 蔵原惟人『渡辺崋山—思想と芸術—』新日本出版社、一九七三年、一〇頁。
(10) 佐藤昌介『洋学史研究序説』岩波書店、一九六四年、一三一〜一三二頁。
(11) 清水正巡『有也無也』(井口木犀編著『崋山掃苔録』豊川堂、一九四三年)。
(12) 赤井東海『奪紅秘事』(同『崋山掃苔録』)
(13) 「麴町一件日録」(『崋山全集』第一巻、崋山会、一九四〇年、五七頁)。なお、この別名「麴街一件日録」は「此篇は先生の友人田原藩士伊吹傳衛といふが記せしものなり」とする説もある(白井菊也・加須屋寿賀蔵共著『英傑偉人渡辺崋山』山崎国華堂書店、一九〇〇年、一〇一頁)。
(14) 徳富蘇峰『近世日本国民史』第二八巻「天保改革篇」時事通信社復刻、一九六五年、七九〜八七頁。
(15) 『慊堂日暦』5、平凡社東洋文庫、一九八七年。
(16) 高野長英全集刊行会編『高野長英全集』一九三一年。
(17) 高野長運著『高野長英伝』岩波書店、一九七二年。
(18) 天保十年五月二十三日付、権兵衛・定平・椿山・春山宛崋山書簡(小沢耕一編『崋山書簡集』国書刊行会、一九八二年、二八五頁)。
(19) 前掲、佐藤昌介『洋学史研究序説』一三二頁参照。
(20) 同、一三三頁。
(21) 佐藤昌介『渡辺崋山』吉川弘文館、一九八六年、一一六頁。

(22) 井野辺茂雄「蛮社の獄を論ず」(『歴史地理』二五巻二号、一九一五年二月)。
(23) 井野辺茂雄『幕末史の研究』雄山閣、一九二七年、四三一頁。
(24) 前掲、佐藤昌介『洋学史研究序説』七頁。
(25) 前掲、藤田茂吉『文明東漸史』一五三頁。
(26) 『国史大辞典』11、吉川弘文館、一九九〇年、「蛮社の獄」の項(佐藤昌介執筆)。
(27) 前掲、佐藤昌介『洋学史研究序説』第二編第二章および三〇一頁。
(28) 前掲、佐藤昌介『渡辺崋山』八六頁。
(29) 前掲『国史大辞典』および『洋学史事典』雄松堂出版、一九八四年、「蛮社の獄」の項(佐藤昌介執筆)。
(30) 前掲、佐藤昌介『渡辺崋山』一一〇〜一一一頁。
(31) 前掲、佐藤昌介『洋学史研究序説』一五〇〜一五一頁、二二四〜二二五頁、二三八頁。
(32) 同、二九六頁。
(33) 山脇悌二郎「天保改革と長崎会所」(『日本歴史』二四八号、一九六九年一月)。
(34) 伊東多三郎『近世史の研究』第三冊、吉川弘文館、一九八三年、三七一頁。
(35) 前掲『高橋磌一著作集』三巻、一六六頁。
(36) 有馬成甫『高島秋帆』吉川弘文館、一九八九年、一五五頁。
(37) 前掲、佐藤昌介『洋学史研究序説』一五〇頁。
(38) 前掲『高橋磌一著作集』一巻、二三〇頁。
(39) 前掲、佐藤昌介『洋学史研究序説』二四三頁。

蛮社の獄の背景

松平定信と鎖国の再確認

蛮社の獄の発端は、その頃江戸でひそかに流布していた『戊戌夢物語』の著者の探索に始まった。この『夢物語』の著者は蘭学者高野長英であったが、ではなぜ長英は幕府が禁ずる処士横議の危険を冒してまで『夢物語』を書いたのか。同じく渡辺崋山は田原藩の年寄という立場にありながら、なぜ幕府の対外政策を批判するような『慎機論』を書いたのか。事件の発端となった『夢物語』も『慎機論』もその前年、浦賀沖に来航したモリソン号の打払い問題を論じている。してみると『夢物語』を発端とする蛮社の獄という事件の背景には、幕府の対外政策、すなわち鎖国・海防をめぐる問題があったことがうかがえよう。

江戸幕府は寛永期にいわゆる鎖国体制に入り、寛永十七年（一六四〇）には来航したポルトガル船を焼き沈め、乗組員を斬首するという厳しい姿勢を示したが、その後の幕府は、交易を求めて来航した正保四年（一六四七）のポルトガル船、延宝元年（一六七三年）のイギリス船リターン号、貞享二年（一六八五）のマカオ船サン・パウロ号などには穏便に対処し、彼らも幕府の拒絶に従って帰帆した。以後百年余り対外的にも比較的平穏な時代が続くと、やがて西洋への警戒心も薄らいだのか、十八世紀末、ときの老中田沼意次は一時ロシアとの交易を模索するまでになった。この頃幕府の中枢でさえ鎖国体制の意義についての深刻な認識は薄らいでいたものとみられる。

その後、寛政五年（一七九三）根室に来航し、交易を求めたロシアのラクスマンに対し、田沼意次のあとを襲った老中松平定信は「兼て通信なき異国の船、日本の地に来る時は或は召捕又は海上にて打払ふ事、いにしへより国法にして、今も其掟にたかふことなし」[1]と伝え、鎖国を「いにしへより国法」と位置づけて、あらたな通信・交易は許さないことを明らかにした。いわゆる「鎖国祖法観」である。このとき幕府の制止にも従がわず、船を根室から江戸湾へ回航しようとするラクスマンの強い姿勢は、幕府当局が忘れかけていた、体制としての鎖国の存在意義をあらためて再確認するきっかけとなったものとみられる。

のちに定信は「泰平二百年、只おそるへきハ蛮夷と百姓の一揆也」[2]と述べている。百姓の一揆はともかく、なぜ彼はそれほど「蛮夷」を恐れたのであろうか。武威によって規制した潜在的反徳川勢力でもある外様藩を国内に抱える幕府としては、外国との紛争が生じた場合、短期的にはともかく、長期にわたって外様藩を含む諸藩を動員することは不可能で、それに伴う混乱も危惧されたであろう。したがって幕府の恣意的規制に従順でない外国は、ロシアに限らず拒絶しなければならなかった。また幕府の規制に服さない西洋諸国の接近は、たとえ直接侵攻してこなくても、国内に新たな政治的変動要因をもたらす恐れがあり、そのため定信は幕府の規制の埒外にある西洋諸国の接近を恐れたものとみられる。

松平定信と田沼意次

定信は、老中に就任する以前から田沼意次に激しい敵意を抱いていたという。天明六年（一七八六）末、あるいは天明七年の初めに定信が将軍に提出したといわれる意見書の中[3]で彼は「中にも主殿頭心中その意を得ずと存じ奉り候に付き、さし殺し申す可しと存じ、懐剣までこしらえ申し付け、一両度罷り出で候ところ」と回顧している。また「私所存には、誠に敵とも何とも存じ候盗賊同前の主殿頭」とも述べている。定信が意次にこれほどの憎悪を抱くとすれば、それは田沼の賄賂問題や定信の個人的次元の問題ではなく、おそらく徳川幕府にとって、あってはならないことへの危機感であろうか。推測すれば、それは田沼がロシアとの交易を模索するなど、[4]西洋への警戒心の欠如、鎖国の存在意義を忘却したかのような田沼の行動に対する定信の危機感だったのではあるまいか。幕府の恣意的規制の埒外にある西洋の国々との交流が幕府に何をもたらすかは、幕末開国後の歴史が示すところであるが、鎖国が徳川氏覇権の根幹を成すという意味では、鎖国は幕府にとってまさに改廃の許されない祖法であった。このことを重視した定信は、ロシアとの交易を模索していた田沼意次を許せなかったのであろう。

異国船の出没と国内の反応

いわゆる寛永の鎖国から百数十年を経た十八世紀末、ロシア船の出現を契機として、松平定信は、鎖国が「いにしへより国法」であること、いわゆる改廃を許されない祖法であることを打ち出した。この頃を境として異国船の来航が活発化し、鎖国下のわが国はあらたな段階に入ったといえよう。

そうした意味では鎖国の時代は、鎖国制定直後の緊張した時代を初期として、十八世紀末までの異国船の来航も少なく比較的平穏な時代と、ラクスマンの来航を境に、仮に前・後二つの時期に分けるとすると、蛮社の獄の背景となる鎖国後期、十八世紀末から十九世紀なかばまでは、異国船の来航が頻繁になり、幕府は規制の埒外にある西洋諸国の艦船と直接対峙する機会が多くなった。そのためこの時代は、あらためて鎖国の存在意義が問われる時代でもあった。この時期幕府が鎖国の排外的閉鎖性を強める一方で、蘭学の隆盛とともに蘭学者らの間に西洋への関心が高まり、表面には現れないものの、開国への期待が生まれ、庶民の間からも鎖国の排外的閉鎖性への疑問が生じ始めた時代でもあった。こうした背景のもとで、モリソン号の来航を機に、鎖国の撤廃を期待したのが、高野長英であり渡辺崋山であった。

この時代は異国船の出没にともなって、海防問題が論じられるようになり、いわゆる海防論では、現状の鎖国体制を前提とする海防とナショナルな国防との混同がみられるようになった。そのため陪臣や識者たちの間に、海防は幕府だけの問題ではなく、ナショナルな日本全体の問題として、幕府・諸藩を問わず国を挙げて海防（国防）に取り組むべきであるという認識も生まれてきた。こうした鎖国・海防を国防問題とみる認識は、必然的にナショナルな挙国的対処を意識することになろう。後年、佐久間象山は次のように指摘している。

外寇之義は国内の争乱とも相違仕、事勢に依り候ては、世界万国比類無之百代聯綿とおはしまし候皇統の御安危にも預り候事にて、独り徳川家の御栄辱にのみ係り候義に無御座候へば、神州闔国の休戚を共に仕候事にて、生を此国に受け候ものは、貴賤尊卑を限らず、如何様とも憂念仕べき義と奉存候。(5)

象山は海防問題を憂慮して、徳川覇権体制を超越した天皇、朝廷にもかかわるわが国の民族的問題として国を挙げて対処すべきを強調している。

幕府にとって海防問題の高まりは、挙国的国防を掲げる処士横議の発生や、同じく国防を名目とする諸大名の武備強化が懸念され、場合によっては諸大名の武備を厳しく規制する「武家諸法度」への抵触も憂慮されたであろう。海防問題は幕府にとって、いわば両刃の剣であり、そのためのちのちまで建前上はともかく幕府は終始海防問題に積極的ではなかった。

文化元年（一八〇四）長崎に来航したロシア使節レザノフの交易要請を拒絶したため、ロシアの軍艦が文化三年から翌年にかけてカラフト・エトロフ・利尻などの幕府の施設や船を襲撃するという事件が起った。この北辺の襲撃事件は幕府を震撼させ、民間にも不安が広がった。本来、大政委任の建前からすれば、朝廷に報告する必要はなかったが、文化四年六月、幕府は朝廷に対外情勢を報告している。その後「対外危機、国家的危機に直面して朝廷が明確な政治主体として登場する」(6)ことになり、のちに弘化三年（一八四六）八月には、朝廷から幕府に対し、海防を強化し「神州の瑕瑾《かきん》」とならぬよう対処せよ、という趣旨のいわゆる「海防沙汰書」が出されるまでになった。このように幕府は、十八世紀末以降の異国船の接近、対外問題の緊張を発端として朝廷の存在を無視できなくなった。これは天皇、朝廷の政治的活動を規制した「禁中并公家諸法度」にもかかわる問題でもあった。松平定信は対外関係が緊張する中で、早くから朝廷と幕府との関係の重要性に気づいていたものとみられる。

異国船の出没は、国内の海防意識の高揚を招き、日本人をナショナルな挙国的国防に目覚めさせ、さらに幕府を超越した民族意識から、天皇、朝廷を頂点とする日本全体を意識させるものであった。このことは、人々に天皇、朝廷の存在を印象づけ、幕府権威の相対的低下につながる恐れもあった。同時に諸大名の海防を名目とした武備強化、それにともなう領内の収斂、苛政による人気不和合など、国内に新たな政治的変動が生ずることも懸念されたであろう。また幕府は、折から蘭学の興隆と異国船の来航にともなって、日本人が西洋の存在を意識することにより、逆に西洋への関心が高まることを警戒すると同時に『海国兵談』『三国通覧図説』など日本人の外国への関心を助長しかねない出版物を発禁処分にしなければならなかったものとみられる。

定信は、天明八年（一七八八）十月に、自ら執筆して同僚の老中たちに示した「老中心得十九ヶ条」の第八条で「一　外国遠く候ても油断致すまじき事」[7]と戒めているという。彼は外国が直接侵攻してこないまでも「外国」勢力の接近がもたらす国内の緊張と反応は、やがては「武家諸法度」「禁中幷公家諸法度」にも影響しかねないことを危惧したものとみられる。このことはのちに諸藩の海防強化のための財政問題を理由とした参勤交代の緩和問題、対外問題に関する朝廷の容喙などは、ペリー艦隊来航前後から幕府の崩壊にいたる過程で現実の問題として浮上してくることになる。いずれにしてもラクスマンの来日を契機として松平定信は、幕府の恣意的規制の及ばない西洋諸国との接触を遮断する鎖国が、徳川覇権体制の維持には不可欠であることを再確認したものとみられる。

漂流譚と西洋への関心

鎖国体制下の日本人は、海外へ渡ることは許されなかったが、十八世紀末頃から、はからずも海難事故で外国に漂着し、救助されて生還するという事件が頻発するようになった。無事帰国した彼らがもたらした体験談は、当時の日本人にとって貴重な海外情報であり、未知の世界への好奇心を刺激したことであろう。

天明二年（一七八二）、伊勢白子の神昌丸の船頭大黒屋光太夫らが遭難し、翌年アリューシャン列島のアムチトカ島に漂着した。その後彼らはロシア人に救助され、ペテルブルグで女帝エカテリーナ二世に拝謁するなどロシアでの貴重な体験をしたのち、寛政四年（一七九二）、光太夫・磯吉・小市らがキリル・ラクスマンにともなわれて、根室に生還した。翌年、十一代将軍家斉は、光太夫・磯吉の二人を江戸城吹上の御庭で上覧している。この光太夫らの稀有な見聞は、寛政六年桂川甫周によって『北槎《ほくさ》聞略《ぶんりやく》』十二巻付図二巻にまとめられている。また光太夫は蘭学者との交流もあった模様で、ロシアでの足掛け十年に及ぶ体験・見聞は、庶民から将軍まで西洋への押さえがたい好奇心を刺激したものとみられる。

『北槎聞略』のほかにもこうした漂流譚は少なくない。同じくアリューシャン列島に漂着し、遣日使節レザノフにともなわれ、ヨーロッパまわりで文化元年（一八〇四）に帰国した仙台の若宮丸の津太夫ら四人の見聞は、文化四年大槻玄沢によって『環海異聞《かんかいいぶん》』十六巻付図一巻としてまとめられた。

こうしたいわば官製ともいうべき大部の漂流記のほかに、遭難の末海外から生還した船乗りの見聞を記した簡単な「漂流奇譚」の類も時代が下るにつれて筆写され無数に出まわるようになった。彼ら漂流民の多くは、アメリカやイギリスの捕鯨船や商船に救助されたが、それまで彼らは西洋のことはまったく知らなかったため、救助の船がきても、恐ろしい蛮人に取って喰われるのではないかという恐怖に怯え、はじめは救助の船に乗り移ろうとはしなかったという。しかし、漂流民は西洋人が意外にも親切で、親身になって世話してくれることに驚くとともに、これまでの先入観を改め、むしろ西洋人に親近感を抱くようになったという例は多くの漂流記に記されているところである。こうして西洋人はとても親切で、喜怒哀楽の情も自分たち日本人と少しも違わないという発見も、漂流記・海外見聞録を通じて次第に国内に広まっていった。

蛮社の獄の際、無人島渡海を最初に計画したとみられる常陸の無量寿寺住職順宣の判決文には「其方儀倅順道、無人島漂流記を一覧致以来（中略）無人島渡海目論見」とあるように、西洋に関する情報をもたらした各種の漂流記は、鎖国下の日本人に少なからぬ刺激を与えたものとみられる。また無人島渡海計画に加わった町人の一人は「渡海中風波に逢、呂宋、サントウイッ（ハワイ）、アメリカ国等へ漂流致候は、外国をも一見可相成、異国船に出会、被捕候共、相頼帰国相成候事之由同人申聞候節、艱難之中に面白事も可有之抔《など》不容易儀を雑談」に及んだという。彼らにとって西洋人とは、もはや恐ろしいものではなく、ましてや憎み遠ざけるべきものでもなかった。しかし、幕府にとってこうした発想は「容易ならざる儀」であり、そのため「右始末旁《かたがた》不届ニ付存命ニ候へは永牢可申付処病死致し候間其旨可存」と「牢屋責め」（拷問）を加えて、ほかの三人とともに獄死させている。

蘭通詞本木庄左衛門の嘆声

文化元年（一八〇四）、仙台の漂流民津太夫らをともなったロシア使節レザノフの一行が交易を求めて長崎に来航した際、対外問題に長年沈黙を守ってきた蘭学者や通詞の中には、このロシア使節レザノフの来日を知って、ひそかに開国を期待する者も少なくなかった。結局レザノフは交易を拒絶されて帰国したが、彼は長崎滞在中に会った日本人通詞の鎖国批判を次のように記している。

庄左衛門は、かなり長い時間居座り、とてもあけっぴろげな態度をとっていた。自分たちの国の馬鹿げた法律を嘲笑し、私たちの船が着いてからというもの、自分が日本人に生まれたことを不幸に思った、また私たちが連れてきた漂流民のことが羨ましい、何故なら彼らは世界をみることができたのだからとも言い、もし漂流民たちが感受性をもちあわせていれば、世界を見たことだけでも満足すべきであろう、と打ち明けた。そして最後には、私たちの質問に対して、腹立ちまじりにこう答えた。「私たちに一体なにがたくさんあるというのですか？人間が生まれたのは、飲んだり、食べたりするためだけではない、学ぶためなのです、それが人間の糧なのです」(8)。

また、長らく幕府から回答を待たされ、自分たちには自由がないと不満をもらすレザノフに対し、庄左衛門は、

あなたが、自由を束縛されているのは、一時的なことですが、私たちは永遠にそれに堪えていかなければならないのです。私たちの父や祖父たちは、米を食べるだけを楽しみに生活を送っていたのです。そして私たちや私たちの子どもたちも同じようにこんな生活を送っていかなければならないのです。私たちは感情をもつことさえ禁じられているのです。

と熱っぽく語ったという。またレザノフは次のように記している。

庄左衛門が私ひとりの時を見計らって、次のような内容のことを話した。「今回の拒絶はあなたにとっては偶然の出来事であり、決して諦めてはなりません。すべては変革をこうむるのです。民衆はあなたたちと、通商したいと望んでいるのです。これはいつか実現しなければならないのです[9]」。

さらにレザノフは、交易の拒絶が伝えられた数日後の日記に次のように記している。

ひとりの長崎の役人が、今回の拒絶は、町中に深い悲しみをもたらした、何故ならば老いも若きも皆、ロシア人はいい人たちだと信じているからだと口にした。増田はこの言葉を引き取って、「それは本当の話であって、日本人は全員同じように感じている、大名や奉行だってそうです。それは保障します[10]」。

また幕府の交易拒絶を知ったオランダ通詞たちは、今後はオランダを通してレザノフと書簡を交わすことや、出島にロシア人を潜り込ませる計画をレザノフに持ちかけている。このようにレザノフは、周囲の日本人たちが、ロシア使節の交易要請を拒絶した幕府の姿勢に強い不満を抱いていたことを随所に

記している。

この通詞、庄左衛門とは、長崎のオランダ通詞、本木《もとき》家第四代の庄左衛門正栄（一七六七―一八二二）のこととみられ、彼の訳著には『砲術備要』『軍艦図解考例』（一八〇八年）、わが国初の英和辞書『諳厄《あんげ》利亜《りあ》興学小筌《こうがくしょうせん》』（一八一一年）、『諳厄利亜語林大成』（一八一四年）などがあり、通詞というよりむしろ蘭学者といえよう。彼は大槻玄沢から「香祖堂」という雅号を贈られている。

オランダ通詞の本木庄左衛門に、こうした悲痛なまでの鎖国の排外的閉鎖政策への批判が存在したことは、近年まで知られていなかった。庄左衛門に限らず長崎の通詞たちは、日ごろオランダ人や西洋の文物との接触を通じて、鎖国体制下の日本、自分たちの置かれている情況を客観的にみることができたのであろう。彼らにとって日本の現実はまさに鎖国であった。しかし、庄左衛門を含めて誰もそのような鎖国批判を口にしたり、書き残すことはなかった。そうした心の奥底を打ち明けることができたのは、たまたま来航した、露見する恐れはないとみた外国人に対してのみであった。このような例は幕末のプチャーチン艦隊の長崎来航時にもみられる。

庄左衛門の韜晦

ロシア使節レザノフの一行は、交易を拒絶されて長崎を去ったが、庄左衛門は海外渡航の希望を失ったわけではなかった。そのことは五年後の文化六年（一八〇九）に彼が大槻玄沢に宛てた献策の草稿「秘稿　江都磐水へ遣候控」(11)にもうかがえる。

この献策案で庄左衛門は、寛政二年（一七九〇）にオランダ貿易が以前の半分に縮小されたこと、オランダが戦時下である窮状を説き、通商永続の危機を訴え「我方の治乱興敗にも相拘わり大切の一大事」とし、また同時に「暴悪」のロシアとイギリスが結託して攻めてくる可能性を説いて、対外防御の必要性を訴え「異船追討御備船造立」の計画を次のように展開している。

①オランダ船とオランダ船員を雇い日本人の遠洋航海調練を行う。

②日本人の手による新船を造立する。

③遠洋調練の際、蝦夷地の海産物などを積み、唐土福建や広東へ渡り交易する。

④船は異国船と区別するため旗印を中黒とし、西洋の軍艦のように平時は交易、非常時には軍備の要とする。

⑤新造船を逐次増加させ、北国筋蝦夷地への運送も行うと同時に沿岸警備も兼ねる。

これを実現するために銅の貿易高の増加を条件にオランダと交渉すれば、オランダ側は「旱魃に雨を得」ることとなるだろう、などと具体的な交渉方法も詳述している。そして最後に、初の洋式船による遠洋航海には、庄左衛門自身が乗り組む決意であることをさりげなく挿入している。ここらあたりに海外渡航を夢見る彼の意図があったのであろうか。

これは現下の鎖国体制とは別次元の、いわば朱印船貿易の復活を思わせるような破天荒な提案であるが、レザノフの交易要求が拒絶され、対外問題に対する幕府の姿勢が相変わらず閉鎖的であるのをみて、庄左衛門は海外渡航解禁のきっかけをこの計画に託したのであろうか。なお、ここでは五年前レザノフの前で鎖国を痛烈に批判した庄左衛門は影をひそめ、ロシアを「暴悪」と決めつけ、あたかも鎖国に一点の疑問も抱かない、幕府に忠実な一介のオランダ通詞を装っている。このような韜晦は渡辺崋山の場合にもみられる。崋山もまたのちにみるように西洋への憧れと開国への期待は隠し、表面に西洋の悪辣・危険性を強調しつつ、西洋に関する肯定的知識の普及と啓蒙に努めていた。鎖国体制下のこの時代、蘭学者たちは開国を求める本心を隠し、本音と建前を使い分けねばならなかったことに注目すべきであろう。

杉田玄白の交易説

かつて杉田玄白は、レザノフのロシア使節が、交易を拒絶されて帰帆した事件について「野叟独語」(一八〇七年)で次のように記している。

はるぐ〜音物を持参せし使者を空しく御返被成しは、夷狄ながら大国へ対し御無礼の様に申、彼を是とし此を非と思ふ様に申聞ゆる也。是無識者の論ずる事なれども、我国の人心まで服せざる所あるに似て、以の外の事也(中略)物に耐て只才気有人を御撰みありて、先彼領地カミシャツカ迄被遣、彼地は和語も通ずる者有るよしなれば、荒立ざる様に対話問答し、能々其情を聞糺し、扨彼望所も能聞抜き、麁忽を陳謝し偏に交易を望む趣ならば(中略)一先交易を許したきもの也。(12)

玄白が「彼を是とし此を非と思ふ様に申聞ゆる也」「彼領地カミシャツカ迄被遣」「一先交易を許したきもの也」とまで記すその真意は、この場合、オランダ通詞の本木庄左衛門らと同様、ロシア使節の交易要請という開国のきっかけとなるべき絶好の機会を逃したことへの玄白の無念の思いがあったものとみられる。玄白が「我国の人心まで服せざる所あるに似て、以の外の事也」と記していることから、当時この「ロシア使節の交易要請」に期待する識者が少なからず存在し、すでに長崎の通詞ばかりでなく、江戸の蘭学者の間にも鎖国に対する不満が存在していたことがうかがえよう。

ところで、長崎通詞や蘭学者たちがしばしば用いていた「交易を許す」という語句は、他の用例などからみると、文字通り「通商を許す」という意味のほかに「開国」に代わる言葉として、少なくとも鎖国体制の現状を打開する糸口という意味も含むものとみられる。オランダ以外の西洋諸国との交易をひそかに期待する蘭学者たちの本心は、理不尽な幕府の規制に従わない国との交易・国交こそ、日本人の鎖国からの解放につながる糸口として期待していたものとみられる。

水戸の漁民たちの鎖国批判

蘭学者やオランダ通詞以外にも鎖国の不条理に不審を抱いた庶民がいた。文政七年（一八二四）、数年前から初夏の頃、水戸の漁民たちが沖合で操漁している欧米の捕鯨船の乗組員と行っていた物々交換が発覚し、三百人余りが取調べを受けたという。その際、漁民たちは西洋人について率直な感想を述べている。

異国人は至て深切なるもの故、吾々沖合にて風雨にあひ難儀の節は、彼船にて相凌き、炎天の節は冷水をあたへ、病気の節は薬をあたへ、大に力を得候事多く、吾等の力に及ひ兼候鯨魚を捕るのみにて、漁猟の妨に少しも不相成候を、何故に公儀にては異国人を讎敵《かたき》の如く御扱ひ被成候やなと、申候者も有之由、新兵衛申聞嘆息仕候。(13)

彼ら漁民たちは、欧米の捕鯨船員たちとの交流を通して、はからずも鎖国の排外的不条理に素朴な疑問を抱くまでになったのであろう。当時、この事件が公式に幕府に報告されたか否かは明らかでない。しかし、のちに『通航一覧』にも収録されているところをみると、この前代未聞の事件は広く知られていたものとみられ、その場合幕閣に与えた衝撃は小さくなかったであろう。

異国船無二念打払令

水戸の漁民たちと欧米の捕鯨船員との交歓事件が摘発された翌文政八年（一八二五）、幕府は、いわゆる「異国船無二念打払令」を発令している。この打払令については、前年の文政七年五月、常陸国大津浜にイギリスの捕鯨船員十二名が上陸するという事件があり、同年八月には薩摩の宝島にイギリス捕鯨船から数人が上陸し島民から牛を奪うという事件もあって、これらの事件が、翌文政八年に発令されたいわゆる「異国船無二念打払令」の要因と考えられてきた。しかし「異国船無二念打払令」の発令は、むしろ水戸の漁民たちと欧米の捕鯨船員との交歓事件が重要な動機であったのではあるまいか。

この「異国船打払令」が幕府で審議された際の答申とみられる、南町奉行筒井伊賀守から大久保加賀守へ提出された意見書には次のように記されている。

唯々平日異国人与申者ハ人ヲ欺キ人ヲ侮リ可悪物与申儀能々申諭、百姓町人共迄異国人（ヲ）憎ミ、日本之恥辱ヲ取間敷与申心ヲ生シ候様教候而、所謂敵愾之心ニテ一廉之助ニ可相成哉。(14)

また遠山景晋《かげみち》は、文政七年十二月の上申書で「惣而浦々役人並村役人共、漁師廻船之者其外在町男女迄、一統に異国人を悪み候て追払可申心得一致に相成候得は、即チ浦々取締之一条と奉存候」(15)と述べている。

この「異国船無二念打払令」と同時に出された「触」では、あらためて次のように異国船との接触を禁じている。

国々之廻船漁船、海上において異国之船に相親しみ候儀は従前々御法度之事に候（中略）船之乗筋等、可成たけ異国船に不出会様心懸可申候。若異国人に親み候儀を隠置、後日相顕るゝおいては、可被処厳科候、有体に訴出候はゝ、一旦同意之者にても、御褒美可被下候間、不相包可申出もの也。(16)

このように漁船や廻船が異国船に近づくことをあらためて厳しく禁じていることからみても、この「異国船無二念打払令」は、捕鯨船員の大津浜上陸、宝島で捕鯨船員が牛を奪うという事件もさりながら、漁民や廻船の船乗りたちが異国人と接触することを防ぐために発令されたものとみられる。幕府は、庶民が異国人となれ合うことを恐れており、藤田覚氏は、この「異国船打払令は、西洋人と日本の民衆とを遮断する意図を濃厚に持っていたのである」[17]という。いずれにしても文政の頃、すでに幕府では「浦々の百姓町人共迄」西洋人を憎むよう、あらためてこうした偏見を植えつけなければならなくなっていた。これは当時日本近海への捕鯨船の進出などによって、廻船の乗組員や漁民の間にまで西洋人と接触する機会が増えるとともに、庶民までが鎖国の排外的政策自体に疑問を抱き始めたことに対し、幕府は危機感を募らせ、急遽無二念打払令を発令するにいたったものとみられる。長崎のオランダ通詞や蘭学者にみられた鎖国に対する不満は、今や漁民たちにまで及んでいたといえよう。幕府が日本人と西洋人との接触を警戒していたこの時期、天保期に入ると鎖国の撤廃を求めて「蘭学にて大施主」と噂されるほど、初歩的ではあるが西洋に関する肯定的啓蒙に努める渡辺崋山のような人物も現れてきた。こうした西洋・西洋人に対する警戒心の緩みは幕府にとって放置できない事態であったであろう。蛮社の獄は、この「異国船無二念打払令」の延長線上に位置する事件であったといえよう。

シーボルト事件と蛮社の獄

文政十一年（一八二八）のシーボルト事件では、書物奉行・天文方筆頭の高橋作左衛門景保《かげやす》が、クルーゼンシュテルンの『世界周航記』その他の資料と引き換えに伊能忠敬実測の『日本沿海輿地全図』など禁制の地図をシーボルトに与えたことが発覚した。この事件では将軍家奥医師の土生玄碩《はぶげんせき》も、散瞳薬の伝授と交換に将軍から拝領した紋服など禁制の品をシーボルトに贈っていたことも露見している。これは、幕府が西洋人と日本人との交流を厳しく遮断する、いわば鎖国の閉鎖性に対する蘭学者たちの認識の一端を示すものであり、幕府にとってこの事件の衝撃は決して小さくなかったであろう。いずれにしても鎖国の禁制が幕府のお膝元でもほころび始めていたことを示す事件であった。これより以前、文政七年、高橋景保は「建白書」の中で次のように記している。

先年松前に暫被差置候魯西亜人、御帰しに相成候節、兼て懇意に交り候者共、何れも別れを惜み、中には落涙に及候者も有之由及承候。是等は人情難止儀とは乍申、御禁制之夷人へ対し、左は有間敷儀に御座候(18)（以下略）

このようにロシア人に同情した日本人を戒めた当の景保が、四年後文政十一年のシーボルト事件では、日本地図などの国禁の品を「御禁制之夷人」シーボルトに与えていたことが発覚している。してみると松前でロシア人との別れに落涙した日本人に対し「御禁制之夷人へ対し左は有間敷」と戒めたのが、はたして景保の真意であったのであろうか。「異国船無二念打払令」の発令を促したといわれる高橋景保の「建白書」の内容は、あたかも攘夷論者の排外論を思わせるもので、シーボルトに国禁の地図を贈った開明的な蘭学者によるものとは思えない。そのためか、従来彼の真意を量りかね、研究者を当惑させてきた(19)。西洋人との別れを惜しむ日本人を否定し、西洋の船を追い払う海防の強化がはたして景保の真意であったのであろうか。

ところで、景保は文政七年七月の「建白書」で、無二念打払令の発令をオランダ人に告げること、さらにそれをオランダ人からイギリスへも通告するよう次のように記している。

仍而阿蘭陀人へ被仰含、カルクットへ罷越候節、暎咭唎の重き官人へ申談、日本近海へ漁船不参様、暎咭唎国中漁人共へ急度申諭候様取計候はゞ、行届可申候。阿蘭陀人より暎咭唎人へ示し候意は、

日本国より嘱托之事

近来暎咭唎之漁船、年々多く日本之東海地方近くへ来り、鯨漁を為し、度々地方《ぢかた》へも乗り寄せ、薪水、野菜の類を乞へり。其度々聊望之品を與へ、日本の掟にて、常々来らざる他邦之船を寄すること厳禁なれば、重ねて来らば其儘には帰すまじき由申諭し、故なく帰らしめぬ。此後尚諭を用ひず、地方に来らば、海岸を去ること凡十里に過ぎずば、是非を論ぜず打払ふべし。（中略）願くは其方の漁人へ洩ざる様、厳しく申諭し堅く禁止給ふべし。其上にも尚来らば、必打払ふべし。怨むべからず。

右之意を、長崎奉行より甲比丹へ精々申含、且其意を為書取、暎咭唎官人へ送らせ、可相成は暎咭唎官人より阿蘭陀人への報書を取、差出し候様仕度儀に御座候。(20)

景保はオランダに無二念打払令を伝え、さらに文案「日本国より嘱托之事」をオランダからイギリスにも伝えさせ、イギリスの官憲から自国の捕鯨船員らに厳しく禁令を伝えさせ、しかもその諭書の請け書をオランダを通して幕府に提出させることを提案している。

このような「日本近海への出漁禁止」に対する承服の請け書まで提出させる通告が実際にイギリスに伝えられた場合、イギリスは、むしろ自国の船員保護のために、日本の無謀な排外的政策に対する抗議行動、すなわち、日本の鎖国政策撤廃のためのなんらかの行動を起すことが予想されよう。高橋景保のような幕府の禁制をよそに、シーボルトと情報交換するほどの人物が、西洋を打ち払う幕府の政策に率先して加担するとは考えがたい。むしろ景保は、イギリスからの鎖国政策への抗議行動を期待し、いわば国内からではなく、外から日本の鎖国をこじ開けてくれることを期待していたのではあるまいか。

こうして「異国船無二念打払令」が発令され、天保八年の非武装船モリソン号砲撃事件は、日本の排外的政策を象徴する事件として欧米に印象づけられた。

景保は西洋人との接触を妨げようとする幕府の偏狭な姿勢、鎖国政策にひそかに不満を抱いていたのであろう。そのため幕府から嫌疑を受ける危険を察知して、あらかじめ自分が西洋を嫌忌する保守的人物であるかのように装う必要があったものとみられる。そこでこの諮問の機会を利用して、異国船を追い払う「建白書」を起草したり、あえてロシア人に同情する日本人を戒めたり、西洋人を蔑視する「蕃賊」「愚蒙之夷人共」などという言葉を用いて本心をカモフラージュしていたのではあるまいか。こうした韜晦は、さきにみた本木庄左衛門やのちの渡辺崋山にもみられることで、そのため、崋山の真意が誤解されている例も少なくない。

幕府はいわゆる鎖国政策によって、日本人の海外への渡航を禁じ、交易に専念するオランダ人との接触さえも厳しく制限してきたが、寛政六年以降蘭学者といえども、江戸日本橋の蘭人客館への出入りも規制されるようになった(21)。

崋山は『鴃舌小記《げきぜつしょうき》』に、天保九年、江戸に参府したオランダ商館長ニーマンからの聞き書きとして、ニーマンが天文方と対話する際でも、目付の立会いがないと許されないという幕府の規制に対し、学問上のことに何を疑うのかとニーマンが機嫌を損ねたことを記している。これは崋山の感懐でもあったであろう。このニーマンの幕府の規制に対する不満を、崋山が『鴃舌小記』に記したことは、のちの判決文で崋山の罪状の一つにもなっている。

こうした閉鎖的状況の中で起ったのがシーボルト事件であった。日本の地図をシーボルトに贈った学術交流がなぜ厳しい重罪に値するのか、幕府はなぜ日本人と西洋人との接触を恐れるのかなど、長崎でシーボルトに師事し、シーボルト事件を身近に体験した高野長英が、鎖国体制下の過酷な現実に無関心であったとは思えない。当時、多少なりとも海外の状況を知る通詞や蘭学者たちは、鎖国について常に沈黙を守ってきたが、彼らがひそかに鎖国の撤廃を期待していたことは、さきにみた杉田玄白・本木庄左衛門らの例からもうかがえよう。一方幕府は「浦々の百姓町人共迄」西洋人を憎むことを、あらためて強要しなければならなくなるほど、文政・天保期の日本人の西洋に対する警戒心の緩みは徐々に広がりつつあった。

対外的危機と開国への期待

十八世紀末以降、頻発する異国船の来航は、幕府にとって不気味な西洋の接近、対外的危機と映じたとしても、鎖国の撤廃を期待する長英や崋山らにとっては、わが国を取り巻く国際情勢が変化しつつあることを示す期待すべき徴候であった。彼らにとってモリソン号のように交易を要求してくる異国船の来航は「対外的危機」ではなく、むしろ、かつて交易を求めて来日したロシア使節レザノフの場合と同様、わが国の鎖国の扉をたたく使者の来訪、すなわち開国への道をひらく絶好の機会とみて期待したのであった。

長英は、蛮社の獄の発端となった『夢物語』の一節で、ロシア使節レザノフの交易要請と、それを拒絶された彼の部下による北辺の襲撃事件を引き合いに出して、今度モリソンの要請を拒絶した場合には「魯西亜レサノットの類には無之候」と、以前にもまして手酷い報復を受けるだろうと警告し、暗にモリソンの要請を拒絶すべきでないことをにおわせている。

十八世紀の末、それまで比較的平穏であったわが国の対外環境も、ロシア船の出現によってにわかに緊張が高まり、老中松平定信は、鎖国を徳川の覇権体制にとって不可欠な基礎構造とみなす認識から、あらためて鎖国を改廃の許されない祖法と位置づけたが、その頃から志筑忠雄《しづきただお》の『鎖国論』などによって鎖国の存在を再認識する人々や、鎖国の撤廃を期待する蘭学者も現れてきた。やがて天保期に入ると国内から鎖国の撤廃を働きかけようとして、天保八年（一八三七）八王子千人同心組頭松本斗機蔵《ときぞう》（胤親）は『献芹微衷《けんきんびちゅう》』の中で、ロシア・イギリスにも交易を許すべきを次のように記している。

右の諸書ヲ合考レハ、今ノ和蘭船ハ全ク名目計ニシテ、内実ハ西洋諸州ノ間諜ナルコト可知。アヽ年来彼カ欺罔ヲ受ケ、彼ニ愚弄セラルヽコト口惜キコトナラスヤ。然レハ愈「オロシヤ」「イキリス」表立タル交易ヲ許シ、姦猾ノ胆ヲ破ランコト誠ニ国家ノ長策トモ可謂乎。(22)

杉田玄白・本木庄左衛門・松本斗機蔵らは、いずれも鎖国の撤廃という期待を内に秘めつつ、それぞれ開国へ導くための理由づけに腐心している様子がうかがわれる。

文政期には、禁制の地図を西洋人に譲り渡す書物奉行、水戸の沖合いで欧米の捕鯨船員と物々交換を始める漁民も現れてきた。しかも漁民たちは役人に向かって幕府の西洋人に対する排外的政策に素朴な疑問を口にするまでになった。また天保期には、はるか南の無人島（小笠原島）に関心を寄せ「渡海の途中漂流しても、呂宋、サントウイツ（ハワイ）、アメリカ国等、思いもよらず外国をも見物でき、洋中で異国船に出会捕われても、頼めば帰国できるだろう」などと雑談し、無人島への渡海を話し合う町人たち、西洋を肯定的に紹介して「蘭学にて大施主」と噂される渡辺崋山のような人物も現れてきた。こうした日本人の西洋・西洋人に対する警戒心の希薄化は、かつて松平定信が危惧したように幕府にとって由々しき問題であり、幕府はこうした事態を放置できなかったであろう。

西洋諸国が直接日本に侵攻してこないまでも、鎖国を脅かす西洋の接近が、徳川の覇権体制に何をもたらすか、その弊害を知る寛政の松平定信は、鎖国を改廃の許されない祖法として位置づけたが、天保の老中水野忠邦、目付鳥居耀蔵もまたその頃国内に萌し始めた日本人の西洋への関心の高まり、西洋への警戒心の緩みを危惧していたものとみられる。

耀蔵は、のちに「昔予官家の為に蛮夷の近くべからず、若誤て彼等を親くせば、其災害言ふ可らざるを論ぜしに」(23)と、かつて松平定信が危惧したのと同様「蛮夷」を近づけることの危険性を指摘している。これは幕府崩壊後、彼が釈放されてからの高言であるが、西洋との接触が、鎖国の撤廃が幕府政治を混乱に陥れ、「官家」の「武家諸法度」「禁中幷公家諸法度」の形骸化をもたらしたことは事実であろう。

かつて松平定信が、百姓の一揆とともに警戒した「おそるべき蛮夷」および老中心得の一項「外国遠く候ても油断致すまじき事」という戒めは、天保の老中水野忠邦、目付鳥居耀蔵にも通底していたものとみられる。こうした「蛮夷」に対する恐れと「国民」に対する警戒が、蛮社の獄で崋山や町人たちを「国外脱出」「異国人との応接」という無実の罪を着せてまで断罪するにいたった、といっても過言ではないであろう。一方、崋山は、なぜ鎖国を撤廃できないのか、鎖国が幕府になぜ必要なのかという鎖国の存在意義について思いいたらず、「すでに脅威の薄れたはず」のキリシタンにのみ原因を求めていたものとみられる。彼はひたすら鎖国の撤廃を期待して「蘭学にて大施主」と称されるほど西洋を肯定的にみる啓蒙活動を続けていた。しかし、鎖国は強化されることはあっても、中国明・清時代の海禁政策のように緩和したり、撤廃することはありえず、祖法としての鎖国の弛緩撤廃は徳川覇権体制の弱体化を意味していた。文政・天保期は、いわば祖法とも称された鎖国が、国内からも揺らぎ始めた時代であった。

蛮社の獄の要因を考える際、幕府の恣意的規制の埒外にある西洋および西洋人から日本人を遮断してきた禁制が、この頃次第に緩み始め、しかも表面化してきたことに対し、異国船無二念打払令にもみられるように、幕府がこうした鎖国を脅かす動きに危機感を募らせ、鎖国の根幹ともいうべき排外的閉鎖性の箍《たが》を引き締める必要に迫られていたという背景も無視できないであろう。

註

（1）『通航一覧』鳳文書館復刻、一九九一年、第七巻、九四頁。
（2）『函底秘説』東京大学史料編纂所蔵（藤田覚『幕藩制国家の政治史的研究』校倉書房、一九八七年、二〇二頁参照）。
（3）辻善之助『田沼時代』岩波文庫、一九八〇年、二三〇～二三一頁。
（4）藤田覚『田沼意次』ミネルヴァ日本評伝選、二〇〇七年、一二八～一三九頁。
（5）佐久間象山「海防に関する藩主宛上書」天保十三年十一月二十四日（『日本思想体系』55「渡辺崋山・高野長英・佐久間象山・横井小楠・橋本左内」岩波書店、一九八二年、二六六頁）。
（6）藤田覚『近世政治史と天皇』吉川弘文館、一九九九年、八五頁。
（7）藤田覚『松平定信』中公新書、一九九三年、一五四頁。
（8）レザーノフ著、大島幹雄訳『日本滞在日記―一八〇四～一八〇五―』岩波文庫、二〇〇〇年、一二九～一三〇頁。
（9）同、三三五頁。
（10）同、三五八頁。
（11）相馬美貴子「本木庄左衛門〈秘稿　江都磐水江遺候控〉」（『一関市博物館研究報告』第四号、二〇〇一年三月）。

(12) 杉田玄白『野叟独語』(『日本思想大系』64「洋学(上)」岩波書店、一九七六年、二九四〜三〇二頁)。
(13) 前掲『通航一覧』第六巻、三九五〜三九八頁。松浦静山『甲子夜話』4、平凡社東洋文庫、一九七八年、二三一頁。
(14)「文政七申年十一月十八日異国船之儀ニ付大久保加賀守殿江別段申上候書付」の一節(『珍奇異聞』一、国立国会図書館蔵)。
(15)「御書付並評議留」天理図書館蔵(徳川法制資料一七〇所収)(藤田覚『近世後期政治史と対外関係』東京大学出版会、二〇〇五年、二三一頁参照)。
(16) 前掲『通航一覧』第八巻、四五〇頁。
(17) 藤田覚「一九世紀前半の日本―国民国家形成の前提―」(『岩波講座日本通史15 近世5』一九九五年、四一頁)。
(18) 徳富蘇峰『近世日本国民史』第二七巻「文政天保時代」時事通信社復刻、一九六五年、二八八頁。
(19) 上原久『高橋景保の研究』講談社、一九七七年、二九六〜三〇二頁。
(20) 前掲『近世日本国民史』第二七巻「文政天保時代」二九三〜二九四頁。
(21)『新撰洋学年表』柏林社復刻、一九六三年、寛政六年の項。
(22) 松本胤親『献芹微衷』(住田正一編『日本海防史料叢書』海防史料刊行会、第四巻、八六頁、クレス出版復刻第二巻)。天保八年、徳川斉昭に献上したという。「右の諸書」とは、日本国内の情報を記した西洋の書のこと。
(23)『勝海舟全集』十一「陸軍歴史I」講談社、一九七四年、九二頁。

II

林家と蛮社の獄

通説では、蛮社の獄の背景には、洋学の隆盛に対する林家《りんけ》を中心とする儒学者らの嫌忌・反感があったという。すなわち「幕府の文教を掌る林家一門の、崋山らに対する嫌忌が、獄の背景をなしていたことは、疑いないように思われる」(1)という。しかも幕府学問所の儒者や幕府役人の中にすら、洋学に親近感を抱く者が現れるほど、洋学は知識人の心をとらえ始めており、幕府の文教政策を担い、幕政に重きをなしていた大学頭林述斎《はやしじゅっさい》らは、こうした状況を憂慮し、述斎の三男である目付の鳥居耀蔵は洋学者の弾圧に乗り出したという。

この林家と蘭学者との軋轢が蛮社の獄の要因とする説は、事件当時から巷間でも囁かれていたが、この説が広く知られるようになったのは、高野長英が蛮社の獄の顚末を記した『蛮社遭厄小記』によるところが大きい。しかし、この洋学者弾圧説は「鳥居耀蔵」の節でもみるように、多分に長英の自己弁護を含む憶説であった。また従来の学説においても蛮社の獄の要因は林家対蘭学者の軋轢とする説が広く知られており、保守・因循・旧弊の林家という一般の認識には牢固たるものがあった。そのためさきにみたように一世紀ほど前の井野辺茂雄氏の指摘もさりながら、こうした通説化した林家に対する認識についてもあらためて検討してみる必要があるものと思われる。

鳥居耀蔵の実父である林述斎（一七六八―一八四一）は、美濃岩村藩松平乗蘊《のりもり》の三男として生まれたが、寛政五年（一七九三）幕命によって、嗣子の絶えた林家を相続して大学頭となった。述斎は昌平坂学問所を拡充整備し『寛政重修諸家譜』『徳川実紀』その他の編纂事業を進める一方、折から輻輳する対外問題について幕府の諮問に応えるなど、その言動は幕府内でも注目されていた。こうして林家を立て直した述斎は、儒学の頭領林家の中興の祖といわれている。この述斎の三男として生まれた耀蔵（一七九六―一八七三）は、二十五歳のとき禄高二千五百石の旗本鳥居家の養子となった。

林家と幕府

林羅山を祖とする林家は、代々幕府の外交文書の起草に与っており、対外政策に関してもそのつど諮問を受けてきた。そのため林家では当然のことながら、対外問題に関する情報の収集・分析にも意を用いてきたであろう。

述斎は十八世紀末以降、蝦夷地上地問題、ロシア使節レザノフの来日、北辺の襲撃事件、常陸大津浜捕鯨船員上陸事件、異国船無二念打払令、モリソン号来航事件その他多くの対外問題について、老中からの諮問に答申書や意見書を提出している。

述斎は幕府からの諮問に応えるためにも、常に対外問題に関心を寄せ、それなりの情報と分析力を持っていたものとみられる。なお、藤田覚氏は述斎について、対外問題に無関心であったわけではなく、老中からしばしば諮問を受け、それに応えるためにも相当な関心と知識を持っていたことは疑いないであろうという(2)。

享和三年（一八〇三）七月、イギリス船フレデリック号が長崎に来航した際、通詞たちが「御制禁」

のイギリス船であることを隠すために「御制禁」以外の国名を適当に報告して取り繕っていたという。これを知った述斎は、通詞たちが正確な国名を隠すことはかえって危ういと判断し、文化四年(一八〇七)七月、こうした弊害を除くためにも、長崎港に限ってではあるが、漂流・漂着でなくても、あらゆる国の船に薪水を供給してはどうかと建言したという。この述斎の見解について、藤田覚氏は「これは貿易容認論、〈開国〉論ではないが、ロシアに限定されない薪水給与を主張している点で注目すべき意見」(3)と評している。述斎はたんなる因循な保守主義者ではなかったといえよう。

林家の対外姿勢

わが国は鎖国体制の下では、オランダ以外の西洋諸国とは没交渉とはいえ、林家の対外姿勢は、決して閉鎖的排外的なものではなかった。むしろ平穏な国際関係を旨とするその主張には、普遍的妥当性が認められる。儒学そのものは、むろん幕府の対外政策とは関係なく、いわゆる「儒教的仁政観」に基づくともいわれる述斎の主張は、陳腐なものではなく、しばしば幕府の排外的姿勢とも対立している。

「仁政論的見地」「儒学的な仁政思想」(4)とは、何か時代遅れの劣ったもの、マイナス的イメージでみられる場合が少なくない。しかし、それは明治以降の一方的な西洋文明礼賛によって生じた儒学への偏見が多分に影響しているものといえよう。述斎は国際情勢に関する知識に乏しく閉鎖的とする説もあるが、実際はむしろ逆で、幕府への情報の提供や諮問に応えるという形で幕府外交を支える林家は、対外問題について決して無関心ではなく、むしろ対外情報には敏感であったといえよう。また幕府外交を客観的にみて諮問に応えるという立場から、対外認識は中立的であるとともに穏健で、幕府の担当者の極端な排外性や西洋に対する夷狄観からも距離を置いている。

文化元年ロシア使節レザノフが交易を求めて長崎に来航した際、幕府からその対応について意見を求められた述斎は、たとえロシアの要求を拒絶するにしても、日露間の不和のもとにならぬよう国王の書簡を受け取り、返書を渡すべきだと論じたという。しかし、老中土井利厚は、ロシアが立腹するような応対をすればロシアは二度と来ないであろう、といい、これに対し述斎は、ロシアが日本に武力を行使するような事態にしないことが重要だ、と述べたという。これに対し土井は、ロシアが武力に訴えてもいささかもおくれをとらない、と応じたという(5)。このように述斎が幕府の諮問に応える際、幕府首脳と意見が対立することも少なくなかった。はたしてその翌年幕府の冷淡な対応に怒ったレザノフの部下による北辺の襲撃事件が起き、幕府を震撼させている。この当時の幕閣には、すでに対外交渉における初歩的な常識さえ失われていたのであろうか。一方述斎は、常識的ではあるがバランスのとれた優れた国際感覚の持ち主であったといえよう。述斎は国際交渉の常識をふまえて、幕府がその空疎な武威と威光を妄信して、理不尽な行動に出ぬよう戒めていたといえよう。

文化六年、述斎は満州地域と蝦夷地間の交易を認めることを提言した意見書を提出しており、また、イギリスの捕鯨船員が上陸した常陸大津浜事件の際には、捕えた異国人の早期釈放による解決を求める意見書を提出していたという(6)。これらのことからも「林大学頭が対外問題について、無関心であり、あるいは無知であった」とみるのは誤解であり、また述斎の対外認識は、当時においてはむしろ開明的であり、因循な守旧派の総帥のようにみるのは誤りといえよう。

モリソン号事件と林述斎

蛮社の獄の伏線となった天保八年（一八三七）のモリソン号来航の翌年、幕府でこうした漂流民の送還を名目として渡来する異国船についての対応策が審議された。評定所一座、大・小目付は強硬論を唱え、打払いをもって臨むべしとしたのに対し、述斎は同年九月の上申書で次のように述べている。

定而彼方に而も本船は沖懸り仕、伝馬船に而邦人を最初に近寄候事たるへく候。左候時無二無三に打払候而ハ一向に訳も分り申さぬ事に候。譬は軍中に而敵国之使番来り候時は矢留を仕候も同様之儀、此意之分ち無御座候而は此方之仕方却而無法と申ものに御座候。(7)

このように述斎は、現行の無二念打払令における一方的な打払い策に疑問を呈している。また同じくこの上申書で述斎は「但ヱケレス者、二百年前阿蘭陀同様ニ商船之往来不絶、御朱印をも被下置（中略）併一旦中絶仕候ヱケレス之事ニ候間、只今ニ至り候而者普通之西洋人同様に取扱候事、元より不苦筋ニ御座候」と記している。これらは、鎖国以前の交流にも目を配るとともに、現下の無二念打払令にも拘泥しない優れた見識といえよう。

述斎は同じ答申書で、無二念打払令下にもかかわらず、モリソン号を長崎へ回航させ、漂流民を受け取るべきであると次のように述べている。

矢張御国法に而長崎之外異国船を繋ぎ候事は不相成候に付、可申儀も有之候は丶、兎も角も長崎え相越候様申諭、仮令邦人に而も猥りに差留候儀は不仕、彼船え相戻弥送返し度所存に候は丶、矢張長崎に而返し候様申諭候筋に奉存候。

現行の打払令にも束縛されないこうした述斎の発言は、彼が大学頭として当局と一線を画していたからこそ可能であった、といっても過言ではないであろう。

こうした述斎の穏便な提言に対し、評定所一座は次のように強硬であった。

況交易願望之主意を含、信義を唱へ、漂民を囮にして、利を計候様猶更之仕方付、大学頭申趣も有之候得共、大体蛮夷之奸越に対し、接待の礼を可設筋有之間敷候。(8)

評定所一座の、わが国の漂流民さえあえて犠牲にすることも辞さない硬直した姿勢に対し、述斎は「遠国船方等之賤き者迄も我国之人に候得は、御憐愍被下候と申儀君徳之重き所に候」(二度目の答申)と戒めている。これは儒教的仁政思想に基づくと否とにかかわらず幕府の政策に拘泥しない述斎の優れた見識であり、偏狭な幕府の「対外的危機意識」とは一線を画するものといえよう。

ところで、高野長英は『夢物語』において「彼(イギリス)仁義を唱へ、漂流人を送来候得ば江戸近海は御要害の地にて、着岸御免難被成候得者、長崎なりとも、何方なりとも、着岸御免被仰付、右漂流人御請取被遊、右の御挨拶として、厚く御褒美御恵み被下置(9)」と記している。

長英が、長崎に限らず「何方なりとも」とするところ以外は、述斎と長英の説には隔たりはないとして、相原良一氏は述斎の穏当な説について、その見識を次のように評価している。「紛々たる攘夷論の中にあって〈無二念打払〉の無謀を戒めるとともに、飽くまで慎重に取扱うべき旨を主張したものであり、幕府の内部に於て対外強硬論が大勢を制していた際の意見として注目すべきであろう(10)」。また、田保橋潔氏は、述斎が「無二無三打払候事」を無法の仕方と論じていることを「出色の文字(11)」と評価している。

こうしたモリソン号事件への対応意見を通してみた述斎への評価について、佐藤昌介氏は次のように疑問を呈している。

田保橋潔氏が林大学頭の見解を「出色の文字」と評したのは、必ずしも失当ではないが、大学頭の見解は漂流民に対する憐愍などによる「儒学的仁政思想から発想されたものであって、そこからは現下の国際情勢に対する深刻な洞察や、これに基づく対外的な危機意識をほとんど窺うことができない（中略）述斎が過去におけるわが国との友好関係を挙げるのみで、フェートン号事件や、はたまた打払令施行の直接原因となった宝島事件のごとき、イギリス側の不法行為については、まったく不問に付しているばかりでなく、現下の情勢についても何ら言及していない。このことは、林大学頭が対外問題について、無関心であり、あるいは無知であったことを暴露したものである[12]」。

このように佐藤氏は述斎の対外的関心に否定的であるが、述斎の現下の対外問題に関する関心と洞察は、決して低いものではなかった。

この場合たとえ「儒学的仁政思想から発想されたもの」であっても、「儒学的仁政思想」そのものは決して否定されるべきものではなく、幕府の政策・政治姿勢にとらわれない述斎の普遍的人道主義からの発言とみるべきであろう。また「有無に不及一図に打払」を命じた文政打払令の国際感覚の欠如とは対照的に、述斎が示した優れた対外認識といえよう。

佐藤氏のいう「対外的な危機意識」とは一般に国防の危機と誤解されることの多い概念であるが、この時期の、すなわち開国以前における対外的危機とは挙国的・民族的危機ではなく「徳川幕府の鎖国政策の危機」であって、鎖国の維持が困難になりつつあることへの為政者側からみた危機意識にすぎない[13]。当時述斎がそうした幕府の偏狭な危機意識とは一線を画していることは注目すべきであろう。彼は幕府の独善的な「対外的危機意識」から自由であったために、現行の異国船無二念打払令さえ批判することができたのであろう。また、述斎が現下の情勢について言及していないのは、対外問題について「無関心」や「無知」なのではなく、むしろ偏狭な幕府内の対外論に対する大局的見地からの発言といえよう。本来フェートン号事件も宝島事件もいわば鎖国下の幕府の対外政策に起因する事件であり、この場合述斎が、個々の事件や現行の鎖国政策に拘泥せず、大局的にみた本来あるべき対外姿勢を示したといえよう。これこそ幕府があえて大学頭に諮問する理由でもあったものとみられる。また大学頭の発言は、個々の事件を生み出した対外政策への批判ともなっていることに注目すべきであろう。

林述斎の四男で、学問所御用掛林式部少輔復斎（煒）は、嘉永二年（一八四九）老中・若年寄が学問所に臨み「時勢海防」について意見を求めた際、打払令を復活した場合、武力衝突に負けてから交易を認めるようなことになれば、アヘン戦争の二の舞となるとして、次のように冷静かつ柔軟な姿勢を示している。

> 打払と相成候上ハ、清国之模様を以勘考仕候ハヽ、戦端を開き申候者必定之義ニ候、其節異賊共必死を覚悟致し数十艘之船軍を送り出し諸所江大砲打掛狼藉仕候ハヽ、江都表迄騒立候義ニ至り可申、其節万一議論一変交易之格を開き和議と相成候ハヽ、最初ニ交易を始候より者一層之大違、御国之疲弊益甚敷相成り、諸国江被為対乍恐御恥辱ニ相成、即清国之覆轍を追ひ候計りニ御座候。[14]

林述斎と幕府

幕府における林家の権威は、決して低いものではなかったが、述斎は林家の学問的権威と幕府の政治的権威とを区別していた模様で、それをうかがわせる次のような逸話が残されている。

此程（天保七・八年頃）閣老大久保侯より、当時儒者の内にて引き上げて、政治の吏に採用すべきものこれ有りやと林家へ尋問ありけるに、一人もこれ無しと答へけるとぞ、林家は如何なる明ありて、此の多数の儒者中に政吏の材を抱く者なきを看破せし乎、一人もこれ無しと断言せしは、蓋し失言なり。[15]

述斎は世間の常識に反して、儒者が政治の吏として幕府に取り立てられることを儒者の栄誉とか出世とは思っていなかったのであろう。述斎の姿勢は、学問が政治に従属することを潔しとしない、いわば学問の独立または中立を意味する優れた見識といえよう。しかし、周囲はそれを理解していなかったようだ。述斎の言は「失言」ではなく、彼が学問と政治とをはっきりと区別していたことを示すものとして注目すべきであろう。また、もう一つの逸話は松崎慊堂の『慊堂日暦』にあるもので、「渋井伊左老人（中略）話中に云う、林子は閣老に途にて遇い轎をおろさずして行くと」[16]。これは述斎が老中にもへりくだることのない、いかにも政治的に権威があったかを物語る逸話のようでもあるが、いずれも寛政異学の禁以来、幕府の学問所への政治的介入を快く思わない林家、述斎の姿勢をよく示す逸話といえよう。元来林家の権威は政治的権威ではなく、ここにも述斎が学問と政治とを区別していた様子がうかがわれる。しかし、世間では老中にも並ぶ林家の政治的権威のように映ったのであろう。

述斎には学問の権威は、世俗の政治的権威などとは別次元の存在という矜持があったものと思われる。ゆえに対外政策を諮問されれば、老中にも堂々と持論を披瀝し、臆することなく反論もしている。ただし、それ以上の政治的行動に出る立場にはなかった。林家は対外関係、対外応接などに関して意見を求められれば、それに応えることはあっても、通常は幕政には直接関与せず、それゆえに老中の駕籠にもへりくだることなく超然としていたのであろう。当然のことながら述斎は儒教からみた政治や対外関係のありかたを念頭において、幕府の対外政策に束縛されることなく、幕政を注視していたものとみられる。

儒学と洋学

蛮社の獄を語る際、林家の洋学に対する憎悪がその背景にあるとする説が少なくない。たとえば「崋山の蘭学が経世的性格をもち、それが旧思想の批判を伴った以上、漢学との衝突は不可避であり、したがって崋山が幕府の文教をつかさどる林家一門の恨みを買うのは当然のなりゆきであった。ことに崋山は林家の門人筋にあたり、そのうえ彼の交友には儒者が多く、彼らの中には蘭学に心を傾けるものも少なくなかった。このことが林家の憎悪をさらにかきたてた。なかでも崋山とその同志を敵視したのは、林述斎の次男鳥居耀蔵であった」[17]とするのもその一例であろう。

儒学は「洋学」に対し、本来敵対的であったのであろうか。文化三年（一八〇六）佐賀藩藩校弘道館教授に任命された古賀穀堂《こくどう》（古賀精里の長男）は、第九代藩主鍋島斉直に示した『学政管見』の中で、世間では蛮学は物好きの慰みごとのようにいい「学者などよりもこれをそしりて異端邪説とすることもあれとも、全くさにあらす、近来蘭学大に啓けてその学ふところは、曾て阿蘭陀の学問と云ことにあらす、世界一統のことをきわめしることとなり[18]」と述べ、天文・地理・器物・外科はもちろん、治国・経済の助けにもなるのだと記している。

元来蘭学者といえどもその基本的教養は儒学によって培われたものであり、儒学なくして「蘭学」はありえなかった。また蘭学者も洋学自体が鎖国体制下にあっては、元来潜在的危険性をはらんでいることを自覚しており、批判的な言動は日頃から自制し、漢方医と蘭方医間の嫌忌はあっても表立った対立は少ない。幕府としては、このように自己規制の行き届いた蘭学者を弾圧する理由はなかったであろう。むしろ古代の政治を理想化し、ややもすれば現状を批判する国学者の方が危険であったともいえよう。事実国学者の外来思想排斥活動は活発であったという。こうした一面を持つ国学に対し、洋学には「新奇の説」はあっても、表立った儒教批判や幕政批判はなく、また洋学は天文・暦学・医学などにおいて、すでにその成果は国内に定着しており、実用の技術としても不可欠であったといえよう。

松平定信は『宇下人言』の中で「蛮国は理にくはし、天文地理又は、兵器あるは内外科の治療、ことに益も少なからず。されどもあるは好奇之媒となり、またはあしき事などいひ出す。さらば禁ずべしとすれど、禁ずれば猶やむべからず。況やまた益もあり[19]」として、定信の時代でさえ、洋学には潜在的危険性が認められるとしても、すでに禁ずべくもなかった。

蔵原三雪氏は、従来、洋学と「古い学問」とされた漢学は、対立するもののようにみられてきたが、漢学（儒学）の教養なくして蘭学はありえず、このような視点から漢学と洋学の関係を見直すべきであろうと述べている[20]。

次に林家一門を「幕藩制のイデオローグ[21]」とみる説についてみてみよう。江戸幕府は、そもそも儒教を統治のイデオロギーとはしておらず、むろん科挙の制度もない。したがって、儒者と政治とは直接的関係はなく、公職にあるものは儒教古典の知識よりも、家柄や実務的能力のほうが出世にとって重要であった。また昌平坂学問所の起源にさかのぼってみても、もともとその性格は林家の家塾と幕府の学問所を兼ねた半官半私のものであった[22]。

このように日本では古くから儒教的倫理は、社会の道徳規範ではあっても、儒教は「幕藩制のイデオロギー」ではなく、ましてや林家は「徳川幕藩体制のイデオローグ」でもない。これはさきにみたように、述斎が幕政と一線を画していることからも明らかで、むしろ幕府と林家の間には微妙な緊張感があったことがうかがえる。林家は儒教的仁政的見地から幕府の対外政策をみており、体制内に埋没することはなかった。また、林家は長年にわたる対外情報の蓄積をふまえて、その時々の状況にとらわれることなく、幕府の対外政策を客観的にみることができたものと思われる。

林家の開明性

松平定信のいわゆる寛政異学の禁（寛政二年）によって、昌平坂学問所の講義や、学問吟味が朱子学だけで行われるようになったが、それ以上のものではなく、一般の異学が禁じられたわけでもなかった。林述斎も異学に狭量ではなかった。学問所教授の佐藤一斎が「陽朱陰王」といわれていたことはよく知られている。また学問所儒者となった古賀精里の三男古賀侗庵《どうあん》は、海外情勢に関心を抱き、蘭学者大槻玄沢・高野長英らにも教えを乞うている。学問所では朱子学以外の講義は禁じられていたが、述斎は個人の思想に干渉することはなかったものとみられる。

幕府から対外問題に関して諮問を受ける林家であれば、当然常に対外問題に関する情報を収集、分析しておく必要があったであろう。そのためか古賀侗庵・安積艮斎《あさかごんさい》その他、学問所の儒者らが蘭学者に接近しているものの、彼らのこうした姿勢を排斥しなかった述斎の柔軟性にも注目すべきであろう。なお、古賀侗庵は、わが国の旧記中より主としてロシア関係の文献を博捜・集録した『俄羅斯紀聞《おろすきぶん》』第一〜四集を編纂している。

朱子学は、男尊女卑を説き、封建的身分秩序を支えるイデオロギーであったとされ、『女大学』の「三従」「七去」の説などは、江戸時代の女性の置かれた弱い立場を象徴する言葉としてよく知られている。しかし、朱子学を建前とする昌平坂学問所の儒者であるにもかかわらず、古賀侗庵は「七去の説」について「子の無きを以て婦人を罪するは、尤も予の解せざる所なり」と述べ、「男女は貴賤の殊等ありと雖も、鈞しく是人なり」と一定の留保付きではあるが、男女平等を説いている。また、彼は廃娼論を唱え、西洋に対しても硬直した考えは持っておらず、西洋の一夫一婦制を日本の蓄妾と比較して優れたものと評価するなど、明治文明開化期の女性解放論を髣髴とさせるものがあるという(23)。このような開明的ともいうべき思想の持ち主が学問所の儒者として存在しえたことは、林家・昌平坂学問所の比較的自由な思想的雰囲気をうかがわせるものであろう。

ところで、昌平坂学問所教授の佐藤一斎は、嘉永二年(一八四九)閏四月、異国船打払い問題に関する幕府の諮問に応えた「時務策」の中で次のように述べている。

異船之者戦争の好みは無之、矢張交易いたし度斗之夙願歟とも被察候。何分今様穏ならず候而者人心恂々と致し、太平の妨げと相成候。依之交易の儀自然願出候節、権現様より信牌被下置候国に候はゞ少々の交易被仰付、尤御規定の通神妙に為致、阿蘭陀と組合於長崎表取扱申候儀御許容有之候而も宜敷、却而穏に相成可申候(24)。

佐藤一斎は、かって鎖国以前家康の時代に交易を許されていた国(イギリス)には多少の交易を認めたほうが穏やかになるだろうという。これはペリー艦隊来航直後に盛んになった「消極的開国論」の先取りといえようか。

従来、林家一門を鎖国に固執する頑迷な保守主義者とみる説は少なくない。一例として、ペリー来日の際、全権として開国交渉にあたった林大学頭復斎について、石井孝氏は「思想的にはおそらく保守主義の結晶で、鎖国に終末を告げさせる日米交渉の主席全権たる栄誉をになうとは、皮肉といえばあまりにも皮肉である」[25]と評している。しかし、復斎は、「渡辺崋山」の節でもみるように、すでに五年前の嘉永二年の「海防策草」において、打払令への固執を批判して、武力衝突に負けてから交易を始めるようなことにでもなれば、「即清国の覆轍を追ひ候計ニ御座候」[26]として交易をも視野に入れた柔軟な考えを示しており、「保守主義の結晶」は誤解といえよう。この日米交渉においては、林復斎の拠り所とする「仁政」とペリーの掲げる「人道」とは好一対で、多少ニュアンスの違いはあっても「仁政」と「人道」は幕府側とペリーとの間の唯一の接点でもあったのではあるまいか。

当時、佐久間象山・江川英竜ら海防論者によって異国船打払い、鎖国厳守が叫ばれる中で、林家一門ともいうべき佐藤一斎や林復斎の対外交易をも視野に入れた柔軟な姿勢と、これをもたらした林家の学問的柔軟性に注目すべきであろう。

文政七年（一八二四）、水戸の漁民たちが沖合で操漁している欧米の捕鯨船の乗組員と行った物々交換が発覚し、三百人余りが取調べを受けた事件は、嘉永三年、幕命によって林家が編纂した『通航一覧』にも『甲子夜話《かっしやわ》』からの引用として載っている。[27]しかも漁民が「何故に公儀にては異国人を讎敵の如く御扱ひ被成候や」などと取調べの役人に尋ねたことまで、削除することなく原文の通り載せている。少なくとも幕府の鎖国政策の排外性に異議を唱えるかのようなこの部分は、当時にあっては、当然削除されるべき禁断の章句と思われるが、林家ではあえて削っていない。ここにも林家の姿勢がうかがえるであろう。

従来、林家一門は守旧的で、江川英竜は開明的とする見方が一般的であるが、最後まで鎖国・海防に固執した江川とは対照的に、鎖国・海防問題に終始柔軟な姿勢で対処してきた、いわゆる林家一門は、対外問題においては、むしろ保守的な江川よりも開明的であったといえよう。

広く内外の情報の収集に努めていたとみられる林家には、対外政策においても極端に偏った認識、偏見を生じる余地は少なかったのではあるまいか。林家が幕府のイデオローグではなく、幕府政治とは一線を画していたからこそ、学問所の儒者でありながら、開国・交易論的自由な発想もできたものとみられる。異質なものといえどもあえて排斥せず、蘭学者にも柔軟な姿勢で臨む林家は、洋学に対しても決して否定的敵対的ではなかった。むしろ林家一門の当時にあっては開明的ともいうべき側面にも注目すべきであろう。辻本雅史氏は次のように述べている。「日本の近世儒学は守旧でも、固陋でもなかった。むしろ身分的にルーズな、ただし現実の社会からはかなり疎外されていた近世日本独特の文人社会で、自由にそして柔軟に思考された近世知識人の思想は（中略）案外に多様な可能性に満ちていた。異質なものを積極的に理解しようとする開かれた認識も、決して少なくなかった。こうした幕末儒学の多様な思想的前提をぬきには、近代日本の誕生はなかったといってもよいであろう(28)」。

わが国では明治以降の西洋文明礼賛の時代になると、旧幕時代の儒学の林家は旧弊で世界情勢に暗く排外的という誤った先入観が広がったものとみられる。

当時「幕府学問所の儒者や幕府役人のなかにすら、洋学に親近感をもつ者が現れるほど、洋学は知識人の心をとらえ始めていた」のは事実であろう。しかし、すでにみたように林家ではそれを特に問題視していない。また幕府学問所の儒者が蘭学者と情報を交換し、幕府の政策にとらわれない開明的な交易許容説なども生れている。したがって、蛮社の獄の背景には、「洋学の隆盛に対する林家を中心とする儒学者の反発・反感があった」とか、「鳥居耀蔵は林家の出身ゆえに」洋学者の弾圧に乗り出したとする従来の巷説に基づく通説には多分に見直すべき余地があるものと思われる。

註

（1）佐藤昌介『洋学史研究序説』岩波書店、一九七六年、二三〇頁。
（2）藤田覚『近世後期政治史と対外関係』東京大学出版会、二〇〇五年、三〇七頁。
（3）藤田覚「文化四年の「開国」論」（『千葉史学』三六号、二〇〇〇年六月）。
（4）前掲、佐藤昌介『洋学史研究序説』二三八頁、二七二頁他。
（5）東京大学史料編纂所蔵「大河内文書　林述斎書簡」（藤田覚「一九世紀前半の日本」『岩波講座日本通史15 近世5』一九九五年、二八～二九頁）。
（6）藤田覚『近世法の再検討』山川出版社、二〇〇五年、二一五頁。
（7）『蠹余一得』二集巻二（『内閣文庫所蔵史籍叢刊』3、汲古書院、一九八一年、一九〇頁）。
（8）『甲子夜話』三篇6、平凡社東洋文庫、一九八七年、一〇七頁。
（9）高野長英『戊戌夢物語』（『日本思想体系』55「渡辺崋山・高野長英・佐久間象山・横井小楠・橋本左内」岩波書店、一九八二年、一六八頁）。
（10）相原良一『天保八年米船モリソン号渡来の研究』野人社、一九五四年、一七九頁、二〇一～二〇三頁。
（11）田保橋潔『増訂近代日本外国関係史』原書房復刻、一九七九年、三八六頁。
（12）前掲、佐藤昌介『洋学史研究序説』二四三頁。
（13）田中弘之「阿部正弘の海防政策と国防」（『日本歴史』六八五号、二〇〇五年六月）。
（14）「海防策草」東京大学史料編纂所林文庫（藤田覚『幕藩制国家の政治史的研究』校倉書房、一九八七年、三五七～三五八頁参照）。

(15) 「林家の答弁、儒生を憤らす」(『想古録』1、平凡社東洋文庫、一九九八年、一九六頁)。
(16) 『慊堂日暦』1、文政七年九月四日条、平凡社東洋文庫、一九七〇年、一五七頁。
(17) 『国史大辞典』11、吉川弘文館、一九九〇年、「蛮社の獄」の項(佐藤昌介執筆)。
(18) 古賀穀堂「学政管見」(『佐賀県教育史』第一巻「資料編〈一〉」一八二頁。杉谷昭『鍋島閑叟』中公新書、一九九二年、三頁参照)。
(19) 『宇下人言・修行録』岩波文庫、二〇〇四年、一七七頁。
(20) 蔵原三雪「洋学学習と漢学教養」(幕末維新期漢学塾研究会・生馬寛信編『幕末維新期漢学塾の研究』溪水社、二〇〇三年)。
(21) 前掲、佐藤昌介『洋学史研究序説』二九六頁。
(22) 木崎弘美『近世外交史料と国際関係』吉川弘文館、二〇〇四年、一〇四頁。
(23) 前田勉『兵学と朱子学・蘭学・国学』平凡社選書、二〇〇六年、一四四～一四五頁。
(24) 高瀬代次郎『佐藤一斎と其門人』南陽堂本店、一九二二年、三六八～三七〇頁。
(25) 石井孝『日本開国史』吉川弘文館、一九七二年、九〇頁。
(26) 前掲、藤田覚『幕藩制国家の政治史的研究』三五八頁。
(27) 『通航一覧』鳳文書館復刻、一九九一年、第六巻、三九五～三九八頁。
(28) 辻本雅史「儒学の幕末—西洋近代への思想的対峙—」(『日本の近世13 儒学・国学・洋学』中央公論社、一九九三年、三七六頁)。

鳥居耀蔵

蛮社の獄における幕府の目付鳥居耀蔵（一七九六―一八七四）については、林家出身のため蘭学を嫌忌する耀蔵が蘭学・蘭学者の新思想を弾圧した、とする説が事件当時から噂されていた模様で、高野長英は『蛮社遭厄小記』で次のように記している。

鳥居殿は、林大内記殿の次男、大学頭殿の弟なれば、儒家に出身して文人なる故、蛮学を嫌忌せられけるに、近来蛮学頗る旺盛にして、上は公卿より下は庶人に至る迄、往々これを称揚し、儒生といへ共、これを心酔するもの少なからざるを以て、常に不平を懐かれける。今度モリソン航海の事は、畢竟茫洋信じ難き風説なるに、蛮学者流専ら蛮説を尊信するの余り、蛇足の妖説を唱へ出し、上は廟堂を驚かし、下は人心を動揺するに当れりとて、夢物語の作者死刑に処すべし、概して蛮学禁制然るべしなどゝ、唱へられしとなん。(1)

この耀蔵による蘭学者弾圧説は、のちに明治十七年（一八八四）、長英の『蛮社遭厄小記』を敷衍した藤田茂吉の『文明東漸史』によって継承され、広く定着したといえよう。

鳥居耀蔵は寛政八年（一七九六）林家中興の祖といわれる林述斎の四男として生まれたが、兄に当たる一人が夭折したため、耀蔵が実質三男になるという。(2) 耀蔵二十五歳の時二千五百石取りの旗本鳥居一学の養子となった。のちに甲斐守、忠耀、号は胖庵。天保七年（一八三六）西の丸目付、天保九年本丸目付となり、翌年いわゆる蛮社の獄を起した。天保十二年には南町奉行となり、折から水野忠邦の天保の改革では、庶民生活の末端にまで干渉統制し、詐術を用いてまで庶民をおとし入れて民衆の恨みを買ったことはよく知られている。天保十四年、耀蔵は改革の功により五百石加増されて三千石となり、この年勘定奉行を兼任している。

耀蔵が養子に入った鳥居家は、関が原の戦いの直前、山城国伏見城で西軍の攻撃を受けて奮戦、城を枕に討ち死した鳥居元忠の次男の末である。元忠は終生徳川家康の無二の忠臣として家康の厚い信頼を得ていたことでも知られている。

耀蔵は、傍系とはいえ旗本の名家鳥居家に入り、本来林家の三男では考えられないような出世を遂げて目付に登用され、のちに町奉行、勘定奉行という幕府の要職を歴任することになる。徳川氏の恩顧を受け、破格の出世を遂げた耀蔵には、由緒ある旗本鳥居家の当主としての誇りと使命感が、徳川幕府への異常なまでの忠誠心となって彼の行動を律したであろうことは想像に難くない。

なお、のちに幕府の開港政策の推進に中心的役割を果たし、日米通商条約に調印した外国奉行岩瀬《いわせ》忠震《ただなり》（一八一八—六一）は、述斎の三女で耀蔵の姉の子である。また箱館奉行、外国奉行を歴任し外交畑で活躍した堀利煕《ほりとしひろ》（一八一八—六〇）は、同じく述斎の次女で耀蔵の姉の子で、いずれも耀蔵の甥に当たる。鳥居耀蔵と開明的幕吏として幕末史にその名を残す岩瀬忠震の対外姿勢は正反対のようにみえるが、鎖国体制下にあっては鎖国厳守の耀蔵、開国体制下にあっては積極的開港交易論の岩瀬、ただ鎖国の撤廃によって幕府の対外政策が一八〇度転換したことにより、両者の言動が正反対のようにみえるにすぎないといえよう。

蛮社の獄の首謀者といわれる目付鳥居耀蔵は、天保の改革でも庶民の恨みを買ったためか、当時からその悪人振りを語るエピソードは枚挙に暇もないほどで、その後明治になってからも「資性頑獷、気胆あり、権略あり、天成の酷吏として陰険、忍刻、猜忌、貪婪等の諸悪素を一身に具有し、苟《いやしく》も己れに慊《あきた》らざる者あれば、輒《たちまち》之を搏噬《はくぜい》し、必ず死地に陥れて後已む[3]」などと評されている。また、松岡英夫氏は「鳥居甲斐は、無実の人を無実とわかっていながら詐術を用いて罪に陥れたり、木に竹をついだような論理で罪を構成している（中略）この方法は蛮社の獄はもとより、政敵を倒すためにも使われたし、天保改革において庶民の生活を統制する際にも使われた。人を罪し、人を倒すという目的のために手段を選ばぬという意識の中に彼の残酷な性格を見ることができる[4]」という。こうした耀蔵評には、おおかた異論はないであろう。ただし、こうした彼の人物像と蛮社の獄を直結させることには慎重でなければならないであろう。なぜなら、幕府のために有害とみれば、無実の人をも詐術を用いて罪に陥れることに手段を選ばない耀蔵ではあるが、彼の対外問題、蘭学をめぐる言動には、たんに林家出身のため蘭学を嫌忌する耀蔵という単純な枠組みではとらえきれない別の一面も見受けられるからである。

鳥居耀蔵論

井野辺茂雄氏は、すでに大正四年（一九一五）蛮社の獄を鳥居耀蔵による蘭学者弾圧という通説を誤りとして次のように指摘している。

我等は蛮社の獄が、専ら忠耀の羅織する所にして、其目的は、蘭学者及び蘭学の趣味を有し、これに同情する人々を陥れんとしたるなりとの崋山、長英の推測、並に此推測を基礎として評論を試みたる史家の観察が、果して其実を得たるものなりや否やについて疑なき能はず。思ふに忠耀の冷酷

にして峻厳なる性格は、世人をして事の真相を誤らしめたるものなるべし。(5)

井野辺氏は耀蔵への偏見を否定する史料として次のような例をあげている。

又此年（天保十四年）忠耀は崋山長英の同志にして蛮社中の一人なる佐藤信淵の罪を赦さん事を幕府に建議せり。はじめ文化の末信淵神道方吉川源十郎の門にありしが、講談所建設の事に関して罪を幕府に得、江戸払を命ぜられしに、天保三年其子昇菴が江戸にありしを尋ねたるにより、再び江戸十里四方追放に処せらる。同十四年に至り忠耀は〈先達而御仕置被仰付候後、老年に至り候得共、勤学博識のものにて、農書其外国益に相成候書籍著述致し、尋常の者には不相聞、右犯科最早年数も相立候間御憐憫〉あるべしと建議したれども、幕府は〈一人引抜御赦之儀は規則に拘はり候に付難相成候〉とてこれを許さざりき。

この場合、佐藤信淵（一七六九—一八五〇）が有能な経世家・農政家であり、幕府にとって有用であっても、有害な人物ではないとして、耀蔵はその減刑を上申したものと思われる。

また渡辺崋山の『慎機論』について井野辺氏は、崋山が政治を批評するにとどまらず、有司の無能を痛罵したことについて「幕府専制の時代に、かかる言論を筆にして、孰んぞ罪を免るゝの理あるべき（中略）要するに二人の処罰は、其位にあらざる者が、相当の順序手続を履まずして、政治を論ずるを許さゞる幕府の制規に触れたるが為のみ、豈たゞ鳥居忠耀輩の羅織なりと称すべけんや。当時の世態習慣より論ずれば必然の結果なり」と論じた。これは従来の臆説、すなわち、もっぱら蘭学を嫌忌する耀蔵による弾圧に帰せしめた説を駁した注目すべき見解であったが「鳥居耀蔵による蘭学弾圧」説は、小説や戯曲はむろん、伝記や研究書においても一向に改まることはなかった。井野辺氏は昭和二年（一九二七）にも再び次のように指摘している。

文明東漸史の著者、此獄を以て、新旧思想の衝突となし、漢学と蘭学との軋轢にして、文明の新説野蛮の法網に罹るといひ、処罰を以て苛法濫刑と為す。近時の史家また左袒の色あり。然れども事実の真相を誤る。蛮社の獄は要するに、処士の横議を許さゞる幕府の制度に触れたるが為なり。新旧思想の衝突を以て目すべきにあらず。(6)

この再度の指摘も大方の注目するところとはならなかった。われわれはこのほぼ一世紀前の井野辺氏の説をあらためて顧みる必要があるのではなかろうか。それは井野辺氏が従来の巷説ともいうべき定説を再検討することによって、事件にまつわる予断を排し、事件の本質に迫ろうとしているからである。

ところで西洋を嫌忌したといわれる耀蔵は、蘭学ひいては西洋の書物の流入をどのようにみていたのであろうか。西洋の医学書の翻刻に関する耀蔵の認識についてみてみよう。

洋医学書の翻刻

天保十四年（一八四三）に申請された箕作阮甫《みつくりげんぽ》著『泰西名医彙講《たいせいめいいいこう》』の翻刻許可願いについて、幕府直轄の医学館の主宰者多紀安良は「近来蘭学盛ニ行レ候ニ付、右様之蘭書彫刻致し候ハヽ、漢土之医学逐ゝ廃レ候様ニ罷成可申」としてその出版の差し止めを求めたのに対し、町奉行の鳥居は次のように反論している。

西洋諸国之書籍は、兎角新奇之説を以偽眼を眩惑為仕候事多く、元より好ましからぬ儀ニ付、兼而抑留仕度候得共、天文・暦数・医術は蛮夷之書とても、専ら御採用相成、既ニ官医ニも蘭科専門之者も御座候上ハ、蘭科ニ而治駿［験カ］有之候蘭方、漢土之医術ニは有用之書ニも有之間敷候得共、蘭科専門之者ニおいては、極而有益之書に可有之も難計、純駁・精粗之弁なく、只漢土之医学廃れ可申との懸念、或ハ医家有用之書ニ無之との見込を以彫刻差止候は、一己之学ふ所ニ而已偏僻仕、如何ニも狭隘之論ニ阱り、却而広く医術精詣之者出来候様厚く御世話被為在候御趣意ニも振れ可申哉。(7)

この耀蔵の反論について佐藤昌介氏は、一見正論のごとき印象を与えるかも知れないが、耀蔵の本心は「西洋諸国之書籍は、兎角新奇之説を以偽眼を眩惑為仕候事多く、元より好ましからぬ儀ニ付、兼而抑留仕度」というところにあり、ただ当局が「天文・暦数・医術は、蛮夷の書とても、専ら御採用相成、既ニ官医ニも蘭科専門之者も御座候上ハ」これを許可すべきであるという事大思想に基づいて、そう主張しているにすぎないと評している。(8)しかし、幕府は鳥居耀蔵失脚後の嘉永二年(一八四九)三月、御医師中は外科・眼科以外は蘭方を禁止とし、また医書の出版はすべて医学館の許可制としている。(9)その ため耀蔵がいったんは阻止した、医学館が蘭医書の翻刻を制限しようとする退嬰的な動きは、耀蔵の失脚後、むしろ強まることになった。こうした動向からみても、耀蔵の批判は事大思想によるものではなく、文字どおり正論を展開したとみるべきであろう。耀蔵のいう「西洋諸国之書籍は、兎角新奇之説を以偽眼を眩惑為仕候事多く、元より好ましからぬ儀」とは、天文・暦学・医術など西洋学術の有用性は認めながらも、その背後にある西洋の普遍的合理性を、徳川覇権体制とは相容れない危険な「新奇之説」とみて警戒したのであろう。

鳥居耀蔵と蘭学取締り

鳥居耀蔵・後藤三衛門とともに水野忠邦の三羽烏の一人といわれ、耀蔵とは昵懇の間柄であった天文方の蘭学者渋川六蔵は、折から蛮社の獄の審理が続けられていた天保十年（一八三九）七月、蘭学取締意見を建白している。これに対する幕府の見解には、当然目付として耀蔵の意向も含まれていたであろう。しかし、蘭学および蘭方医学に対する弾圧的な姿勢はみられない。そこで次に渋川六蔵の蘭学取締意見の要約をみてみよう。

①蘭人に対して、今後入津のつど、海外情勢に関する詳細な風説書を封印のうえ提出させる、故意の抄訳ないし改訳を防ぐため、これを江戸において翻訳させる。また、風説書の流布を厳に取り締まる。

②阿蘭陀通詞に対して、通訳のみならず、書籍翻訳をもなしうるように指導する。

③蘭書の輸入には、検閲制度を設ける。

④諸侯召抱えの医師を除き、家臣の蘭学研究は、これを厳禁する。

⑤蘭人持ち渡りの品々のうち、無用な器具や絵画類の印刷物は、輸入を禁止する。

⑥蘭学の全面的禁止は事実上不可能なばかりでなく、それが外国事情を探知する手段として有効であるから、その禁止には反対である。

⑦蘭学者以外のものが蘭学者を招いてその説を聞きこれを付会し、あるいは儀器類を製作することを取り締まる。

⑧洋風の銅版画を製作・販売しあるいは売薬の名を蘭字で認め、看板に掲げ、あるいは衣類調度に蘭字を用いる等の行為は一切禁止する。

⑨翻訳書を世上に流布することを禁ずる。

⑩天文方訳員に対して、文化五年（一八〇八）の達書の通り蘭学に精励するよう、特に沙汰する。[10]

この渋川の蘭学取締り案の可否について、耀蔵は目付として当然重要な役割を担ったとみられるが、にもかかわらず幕府の見解は厳しいものではなかった。

幕府は翌天保十一年五月、長崎奉行へ次のように通達している。「阿蘭陀人差出候風説書、以来翻訳原文相添可申」これは渋川の蘭学取締り案の①に該当し、また、「通詞共通弁心掛のみに無之書籍之上の取廻も出来候様に出精可致旨世話有之可然」これは同じく②に該当するであろう。これらはいずれも蘭学の抑圧とは関係ない。次に同月江戸町奉行より市中へ売薬看版（ママ）に関する布令の中で「近来売薬看版（ママ）などに横文字相認有之候者相見得申候、以来蘭字相用申間敷候」これは同じく⑧に該当し、同月、天文方へ「蛮書翻訳致候者暦書、医書、天文書乃至窮理書類其筋取扱候者而已濫に世上に流布不致様取扱可申候[11]」との通達は、同じく⑨に近いが、取扱注意であって禁止ではない。

以上のように幕府の下した裁断は、渋川の蘭学取締り意見の主要な部分を認めていないことがわかる。渋川の蘭学取締り案の中でも蛮社の獄との関連からみて、最も重要と思われる④および⑦は認めていない。

これについて佐藤昌介氏は「崋山ら蛮社に対する鳥居ら守旧派の陰謀と、これによる幕府官僚内部の開明的分子の排斥を、幕府権力がその背後にあって、かならずしも支持していなかったこと、いいかえれば、この時点にあっては、守旧派が幕府権力の主体的勢力を占めていなかったことを示すものである」[12]という。しかし、佐藤氏は、耀蔵と江川によってなされた同時期の江戸湾調査の結果について「両者の防備計画案は上申されたものの、有司の大勢を制した保守的空気にはばまれて、水野の企図した防備体制の改革は、容易に進捗をみなかった」[13]としている。

当時幕府内において「守旧派が幕府権力の主体的勢力を占めていなかった」のか逆に「有司の大勢を制した保守的空気」があったのか、この状況分析は矛盾といわざるをえず、そもそも「守旧派」なる勢力の存在そのものにも疑問が残る。

耀蔵には砲術または医術においても優れていればあえて拒否しない見識があったといえよう。ただし、その場合徳川家・幕府のために有益無害であることが絶対的条件であった。耀蔵は蘭学そのものを排斥するというよりも、幕府にとって有用無害であれば、たとえ蘭方医書でもあえて拒否しないという姿勢がみられる。ただし蘭学者・蘭通事・オランダ人などには強い不信感を抱いていたものとみられる。

海防への姿勢

かつて文政八年（一八二五）、いわゆる異国船無二念打払令の検討がなされた際、異国船の接近にともなう沿海諸藩の警備の増強は、藩財政を苦しめ、領民を疲弊させる恐れがあるとして憂慮されていた。目付の大草高好は、異国船の渡来が続けば、「沿海之諸国奔命に疲労仕身上刺切に相成候而者、明末嘉靖之比海賊に疲候様に相成候而者不相成」[14]と明末嘉靖（十六世紀半ば）の頃、倭寇の猖獗《しょうけつ》に悩まされた明国が、その没落を早めたといわれる海岸防備問題を例にあげ、諸藩の疲弊を憂慮している。こうした海防問題が国家を疲弊させ、明朝没落の遠因になったという先例は、幕府首脳にも共通の認識であったであろう。

このことは、松平定信以来たびたび江戸湾の防備強化が叫ばれながらも、幕府には勝算もなく、財政悪化を招きかねない海防問題に足をとられることを恐れた歴代の為政者は、結局江戸湾の本格的防備強化に最後まで踏み切れなかったことにも表れているといえよう。

ところで、耀蔵が大国をも覆しかねないこうした海防問題の弊害に無頓着であったとは思えない。耀蔵が海防問題や洋式銃砲の導入に消極的だった理由として、彼が林家出身のため西洋嫌いであって、海外認識にも疎かったためとするのが通説であるが、はたしてそうであろうか。開明的といわれる後の阿部正弘政権でさえ、最後まで江戸湾の防備強化には消極的であったことからみても、膨大な財政負担を強いられる海防強化に対する耀蔵の消極的姿勢は、たんに西洋嫌いのためとは考えがたい。こうした海防の強化について渋川六蔵は次のように述べている。

唯今俄に蛮法相学び候とても、決而彼には難及候故、未熟之兵を以、精錬熟知之蛮船に向かひ候より、従来学び慣候本邦之法を精練仕候方、最上之良策と奉存候。異国に而は、砲術並航海之事に付、学校を設け、軍師を撰び、研究仕候故、実以日新之奇巧有之、年々旧法を変革仕候故、折角本邦に而習学仕候内には、最早彼国には其上に出候法を取用ひ候に付、成敗利害は論ずる迄も無之、徒に失費多く相成候のみに御座候。(15)

耀蔵の海防強化に対する消極的姿勢には、こうした渋川の海防認識が少なからず影響していたのではあるまいか。渋川のとなえる、たとえ洋式軍備を導入しても、日進月歩の西洋の武力には対抗しえないとする説は、開国後の薩英戦争、四国連合艦隊の下関攻撃事件などの例をあげるまでもないであろう。

渋川六蔵が指摘したわが国と西洋との科学技術・軍事力の格差は、たとえ洋式大砲を増強しても埋めがたいことは、現場の当事者にはよく知られていた。江戸湾口の防備について、弘化二年(一八四五)

二月の「川越藩主松平斉典伺書」によれば、

右は相州より房総之海岸迄、凡海上七八里、近キ場所ハ三里程ニ御座候間、両海岸より大銃ニ而強薬を以打掛候共、中央迄は五拾丁余も御座候得は、矢玉難相届、仮令相届候共、要害堅固之大船を打砕キ候事ニは難至[16]。

最も狭い浦賀水道でさえ、弾丸はその中央まで届かず、むろん撃沈は論外であった。また、ビッドル艦隊来航直後の弘化三年七月、浦賀奉行所与力中島清司は、その上申書で次のように述べている。

当年両艘渡来之軍船、至テ堅固之造方ニテ、全船厚ヲ以玉ヲ凌候様子ニテ、仮令貫目以上之玉十発二十発討中ニテモ破損モ仕間敷、押テ乗入可申旨被相察候。就テハ、此上御台場箇処、大筒挺数何程相増候テモ、討沈候儀ハ無覚束奉存候[17]。

蘭学者渋川の説は、海防強化、洋式軍備の導入が鼓吹される中で、彼我の軍事力・技術力の格差を適確に受け止めた説といえよう。

天保十年春、江川とともに江戸湾を巡視した耀蔵は、その復命書で「実地を踏候上ニてハ兼て江戸内ニて勘考仕候とハ格外之相違、実以容易ならさる地勢[18]」と述べて、現場を踏んでみた実感から江戸湾の防備が容易でないと記している。後年、ペリー艦隊来航の直後、現地視察のため浦賀に派遣された勘定奉行川路聖謨らを含む視察団の団長若年寄本田忠徳は、鴨居あたりの海岸に立って海面を眺め「富津・観音崎の渺々には御当惑、いずれも大船新調の外善謀良策有るまじく[19]」との感想を漏らしている。現地での実感は耀蔵と同じであった。

耀蔵には、当時の海防論者にみられる洋式砲術を至上とするかのような机上の空論ではなく、このように海防問題を冷静に受け止めようとする一面もあったことが注目されよう。耀蔵には技術面はむろん、財政的にもはたして西洋の艦隊に対抗できるような防備が可能なのか否かという、為政者としては当然の判断があったといえよう。林家出身のため蘭学を嫌忌する耀蔵とか、保守的で海外情勢に暗く、海防の重要性を理解できない人物という巷説は、再考の余地があるものといえよう。

耀蔵は天保十一年十二月、高島秋帆《しゅうはん》による洋式砲術採用の建議に対し、目付一同を代表して次のように反論している。

西洋にてもっぱら利用これ有候とて、一概に信用も成りがたく、然るところ俗情兎角新奇を好むは古今の通弊、況んや蘭学者流は奇を好む病もっとも深く候間、その末は火砲のみならず、行軍布陣の法より平日の風俗教習までも遵ひ行ひ候様相成り候ては、その害少からず。[20]

耀蔵は西洋新式の銃砲といえども洋式の導入によって、やがては「行軍布陣の法より、平日の風俗教習まで」も「新奇」になることを恐れ、徳川の覇権を維持してきた伝統的組織・秩序が乱されることを警戒していたものと思われる。ただし、耀蔵は幕府の目付として、渋川のように「決而彼には難及」またはと「成敗利害は論ずる迄も無之」などと幕府の無力を暴露するような発言はできなかったのであろう。

耀蔵がたんに洋式銃砲の導入に反対しているのではないことは「さりながら火砲は元来蛮国伝来の器に候へば、追々発明の術これあるやも計りがたく候につき（中略）格別便利の器に候はば、銘々家伝のほか、修業も仕り候て然るべきやにつき、いずれ右器は御取寄せの方と存じ奉り候[21]」として一応洋式銃砲の価値は認めていることからもうかがえよう。

いずれにしても、わが国と、すでに産業革命を経つつある西洋の軍事力との格差が、埋めようもないほど大きいことを知る渋川は、あえて「従来学び慣候本邦之法を精練仕候方、最上之良策と奉存候」といわざるをえなかったのであろう。耀蔵も「護国御備へは、平世文武の道厚く御世話なされ、軽薄の士風一変、節義をもっぱらと仕り候ところにこれあるべく」[22]と渋川と同様の説を述べている。乗り越えることのできない西洋との明らかな軍事的格差の前には、従来どおり鍛錬に精励する以外に対応策はないという現実との妥協的結論といえよう。

海防と伝統的組織秩序

西洋式銃砲・戦術による海防の強化は、多かれ少なかれ従来の伝統的組織秩序の変更をも迫るものであった。そのため上士と下士の身分問題も新たな課題として浮上してくることになる。

のちに江戸湾の警備を担当する川越藩では、従来大筒職は上位身分の諸士だけが行うという特権意識があったが、天保十三年、相州常時警衛を境に大筒職の拡大がはかられ、下級藩士をも加えることになった。そのため藩士の身分格式・処遇・服装その他に混乱・軋轢が生じ、藩当局はその収拾に苦慮している[23]。弘化三年十一月十九日川越藩主松平斉典は、藩士に砲術を奨励すると同時に「立場格式ヲ離レテ砲術ヲ学ブベシ」として、格式にこだわる藩士に意識の転換を促している[24]。

西洋式軍備による海防の充実は、幕府・諸藩を問わず従来の伝統的身分・組織・秩序に混乱をもたらすもので、さらに海防強化にともなう諸藩の武力の充実は、幕府の伝統的な諸藩弱体化政策とも矛盾するものであった。

当時洋式軍備による海防強化によって、日進月歩の欧米の軍艦に対抗しようとする高島秋帆・江川英竜・佐久間象山らを称して開明的人物とみる通説がはたして妥当であろうか。また、洋式軍備・戦術の導入を絶対視するものの、その弊害に気づかない秋帆らの認識をめぐって、安達裕之氏は「三兵戦術が武士の存在を危くすることをどれ程自覚していたか疑わしい秋帆に比すれば、鳥居は彼我の砲術・戦法の相違から技術導入の波及効果まで問題点をよく見抜いていた。従来の如く、鳥居に精神主義の守旧派のレッテルを貼るだけでは、幕末における西欧技術摂取上の争点を見失いかねまい[25]」と評している。

また、一見幕府、諸家の武威を強化するかにみえる海防の充実について、藤田覚氏は「財政窮乏のいちじるしい幕府、諸家にとって、海防策、軍事改革は各々の財政をさらに激しく、かつ無際限に圧迫しかねない性格のものであり（中略）幕藩制社会の経済発展段階で資本主義の発展しつつあるヨーロッパ諸国と対決しようとする埋めがたい矛盾を明確にみることができる[26]」という。

洋式軍備による海防の強化は、財政問題はむろんのこと、幕藩体制の伝統的組織・秩序の混乱をも意味していた。したがって諸藩においても海防問題は、藩財政の圧迫、動員される家士、農民の疲弊がもたらす「人気不和合」「一揆」などの危険性が憂慮されており、為政者にとって海防強化は保守・開明以前の問題でもあったといえよう。

通説でいわれるように耀蔵は「海外事情にうとく、ヨーロッパ諸国の軍事力を過小に評価し[27]」との説もあるものの、耀蔵は海防に楽観的であったのではなく、むしろ彼は蘭学者渋川六蔵の影響もあってか、軍事力の強大な西洋を恐れ、たとえ西洋式軍備を導入しても勝算はなく、むしろ諸大名の海防強化にともなう弊害・危険性は徳川氏の覇権をも脅かしかねないと危惧していたものとみられる。これは、技術力における西洋とわが国との格差、財政問題、伝統的組織秩序の問題などの現実を見極めた、冷静な見方といえよう。それだけに海防の強化には慎重であり、むしろ否定的であったものとみられる。これは耀蔵に限らず、のちに有志大名らから批判を受けながらも最後まで江戸湾の防備強化は避け、穏便策・避戦策に徹した老中阿部正弘の施策にも通ずるものといえよう。幕府の軍事力が絶対的に劣勢である以上、わが国に勝算のないことは明らかであり、耀蔵としては、ひたすら西洋を遠ざける以外に選択肢はなかったものとみられる。

旗本鳥居家と耀蔵

さきにみたように、鳥居家に入ったことによって破格の出世を遂げた耀蔵には、徳川氏の恩顧を受け忠誠に励んだ由緒ある旗本鳥居家の当主としての誇りと使命感が、徳川幕府への忠誠心となって彼の行動を律したであろうことは想像に難くない。天保の飢饉、大塩の乱、民間における鎖国政策への疑問視の発生、さらに異国船の接近によって内外から徳川の覇権が脅かされつつあるという不安は、鋭敏な耀蔵の憂慮するところであったものとみられる。

大塩の乱の際、庶民の間では事件直後から大塩の志に共鳴し、彼に同情する声が少なくなかったという。幕府にとっては反逆者であっても、庶民のあいだではひそかに尊敬されていたという。このような庶民の味方を、反逆者・極悪人として断罪することは幕府としてもやりにくいことであったであろう。しかし、耀蔵は大塩の弾劾状を書いている。耀蔵には庶民の英雄を天地入れざる逆賊として処断することは、恥ずべきことではなく、徳川幕府にとって有害なものは断固排除するという確固たる忠誠心に裏打ちされた信念があったものと思われる。耀蔵の頑ななまでの徳川家への忠誠心は、由緒ある鳥居家の当主という誇りに由来するものであろう。したがって耀蔵は林家出身ゆえに蘭学を憎み、蘭学者を弾圧したとする説には検討の余地があろう。

蛮社の獄に限らず天保の改革においても、耀蔵の政治的処断の基準となったものは、徳川の覇権を損なうと見定めたものは、たとえ詐術を弄してでも容赦なく処断するという信念であり、蛮社の獄の場合、蘭学の隆盛に対する憎悪ではなく、庶民にまで広がり始めた西洋・西洋人への警戒心の緩みに対する危機感であったものとみられる。すでに「蛮社の獄の背景」の節でふれた「異国船打払令」が幕府で審議された際の答申とみられる、南町奉行筒井伊賀守の意見書に「唯々平日異国人与申者ハ人ヲ欺キ人ヲ侮リ可悪物与申儀能々申諭、百姓町人共迄異国人憎ミ、日本之恥辱ヲ取間敷与申心ヲ生シ候様教候而(28)」とあるように、幕府が異国人に対する徹底した憎悪を植えつけようとしているとき、崋山は「蘭学にて大施主」と噂されるほど西洋について肯定的な啓蒙に努めていた。耀蔵にとってこのような崋山を許せなかったであろう。

耀蔵は、蛮社の獄の六年後の弘化二年（一八四五）、家禄没収のうえ、終身禁固として讃岐丸亀藩に預けられ、幽囚足かけ二十三年に及んだ。のちに耀蔵は七十三歳で明治を迎え、釈放されることになったが、彼は幕府によって預けられたのだから徳川氏の達しでなければ寸歩も動かないと泰然としていたという。その後京都の指令で丸亀をあとにし、東京へ帰った耀蔵を昔の部下が訪ねたという。

> 昔、甲斐監察たりし時、徒目付山本庄右衛門、又祐筆阿久沢丑助は、甲斐に接せし人故、帰り来りし時其寓居を訪ふ。甲斐白髪毿《さん》々然、偉容昔時に異ならず。大言して曰、昔予官家の為に蛮夷の近くべからず、若誤て彼等を親くせば、其災害言ふ可らざるを論ぜしに、当時これを聴く者なく、今日の変已に爰《ここ》に坐《おわ》せらる、今将《は》た如何とせむ哉と。傲然たる勇気満面に溢る。両士敢て口を開く事不能、低頭して辞し去れりと(29)。

これは幕府崩壊後の耀蔵の言であり、その点を割り引いてみる必要もあるが、一貫して西洋を遠ざけようとした耀蔵の信念がうかがえよう。

鳥居耀蔵は松平定信と同様、徳川の覇権の維持には、日本人と西洋との接触を遮断する鎖国の厳守が不可欠とする信念の持ち主であった。しかし結局、開国という形で「蛮夷を近づけた」ことが、徳川覇権体制の矛盾を暴露し、江戸幕府を崩壊にいたらしめたことは耀蔵の言のとおりであろう。

耀蔵は幕府のために有益と判断すれば、蘭学をも容認し、むしろ渋川の蘭学取締り案を骨抜きにしている。また漢方医といえども因循なわがままは容赦なく拒絶する。ただし、幕府に害があると思われるものは詐術を弄してでも断固取り締まる。彼の政治行動の基本原理は「徳川幕府のためになるか否か」の一点であったといえよう。蛮社の獄も例外ではなかった。したがって、蛮社の獄では尚歯会や蘭学者は弾圧されていない。通説でいわれるように、耀蔵は林家出身ゆえに洋学を嫌忌し蛮社の獄を引き起したとする説は、論拠を欠いたたんなる巷説といえよう。

のちに「判決とその周辺」の節でみるように、崋山を事実無根の「無人島渡海一件の魁首」として捕え、無実の町人たちも無人島渡海容疑で捕え、牢屋責めの結果四人を獄死させている。このような耀蔵について、鶴見俊輔氏は次のように評している。

幕府の歴代の政策である鎖国を堅持し、これをゆるめるような動きを芽のうちに断固としてつみとることが彼の政治的決断の基準となった（中略）批判者を容赦なく捕えて殺してゆけば、権力を守りぬくことができるという政治的信条を、彼は生涯をとおして疑うことはなかった。(30)

かつて松平定信は鎖国を「祖法」と位置づけ、鎖国が改廃の許されない制度であることを強調した。これは田沼意次の時代にロシアとの交易の可能性が模索されるなど、こうした鎖国弛緩の動きの再発を防止するため、定信は特に幕府の為政者に対して、鎖国を祖法とする鎖国厳守の姿勢を明示したものとみられる。一方、定信と同じく鎖国弛緩の動きを警戒する天保の鳥居耀蔵は、折りから萌し始めた日本人の西洋・西洋人に対する警戒心の弛緩を戒めるため、いわゆる「蛮社の獄」を引き起し、強引に無実の罪を捏造し、多くの犠牲者を出しつつ、一罰百戒を狙ったものとみられる。

このような徳川氏への強烈な忠誠心によって裏打ちされた耀蔵の信条は、ときには無謀とも思えるような手段もあえて辞せず、庶民を恐怖させた。目付時代、町奉行時代をとおして耀蔵の冷酷振りはよく知られているが、耀蔵にしてみれば、先祖の鳥居元忠同様、たんに徳川氏に忠誠を尽したにすぎず、その行動に一点の疚しいところもないということであろうか。

註

（1）高野長英『蛮社遭厄小記』（『日本思想体系』55「渡辺崋山・高野長英・佐久間象山・横井小楠・橋本左内」岩波書店、一九八二年、一九四頁）。
（2）松岡英夫『鳥居耀蔵』中公新書、一九九一年、五頁。
（3）長田権次郎編『徳川三百年史』下巻、裳華房、一九〇三年、一三四二頁。
（4）前掲、松岡英夫『鳥居耀蔵』ⅶ頁。
（5）井野辺茂雄「蛮社の獄を論ず」（『歴史地理』二五巻二号、一九一五年二月）。
（6）井野辺茂雄『幕末史の研究』雄山閣、一九二七年、四三一頁。
（7）『大日本近世史料』市中取締類集十八書物錦絵之部一、八〇〜八五頁。
（8）佐藤昌介『洋学史研究序説』岩波書店、一九七六年、二二一頁。
（9）『新撰洋学年表』柏林社復刻、一九六三年、嘉永二年の項。

(10)「蘭学、蘭書類御取締方の儀申し上げ候書付」(『勝海舟全集』十八「開国起原Ⅳ」講談社、一九七五年、六六五～六六九頁)。前掲、佐藤昌介『洋学史研究序説』二九七～二九八頁参照。
(11) 前掲『新撰洋学年表』天保十一年の項。
(12) 前掲、佐藤昌介『洋学史研究序説』三〇〇頁。
(13) 同、三〇五頁。
(14)「御書付並評議留」天理図書館蔵(徳川法制資料一七〇所収)(藤田覚『近世後期政治史と対外関係』東京大学出版会、二〇〇五年、二三三頁参照)。
(15) 徳富蘇峰『近世日本国民史』第二八巻「天保改革篇」時事通信社復刻、一九六五年、二四六頁。
(16)『大日本維新史料』第一編之一、四四七頁。
(17) 中島清司、弘化三年七月十八日「愚意上書」(中島義生編・刊『中島三郎助文書』一九九六年、三七頁)。
(18) 国立公文書館内閣文庫蔵『伊豆・相模・安房・上総国其外海岸御固之模様見分之上御備方之儀取調申上候書付』。
(19) 浦賀近世史研究会監修『南浦書信』未来社、二〇〇二年、一七三頁。
(20)『勝海舟全集』十一「陸軍歴史Ⅰ」講談社、一九七四年、一四頁。
(21) 同、一五頁。
(22) 同、一四頁。
(23) 布施賢治「川越藩における大筒職担当組織の編成」(『地方史研究』通巻二九一号、二〇〇一年六月)。
(24)「川越藩相州四番記録」(『大日本維新史料』第一編之三、三一六頁)。
(25) 安達裕之『異様の船』平凡社選書、一九九五年、一七六頁。
(26) 藤田覚『幕藩制国家の政治史的研究』校倉書房、一九八七年、二七五頁。
(27) 佐藤昌介「水野忠邦と鳥居耀蔵」(北島正元編『江戸幕府—その実力者たち—』(下)、国書刊行会、一九八三年、一五二頁)。

(28)「文政七申年十一月十八日異国船之儀ニ付大久保加賀守殿江別段申上候書付」の一節(『珍奇異聞』一、国立国会図書館蔵)。

(29) 前掲「陸軍歴史Ⅰ」九二頁。

(30) 鶴見俊輔『評伝高野長英』藤原書店、二〇〇七年、一七〇〜一七一頁。

Ⅲ

渡辺崋山

蛮社の獄を語る際、崋山の思想・動静を主軸として語られることが多い。それは崋山が長英と並んで蛮社の獄の中心的人物であることもさりながら、蛮社の獄に関する史料は、崋山に関連するものが最も豊富であり、崋山をめぐる史料を抜きにしては蛮社の獄は語れないほどだからであろう。崋山の友人には当代一流の知識人が多く、彼らは崋山の拘引を知って、強い衝撃を受けるとともに、その中の何人かは事件の実態を知ろうとして、お互いに情報を交換しつつ事件の顚末を記録していた。また崋山が残した日誌・書簡など、特に獄中からの書簡は吟味（取調べ）の様子などをかなり克明に伝えており重要である。そのほかにも崋山が江川英竜に送った『再稿西洋事情書』『外国事情書』などのいわゆる「事情書三部作」がある。中でも自ら没にした『初稿西洋事情書』には、鎖国撤廃への崋山の期待がうかがえる。他の二編も目立たぬよう西洋を肯定的に紹介しようとする崋山の苦心の跡がみられる。さらに論策および啓蒙のための書としては『慎機論』『鴃舌或問《げきぜつわくもん》』『鴃舌小記』などが残されている。これらは不特定多数の披見を前提として書かれたものであり、むろん田原藩士としての立場に少なからず制約されたものである。なお、奉行所でとられた「口書」では、幕府の被疑者崋山は、田原藩の年寄として、主君や藩に、また多くの師友に迷惑が及びかねないようなことがらは極力隠蔽・韜晦していることがうかがえる。崋山には崋山の立場があり、事情があった。したがって、この点は崋山に関する史料を参照する際特に留意する必要があろう。しかし、そのような隠蔽・韜晦を必要とした事情こそ、事件全体の性格を知るうえでも重要であることはいうまでもない。

崋山の生立ち

渡辺崋山は寛政五年（一七九三）九月十六日、父定通、母栄の長男として田原藩江戸藩邸の長屋に生まれた。名を定静《さだやす》、字《あざな》を子安または伯登、通称を登と称し、崋山は号である。渡辺家は代々田原藩の江戸詰めの家臣である。

崋山の肖像画（椿椿山筆）（田原市蔵）

田原藩は、三河国渥美半島の中央部に位置する三宅土佐守一万二千石余りの譜代の小藩で、江戸の藩邸は半蔵門外《そと》、現在の三宅坂、最高裁判所の桜田濠に面したところにあった。現在の三宅坂の地名は藩主三宅氏の名に由来する。田原藩は狭い渥美半島の中央部に位置しているため、水利の便に恵まれず農業生産力も低く、かなりの貧乏藩であった。したがって、渡辺家の家禄は百石で上士層に属してはいたが、藩からたびたびの借上げで実収入はわずか十二石程度であったという。崋山は五男三女の八人弟妹の長男であったが、食い減らしのため弟妹たちは幼いうちから養子や奉公に出されたという。こうした貧窮の中で育った崋山は、十五歳のとき絵を描いて家計を助けることを思い立ち、同藩の平山文鏡の手ほどきを受け、のちに谷文晁の門に入った。こうして初めは凧絵や初午灯籠の絵を描いて家計を助けたという。

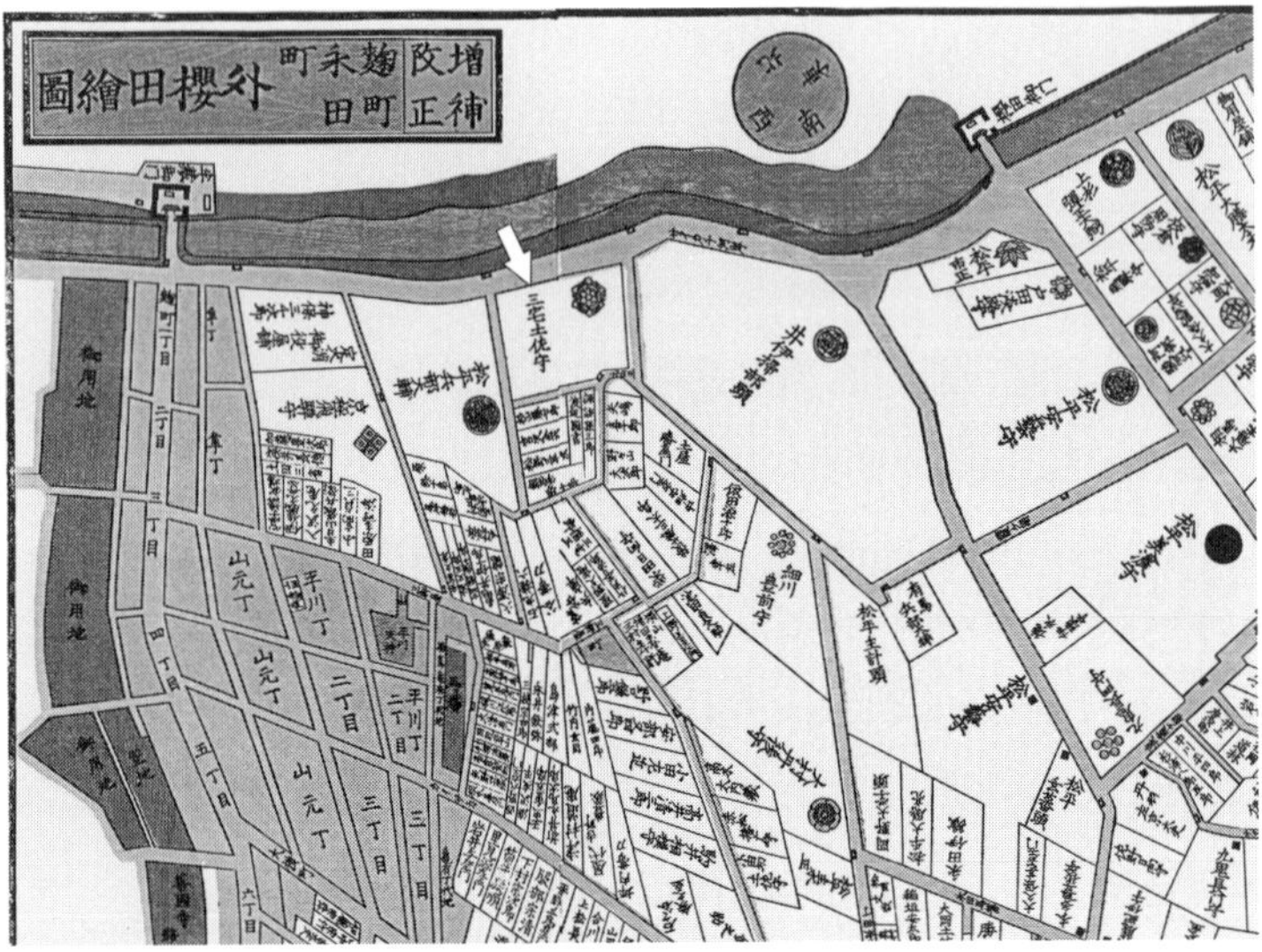

三宅土佐守田原藩邸の位置（「江戸切絵図」）

やがて彼は絵を学ぶうちに西洋の銅版画に出会ったことから、その陰影を生かした写実的な西洋画を研究するようになり、のちに西洋そのものに興味を抱くようになったものとみられる(1)。

崋山と西洋

崋山が幼少の頃から中年にいたるまでの、身辺のことを回想した『退役願書稿(2)』には、彼があれほど関心を抱いていたはずの西洋に関することにはまったく触れていない。おそらくこれは、蛮社の獄で罰せられたのち、田原蟄居中に「退役願書稿」という形をかりて自分の来し方を綴ったものであろう。そのため西洋に関することは一切触れなかったものと推測される。しかし、彼が残した蛮社の獄以前の日誌などの断片からは、崋山が青年時代から晩年にいたるまで、一貫して西洋には並々ならぬ関心と憧憬の念を抱いていたことがうかがわれる。

崋山が奉行所でとられた「口書」によれば、

三宅坂，田原藩邸跡（現在最高裁判所）

崋山の西洋研究は、彼が年寄末席に挙げられた天保三年（一八三二）以降のこととなっている。しかし、それは「田原藩の助郷と海防」の節でみるように、事件が拡大し藩や師友にまで迷惑が及ぶことを恐れた崋山が、天保三年以前のことに触れることを極力避けたためとみられる。そのため研究者から年次などの矛盾が指摘されることもある。しかし、崋山の西洋研究が天保三年以前から始められていたことは彼の日誌などからも明らかである。

また崋山は二十三歳の文化十二年（一八一五）の日誌には、蘭方医吉田長淑《ちょうしゅく》を頻繁に訪ねており、三月には師について王子辺に薬草採集にも出かけている。(3) 六年後の文政四年（一八二一）には高野長英が長淑に入門してきている。したがって、崋山はこの頃長淑の塾「蘭馨堂《らんけいどう》」で長英と知りあったものとみられ、後年長崎から帰った長英が崋山の住む田原藩邸に近い麴町貝坂に居を構えたのも、吉田塾以来の親交があったからであろうか。崋山は生涯本格的に蘭学を学ぶことはなかったが、若い頃から蘭学者とは親交があり、自らも翻訳書などで西洋の主に地理を研究していた。

崋山二十四歳の日誌に「ヨンストンス八十一枚」(4)とあるところから、この頃崋山は舶来の『ヨンストン動物図説』の挿絵の銅版画をみて西洋画を研究していたのであろう。文政四年崋山二十九歳のときの『使相録』によれば、崋山は江ノ島の沖に舟を出して舟遊びを楽しんだ際「愉快なるかな、此より東南、西人称する所の大平海、亜墨利加諸州に及ぶ、またまさに咫尺にあるべし」(5)と舟の上から叫んで舟子に笑われたと記している。この頃すでに彼の西洋研究は、海の彼方のアメリカ、西洋そのものに強い関心と憧れを抱くまでになっていたことがうかがえる。こうした彼の西洋への思いは終生変わることはなかった。後年、天保四年四月十五日、四十一歳の崋山は三宅家の系譜調査のために田原を発ち、三河湾入り口に浮かぶ神島へ渡っている。このときの日誌『参海雑志』に、四月十七日の早朝、神島の海岸へ出て朝日の昇るのを眺めながら次のような感懐をもらしている。

はてしなき海原の大空につらなりて、横雲の赤く紫にたなびきたるさま、波のみどり深く黒みたる、西人の称る大東洋にして、かの亜墨利加とかいへるわたりもこの海原よりつらなれりと思ふに、まことによの外の思ひを生じ、しばしながむる。(6)

このように崋山は藩の年寄末席についた年の翌天保四年の時点でも、東の海上を眺めて、かつて江之島の沖に舟をうかべたときと同様、はるか遠くのアメリカへ思いを馳せている。ただし、江の島沖での希望に満ちた明るさとは異なる思いが感じられるといえようか。いずれにしても崋山の西洋認識の根底には、晩年にいたるまでこうした西洋への強い憧憬の想いがあったことに注目したい。

崋山はこうした西洋への強い憧れを抱く一方、蛮社の獄の際奉行所でとられた「口書」では、西洋への警戒、西洋を排斥する海防を強調している。これは明らかに矛盾といわざるをえない。通説では崋山が西洋に関心を持つようになったのは、彼がわが国の海防を憂慮して、西洋を研究する必要に迫られたためといわれている。崋山が天保三年五月に藩の年寄末席に挙げられたのは事実であるが、奉行所での「口書」で強調したような、就任と同時に海岸掛（海防掛）を兼務したため、西洋を研究するようになったというのは「田原藩の助郷と海防」の節でみるように事実ではない。そもそも田原藩に「海岸掛」はなかったのである。こうした海防の強調は、崋山が奉行所で西洋尊崇を追及された際の釈明で、厳しく追及された西洋尊崇を否定するためのカモフラージュであった。

崋山の洋学とのかかわりについて高野長英は次のように述べている。『わすれがたみ』では、崋山について「近頃は西洋学さへ好みて、地理書を研究しければ(7)」また、『蛮社遭厄小記』では「頗る好事の性質にして、西洋の画学を研究し、又地理学を好みけるが、官務繁冗にして、親しく蛮書を攻《おさ》むる事難ければ、常に瑞皐（長英）学斉（三英）等と交りて、蛮学をしけるに(8)」とあるのみで、特に蘭学研究の動機はあげておらず、むろん崋山が「口書」で強調したような田原藩の海防問題とのかかわりにはまったく触れていない。また、田原藩の前藩主康明の異母弟で崋山が親しく仕えた三宅友信は、崋山の洋学について「先生三十二歳の頃より心を深く洋学に傾く(9)」と述べている。崋山三十二歳といえば文政七年で、この年父を失った崋山は、それまで父に遠慮していた西洋研究を再開したものと思われる。このように友信も海防問題にはまったく触れていない。崋山にとって洋学に関するかぎり親しく師であり友である長英も、主君である友信も崋山の洋学について述べながら、崋山が奉行所での「口書」で強調したような海防に関することにはまったく触れていない。このように崋山の西洋研究には、田原藩の海防問題に直結するような動機は見当たらない。そもそも鎖国の撤廃を願う崋山が鎖国を護る海防に熱心であったとする崋山像は矛盾といわざるをえない。

崋山は、三宅友信のいう「先生三十二歳の頃より心を深く洋学に傾く」より二年後の文政九年には、オランダ商館長の江戸参府に随行してきた博物学者ビュルゲルと蘭学者との対談の場に同席している。この当時すでに崋山は、有力な蘭学者との親交もあって参府のオランダ人との同席が実現したものとみられる。したがってのちにみるように、天保三年から海岸掛となって西洋研究を本格的に始めたとする奉行所での供述をそのまま事実とみることには慎重でなければならないであろう。

崋山の鎖国批判

西洋に強い憧れを抱いていた崋山は、現に日本人と西洋とを厳しく遮断している鎖国制度についてどのようにみていたのであろうか。結論から述べれば、崋山にとって鎖国とは、まさに撤廃されるべき制度であった。

江川英竜に送る予定で書いたものの、その内容が過激であるためか自ら没にした『初稿西洋事情書』では、婉曲に鎖国はもはや改めるべき制度であることを次のように示唆している。

一、凡右時変に従ひ、政を立候義は、古今の通義に御坐候。天地古今変ぜされば不止（中略）終に太閤の征戦と相成候。中葉耶蘇の邪教に懲り、規模狭小に相成、唯一国を治る意なる故、終に海外の侮を受候にて、以後の変、如何なるを不存候。（中略）何卒此上は、御政徳と御規模の広大を祈る所に御坐候。(10)

崋山は、わが国の歴史を例にあげて、政策は時代の変化に応じて立てられるものであり、これは「古今の通義」であるという。すなわち暗に現在の鎖国制度も時代の変化に従って改められるべきであることをほのめかしたものと思われる。しかも「耶蘇の邪教に懲リ、規模狭小に相成」、すなわちキリシタンを恐れるあまり、国を鎖してしまったことがついには海外の侮りを受け、今後いかなる危検なことが起るかもしれないと警告し、最後に結論として「御規模の広大を祈る所に御座候」と記している。さきにあげた「中葉耶蘇の邪教に懲り、規模狭小に相成」の「槻模狭小」が鎖国を意味するものとすれば、ここにいう「御規模の広大」とは開国を意味するもので、崋山は婉曲に鎖国の改められるべきを述べたものとみられる。そのためのちに蛮社の獄の際、奉行所でとられた「口書」にも「中葉耶蘇の邪教に懲り、規模狭小に相成」と記されていることから、奉行所でもこの部分が鎖国の撤廃を期待したものとして追及されたものとみられる。こうした崋山の開国志向は当然処罰の対象となったであろう。

なお、のちに嘉永二年（一八四九）幕府からの海防策の諮問に答えた浦賀奉行浅野長祚の『海防策再稿』[11]に「中たひ邪蘇の邪教おこりしより外交御制禁と相成も、無御拠一時の御制度ニて、かくて末永くかわらされとの軫慮とも不被存」とあり、またそれに続けて「邪教ハ西洋一般の教ニて（中略）こなたにてさへ信向《ママ》不仕候ハヽ、邪教に溺され候御気遣等ハ決て有之間敷」とある。この年、浅野長祚は、イギリス艦マリナー号の来航に浦賀奉行として直接対処した経験からか、鎖国政策の限界を感じ取っていたのであろう。この答申で浅野は、鎖国体制は永久不変を意図したものとも思えず、キリシタンといえども西洋では普通の宗教であり、日本人が惑溺する恐れはないという。

さきにみた崋山が仕えた三宅友信の回想に「先生（崋山）常に思惟す、耶蘇教は海外普通の宗教必ず邪宗にあらずと、深く之を疑ふ」[12]とある。浅野長祚の鎖国「一時の御制度」説と耶蘇教観は、すでに崋山が指摘していたところである。幕府によって断罪された崋山の鎖国観は決して特異なものではなかったといえよう。いずれにしても蛮社の獄のわずか十年後、蘭学者らの沈黙にもかかわらず、崋山の『初稿西洋事情書』を引き写したかのような論策が浦賀奉行から幕府に答申されたという事実は、崋山が期待し遺書に残した「一変」が迫っていることを予告しているといえよう。

崋山にとってキリシタン非邪教観は、鎖国の存在意義を失わせ、彼はもはや鎖国を維持する必要はないものと考えたのであろう。しかし、それは崋山の誤解で、キリシタン云々は、主たる問題ではなく、本来鎖国は徳川覇権体制を護る基礎構造であるという鎖国の本質に崋山は気づいていなかったのであろう。この鎖国の本質こそ、さきにみた松平定信が、またのちにみるように水野忠邦が、目付の鳥居耀蔵が最も重視するところであった。

幕府の政策を批判することの許されない当時にあって、開国を期待する崋山は、直接鎖国制度に触れることは避け、ただ「時代の変遷にしたがって、古いものは改めるべきである」とのみいう。そして「時変に従ひ、政を立候義は、古今の通義」とか「今は古《いにしえ》にあらず。故に古を以て今を議する者は、膠柱鼓琴」[13]などのように、古いものは新しい時代に沿うよう改めるべきである、というごく常識的な理由をもって鎖国体制を婉曲に批判したのであった。

また崋山は、西洋は果断なところがあり、これは物事の道理を究める窮理の精神、合理性を尊ぶ精神によるもので、窮理とは物ばかりではなく、西洋では諸制度についても同様で、その研究に則って国政の改正もたびたび行われているという。[14]むろんこれは、西洋とは対照的に改められることのない、わが国の鎖国制度を暗に批判したものであろう。

このように崋山は、現状に合わない古い制度は改めるべきだという論法で、鎖国の撤廃すべきをほのめかしていたが、幕末、崋山なきあとペリー艦隊来航の前後、開・鎖問題が浮上してくると、一部の為政者は、鎖国撤廃の理由づけとして、やはり崋山と同様、鎖国政策が時代遅れであり、改めるべきだとしている。

ペリー艦隊来航直後の諮問に応えた彦根藩主井伊直弼は、嘉永六年八月二十九日付二度目の上書で、鎖国政策の危険性を指摘し「交易の儀は国禁なれと時世ニ古今の差あり、有無相通するハ天地の道也」[15]と交易を認め「寛永以上之朱印船」を復古して海外に雄飛すべしなどと、もはや鎖国の撤廃もやむなしとしている。井伊直弼のいう「時世ニ古今の差あり」とは崋山のいう「凡右時変に従ひ、政を立候義は、古今の通義に御坐候」に通じるものであろう。井伊直弼といえども鎖国撤廃の理由づけとしては「古今の差」などと婉曲に表現しなければならなかったのであろう。

また、かつて過激な攘夷論を唱えたにもかかわらず、開国後その誤りを自ら明らかにした会沢安正志斎の場合も開国から八年後、文久二年(一八六二)に著した『時務策』の中で、鎖国政策の歴史的来由にさかのぼって、鎖国に固執することの誤りを次のように指摘している。

外国ヲ一切ニ拒絶トイフコト、寛永ノ良法トイヘドモ、其本ハ天朝ノ制ニモ非ズ、又東照宮ノ法ニモ非ズ、寛永中ニ時宜ヲ謀テ設給ヒシ法ナレバ、後世マデ動スベカラザル大法トハイヘドモ、宇内ノ大勢一変シタル上ハ、已ムコトヲ得ズシテ時ニ因テ弛張アランコト、一概ニ非ナリトモ云難シ(中略)当今ノ勢ハ、海外ノ万国皆和親通好スル中ニ、神州ノミ孤立シテ好ヲ通ゼザル時ハ、諸国ノ兵ヲ一国ニテ敵ニ受ケ、国力モ堪ヘ難キニ至ルベシ。時勢ヲ料《はか》ラズシテ、寛永以前ノ政令ヲモ考ヘズ、其以後ノ時変ヲモ察セズシテハ、明識トハ云難カルベシ[16]。

会沢は、元来鎖国は、幕初以来の制度ではなく、寛永時代に内外の情勢を勘案して設けた法であり、その後の情勢の変化によっては改廃も可能な幕府の一政策にすぎなかったこと、和親通好の世界情勢の中で、すでに鎖国はわが国にとって西洋の侵攻を招きかねない危険な政策となってしまったことなど、鎖国制度に固執することの誤りを指摘している。

幕末尊王攘夷思想の聖典とも称された『新論』を著し、崋山の開国論とは対極に位置するともいうべき攘夷論を鼓吹した会沢であったが、かつて二十年余り前に崋山が幕府をはばかりながら唱えた論法と同じように「後世マデ動スベカラザル大法トハイヘドモ、宇内ノ大勢一変シタル上ハ」鎖国の撤廃もやむをえないとしている。これは崋山のいう「今は古《いにしえ》にあらず。故に古を以て今を議する者は、膠柱鼓琴」と異なるものではなかった。

崋山と福沢諭吉

「福沢全集緒言」には次のような話が載っている。それは福沢が江戸に出てきてしばらくした頃、友人の神田孝平のところにいる賄いのお婆さんが、

律儀一偏堅気の正直者たるに拘はらず生来の唐人嫌にて〈当時外国人のことを通俗一般に唐人と云ふ〉朝夕何事に付けても外国人を憎むこと甚だしく小買物して魚類の価が高し、野菜が高し米が高し酒が高し（中略）諸色高直諸人難渋、是も唐人のお蔭なり、其も唐人の所為なりとて、喋々しゃべり続けに喧しけれども（中略、そこで神田は）直接に遠廻はしに開鎖の利害を説き、或は笑ひ或は洒落、或は立腹の真似し或は心配の体を装ふなど、丁寧反覆気長にすること三箇月も半年も試みた

れども、婆の剛情は鉄石の如く何としても解く可らず、神田も近来は根気に負けて聊か閉口の様子なりと[17]

これを聞いた福沢は「神田が能弁を振て婆を口説くと云へば、自分は筆を以て之を試みん、一本の筆を振り廻はして江戸中の爺婆を開国に口説き落さんには愉快なり」と、こうして慶応元年（一八六五）閏五月に執筆したのが『唐人往来』だという。

この『唐人往来』は、当時においてもまだ危険であったためか、結局出版されなかった。その頃すでにたびたび欧米を視察して得た福沢の開国開化への強い信念は、二十数年前の崋山のそれを思わせるものがある。また、神田孝平が「或は立腹の真似し、或は心配の体を装ふなど」唐人嫌いの婆さんの機嫌を損なわぬよう説得する様子は、かつてひたすら西洋を警戒し、鎖国体制に少しも疑問を抱かない人々に対し、崋山は反発を招かぬよう、幕府の嫌疑を受けぬよう警戒しながら、あえて海防論者を装い、西洋の恐るべきを説き、わが国の海防の不備を憂慮するかにみせながら、あえて海防に熱心な江川英竜らに近づき、ひそかに鎖国政策の誤りを説こうとした様子を髣髴とさせるものがある。

また福沢が慶応二年（一八六六）から明治三年（一八七〇）にかけて出版したベストセラー『西洋事情』には、西洋の学校・病院・新聞など個々の事物から政治・経済・教育など社会全般の概略と、米・英・仏など各国別にその歴史・政治・軍備などが説明されている。福沢がこのような啓蒙書を著した目的は「唯西洋の事実を明にして日本国民の変通を促し、一日も早く文明開化の門に入らしめんとするの一事のみ」[18]であったという。

福沢諭吉が自ら西洋文明の伝道師を任じていたように、一方の崋山は「蘭学にて大施主」と噂されるほど熱心に西洋に関する知識を広める活動を続けていたが、そのことはやがて鳥居耀蔵の探知するところとなり、無人島渡海計画容疑で拘引されることになる。

蘭学にて大施主

福沢の『唐人往来』や『西洋事情』とはむろんスケールも違うが、同じように崋山は西洋を紹介する『鴃舌或問』『鴃舌小記』『西洋事情書』などを書いてひそかに啓蒙を試みていた。

開国後の福沢の行った啓蒙は、日本人の西洋に対する誤解を解いて「唯西洋の事実を明にして日本国民の変通を促」すことであったという。一方、天保の崋山には、福沢のいう「文明開化の門」にいたる前に、西洋と日本人の間を隔てる鎖国という厚い壁が立ちはだかっていた。そのため崋山は、日本人が鎖国下の現状に満足するのではなく、西洋の政治・社会制度が、清国や日本のそれよりも優れていることを知らせて、西洋に対する関心を呼び起こそうとしたのであった。崋山の友人で、高松藩の儒者赤井東海（厳三）は、蛮社の獄の顛末を記した『奪紅秘事』で次のように記している。

日比《ひごろ》より夢物語は渡辺登相認申候と申評判頻々御座候、私方へ参申候者どもすべて崋山〈登之号也〉事蘭学にて大施主なりと感心致申候。[19]

蘭学者でもない崋山がなぜ多くの人から「蘭学にて大施主」と評されたのであろうか。それは崋山がひそかに行っていた西洋を紹介する啓蒙活動によるものであろう。この場合「蘭学にて大施主」とは、啓蒙活動によって西洋への関心を呼び起こし、西洋に関する知識を求める人々を援ける人、とでもいう意味であろうか。崋山のこうした活動は、西洋への警戒心を否定するものであり、耀蔵の憎むところであったであろう。崋山は獄中からの書簡で「已ニ此度御不審外国ヲ講談致、友ヲ会論㆓議御政事㆒と申ケ条有之」[20]と記している。崋山の「蘭学にて大施主」と噂された啓蒙活動が追及されていたことがわかる。

崋山の活動について、天保六年四月、彼が中津藩の岡見彦三に宛てた書簡には次のような一節がある。
十七、十八両日之内、武田郡兵衛様御宅へ、輿地図持参可仕旨奉畏候（中略）私事先日御酒辺に酔に乗、地理御話仕候処、フト被思召寄候より御話に上堂可仕との御事、実ハ甚赤面之次第ニて、外国之書ハ一向ニ読了仕かね候故、友人などに年来承、少々国名など覚候ばかりにて、それさへむつかしき名故覚かね候ほとの事、さりとハ如何之軽諾仕候やと今更後悔仕候。且又依之可相成候ハゞ、尊公様武田様御両所のミ御話仕度候。外の方ハ総而御断奉願候。ホンノ一游戯之虚言と御思召可被下候。一体ヲわざ〳〵地理御話に罷出候旨ニ無之、唯風流書画之序と被思召可被下候。[21]
崋山はあるとき岡見彦三らとの酒の席で西洋の話をしたのであろう。そのため、今度はあらためて輿地図持参で話に来てほしいと頼まれて恐縮している。酒席では、つい警戒心も緩んで、日頃から多くの人に知ってほしいと願っていた西洋のことを熱心に話したのであろう、しかし、自分が酒席とはいえあまりにも無警戒だったことに気づいた崋山は、次回はなるべく信頼できる友人二人だけに限り、しかも外国の地理の話のために出向くのではなく「唯風流書画」のついでということにしてほしいと慎重になっている。崋山は「ホンノ一游戯之虚言」といいつつ、次回は「輿地図持参」で伺うことを伝えている。

なお、岡見彦三は中津藩の江戸詰家老で、かねてから洋学に関心があり、安政五年（一八五八）には同藩子弟の蘭学教育のために福沢諭吉を大坂の適塾から江戸に呼び寄せた人である（『福翁自伝』）。

崋山の行った啓蒙には次のような例もあることが赤井東海の『奪紅秘事』に記されている。天保九年（一八三八）十二月十八日、二本松藩の儒者安積艮斎が自宅の新築祝いに崋山らを招いた際、崋山は西洋の地理について説明したという。

戌年（蛮社の獄の前年）の暮十八日に安積祐介新築に付、落成会に当時之八傑と申者相招き申候、所謂林式部殿〈林家の三男にて、当時二の丸御留守居林家名代相勤候〉、井戸鉄太郎、篠田藤四郎など、其外渡辺登も参申候、私も相招かれ候処、私は妹事病死いまだ忌中にて不参申候、其砌登事與地の図にて異域を弁証仕候事、掌中に見る如く、雄弁宏方、一座を圧倒し、六傑の者感賞斜ならず候、然処式部殿一人柱によりて冷笑致候よし、是によって崋山の禍は艮斎〈艮斎は安積の号なり〉楼上に始ると世上に申伝に申候[22]。

崋山の座談を一人冷笑していたという「式部殿」とは、鳥居耀蔵の弟で嘉永六年（一八五三）林家十一代当主となり大学頭を継いだ、林述斎の四男式部少輔煒《あきら》復斎のことである。文政八年（一八二五）の異国船無二念打払令以来、幕府は庶民と西洋との接触を一段と厳しく禁じているときに、西洋の地理を滔々と講じるとは、たとえ「式部殿」がいなくても剣呑なことである。なお、耀蔵は、これより以前からすでに崋山の身辺を探索していたことが、奉行所の取調べの際明らかになっている。こうした崋山の啓蒙活動が「蘭学にて大施主」という評判を呼び、耀蔵からは危険視されるにいたったのであろう。当時はすでに林家と洋学者の対立という認識が一般的であったものとみられる。

次に崋山の川路聖謨への接近の例をみてみよう。川路は西洋については柔軟な認識の持ち主で、日頃西洋人について次のように述べていたという。

西洋の人たりとも天地人に別なし、書は蟹行、辞は缺舌なりとも、圓頭、方趾、天地に表し、異なることなし。然れは、天の性を受ることも同し、よつて、聖賢同様のことをいふなり[23]。

川路は西洋人を客観的にみており、夷狄視していなかったことがわかる。また川路は次のように記している。

昔、高田屋嘉兵衛は、魯西亜之属国、カムサスカへゆき、彼国の役人と対話して、日本の境を定め、蝦夷の千島の波を治めたり、われ、それに付思ふは、余一人を、紅毛の船に乗せ遣はされて、英吉利、其外の西洋各国を、巡り来り、たしかなることをしり得て、帰り来り、御国の御為をなしたき事なり。(24)

川路は西洋を海防の対象としての仮想敵国ではなく、むしろ欧米諸国に偏見を抱かず冷静に注目していたことがわかる。これらは川路が独自に行き着いた西洋認識であろう。なお川路は崋山について次のように回想している。

渡辺崋山は、西洋にて、大に戦艦を造るときゝ、是は、いつれにも、日本と漢土の、大患となるへしとて、甚これを憂ひしに、余か浦々掛〈按るに、聖謨、勘定吟味役在職中、此係りを命ぜられしことならむ〉となりしに及ひ、大に悦ひて、色々いひたることありき。(25)

崋山は、自ら海防問題を憂慮していることを披瀝して川路の警戒心を解き、それを契機として海外情勢に話題を進めようとしたものと思われる。

ところで、崋山は江川英竜への啓蒙の書ともいうべき『再稿西洋事情書』の中で、西洋の優越を説くとともに、西洋諸国の盛んな東洋侵出をあげ、東洋の多くの国々は「統て洋人の領と相成、乍恐我邦は途上遺肉之如く、狼虎之顧みざるを得んや。然るに、不知ば井蛙も安じ、小鷦も大鳥を笑ふ譬の通り、誠に杞憂に不堪事に御座候(26)」と自ら海防問題を憂慮していることを告げ、次に「右之通りは、唐山禦戎之論、我邦神風之説頼むに不足候得者、先敵情を審に仕候より先なるは無之候」と論を進めている。

崋山は川路に対しても、あえて西洋の恐るべきを説いて、川路の西洋への関心を促し、次に恐るべき西洋ゆえに「先敵情を審に仕」すなわち、危険な西洋であればこそ西洋を研究すべきではないか、と自説を展開しようとしたものとみられる。しかもその対象である西洋とは、崋山の研究によれば、科学・技術はもちろん、政治・教育などの社会制度の面でもわが国や清国よりも格段に優れており、また、みだりに無名の兵を挙げない国々なのである。したがって崋山が川路の「浦々掛就任」を悦んだのは、崋山が川路に海防の強化を期待したのではなく、むしろ西洋に対し夷狄観を持たない川路が浦々掛に就くことによって、川路がおのずと西洋への関心をたかめ、正しく西洋を理解する、ひいては幕府の対外政策の転換にもつながるよい機会となることを期待したものとみられる。

『鴃舌或問』と『鴃舌小記』

崋山はこうした江川や川路らへの直接的啓蒙活動のほかにも『鴃舌或問』『鴃舌小記』など西洋を紹介した小冊子を作り、崋山の宅を訪ねてきた人には、それとなく小冊子をみせることもあった。これらはごく限られた人にしかみせなかったようである。のちに崋山は奉行所での「口書」で耀蔵の手先として暗躍していた花井虎一に、自分を探索している男とは知らずに、それらをみせたことを次のように記している。

鴃舌或問、同小記も同様、人には為見不申候処、花井虎一罷越候砌、私家食事致し候内、為待置候も無手持に相見へ、同人に為見候外余人に為見候儀一切無御座(27)、

崋山はあえて食事にこと寄せて席をはずし、虎一にそれを読む時間を与えたのであろうか。

『鴃舌或問』は問答体の西洋紹介の小冊子で、西洋諸国の地誌・歴史・政治・学術・工学技術・教

育・医学等西洋社会全般を簡単に紹介している。この『駃舌或問』には漢文の序があり、あえて西洋を紹介する理由をおよそ次のように記している(28)。

すなわち、華夷の別は明らかにすべきであり、聖人の教えは夷狄に汚されてはならず、西洋の教えは異端であり詐欺である。また習俗は金儲け主義で貪欲でいやしい。したがってこのような西洋のことを伝える必要はないにもかかわらず、あえてここに西洋のことを記録するのはなぜか、と自ら問いを発し、その答えとして、日本の外の西洋は年々改まり変化しており、今と昔とでは時勢が違うのだから、時代の変化を無視して昔の方式を現在に当てはめることは間違いであって、古い方式は、現在の時勢に順応するよう改めるべきであるとし、最後に、幕府の為政者がこれを読み、西洋の事情を、時代の変化を知って禍を防ぎ、聖人の教えが汚されることがなければ、余の望外の幸である、と結んでいる。

ここでも崋山は「今は古にあらず。故に古を以て今を議する者は、膠柱鼓琴」と、婉曲に古い鎖国制度の改めるべきを示唆している。幕府からみれば、鎖国体制下にもかかわらず、西洋のことを広めたりすることは不穏当な行為であった。そのため崋山は、西洋を賛美し、尊崇する危険な人物とみられることを避けるためであろう、あえて西洋を「その教は異端詐欺、その俗は市儈貪鄙」と侮蔑し、一方、儒教の聖人の教えが汚されなければ「余の望外の幸なり」と結ぶなど、序文であらかじめ予防線を張るという苦心のあとがみられる。ここではキリシタンについて「その教は異端詐欺」と貶めているが、さきにみたように崋山自身は「耶蘇教は海外普通の宗教必ず邪宗にあらず」とみていたとすると、ここでは建前を述べていることがわかる。

『駃舌小記』は二千五百字余りの小冊子で、内容は天保九年(一八三八)、江戸に参府したオランダ商館長ニーマンからの聞き書きで、ニーマンが、日本の高官の行列について「従者の夥しきは世界第一なり」、西洋諸国では、夢にも考えられず、まったく無駄であると批判したこと、また、江戸は火事が多いにもかかわらず消火設備が貧弱なこと、天文方と対話する際でも、目付の立会いがないと許されないという幕府の規制に対し、学問上のことに何を疑うのかとニーマンが機嫌を損ねたことなどが記されている。これらはむろん崋山の共鳴するところであったのであろう。

開国への期待

崋山は啓蒙活動を注意深く行っていたつもりでも、江川・川路などに限らず、対象範囲も広がり、いつの間にか「蘭学にて大施主」との評判を呼ぶほどになっていた。のちに耀蔵が部下の小人目付に『夢物語』の著者の探索を命じた際、まず「三宅土佐守家来　渡辺　登」をあげている。むろん耀蔵は「異国を称美」する崋山の捕縛を意図していたものとみられる。

崋山は蛮社の獄で捕えられた際、鈴木春山宛獄中書簡で「僕於心実疚しき事更無之候得共、何分にも数十年の思を積み、少しも国家に功あらん事を欲し、今秋よりは猶勢ひを鼓せんと存候所、百日の説法屁一つと相成(29)」と記している。彼自身長年続けてきた啓蒙活動は、少しもやましいところのない、むしろ国家のためになることと信じて、今秋からはさらに力を入れようとしていたという。また蛮社の獄ののち、田原蟄居中の天保十二年四月、崋山は最も信頼を寄せていた絵画の愛弟子椿椿山に宛てた書簡で次のように告白している

一体一昨年（蛮社の獄の年）は、春より画をかき不申候て、後に蟷螂の窺あるも知らず、本意を達し申度、灯心にて富士を動す事を願ひ候事故丸々二年ほども筆硯疎く、心も他に走り、事定り昨非を知り、来者に安じ候は、去年初冬よりの事なり(30)。

崋山は蛮社の獄の直前、絵も描かずに江川に送る「事情書三部作」の執筆に追われていたが、これも「本意を達し申度」との思いであったという。またそれ以前ほとんど二年間も画業に専念せずに啓蒙問題に奔走していたものとみられる。この場合崋山が願った「本意を達し申度」とは開国の実現を意味するものであろう。崋山は『鴃舌小記』『鴃舌或問』『西洋事情書』などを書いて、西洋を知らない人や、江川をはじめ西洋を誤解している人々への啓蒙を続けていたものとみられる。特にモリソン号の来航を好機とみて『慎機論』を書き開国につなげようとしたが、実はこうした啓蒙活動は「灯心にて富士を動す」ような到底実現不可能な行為であったことを告白している。しかも鳥居耀蔵に使嗾された花井虎一が背後で崋山の身辺をうかがっていたのを知らなかったという。

さきにみたように、崋山は幕府が鎖国体制を敷いた理由を「耶蘇の邪教に懲り」たためと理解しており、三英とキリストの伝記を研究して「耶蘇教は海外普通の宗教、必ず邪宗にあらず」という結論に達していたという。それは誤りではなかったが、しかし、幕府が鎖国を行った理由は切支丹問題だけではなく、鎖国の目的は徳川氏の覇権の存続を脅かしかねない対外問題を排除することであって、その制度が古い、新しいという問題ではなく、鎖国の主な目的が、幕府の恣意的な規制に束縛されない西洋諸国の排除であることを崋山は見落としていたのであった。

崋山は鎖国が徳川氏の覇権を支える基礎構造であり、鎖国の有無が幕府の存続にかかわる問題であるということに気づかないまま、ただ不自由な時代遅れの古い制度は改めるべきではないかという論法で、鎖国の撤廃こそ、国家、幕府のためにもなるものと考え、ひそかに啓蒙活動を続けていたのであった。

しかし、鎖国体制は、ペリー艦隊による軍事的脅迫のような強力な外圧による以外、幕府がみずから撤

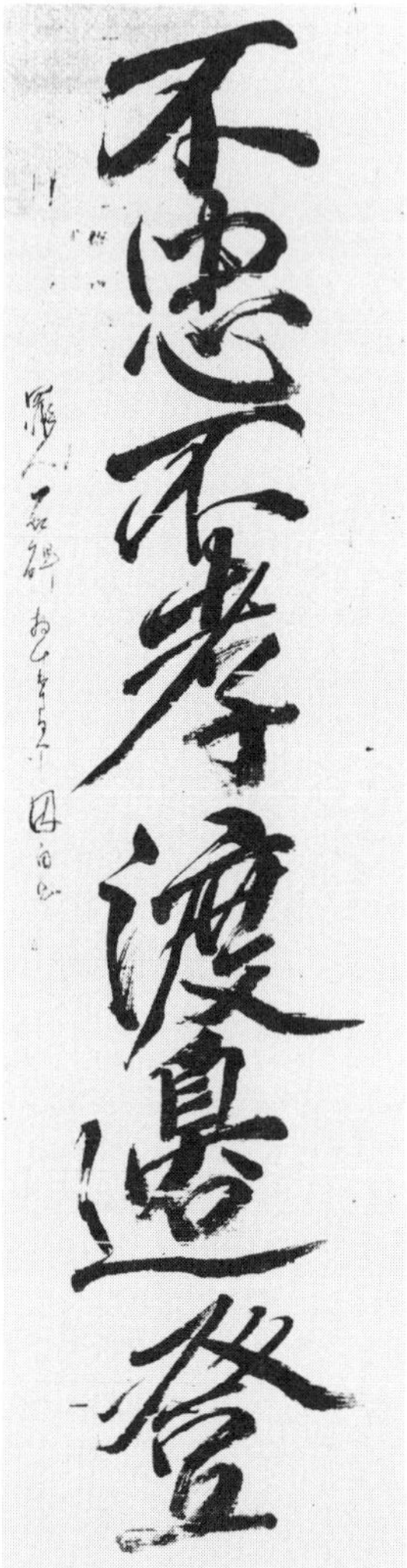
崋山の遺書「不忠不孝渡辺登」
（田原市蔵）

廃することはありえず、ましてや崋山のような一介の陪臣の啓蒙活動などは、まさに「灯心にて富士を動す」ような無謀な行為であった。しかも、無二念打払令の答申にみられるように、幕府が西洋人を憎悪することを庶民に強要していたこの時期に、崋山は西洋を肯定する啓蒙活動を行っていたのであった。そのため鳥居耀蔵は崋山の行動を注視し、蛮社の獄の前年から花井虎一に崋山の身辺を探索させていた。しかし、崋山はそのことに気づいていなかった。崋山は「蘭学にて大施主」と噂されるような、幕府にとってあってはならない啓蒙活動を行っていたために断罪されたのであって、開明派官僚の背後にあって指導的役割を果たしたために標的にされた(31)のではなく、むろんそのような役割は果たすべくもなかった。

崋山の遺書

崋山は出獄から約二年後、在所蟄居中の天保十二年（一八四一）十月十一日自決した。

崋山は一匹狼的長英と違って、藩主や藩に迷惑がかかることを最も恐れていた。そのため事件後は終始沈黙を守って本心を明かすことはなかった。しかし、彼の真意はその遺書に簡潔に述べ

崋山の墓所（愛知県田原市城宝寺）

られているといえよう。

　崋山が最も信頼を寄せていた絵画の弟子で、崋山の真意を理解していた椿椿山に宛てた遺書の最後に「数年の後一変も仕候ハヾ、可悲人も可有之や、極秘永訣如此候(32)」とある。この「一変」の解釈については従来諸説があり、特に崋山を海防論者とみる場合には混乱を生じやすい部分である。しかし、これまでみてきたように、崋山は海防論者ではなく、開国をもとめて「蘭学にて大施主」と噂されるほど西洋について啓蒙活動を行い、また『慎機論』を書いてモリソン号の打払いにも反対した開国論者であった。したがって崋山が最後までその実現を期待した数年後の「一変」とは「開国」を、鎖国の撤廃を意味するものとみるべきであろう。この開国という「一変」を願いつつ死ぬことになる崋山は、最後まで本心を明かすことはなかったが「開国」にかけた彼の信念は自決を前にして、少しも揺らぐことはなかった。崋山は実弟の岡崎藩士中山助右衛門に宛てた遺書ともいうべき画絹に堂々と「不忠不孝渡辺登」と大書し、そのわきに小さく「罪人石碑相成ざるべし因自書」と記した。自分は今、まさに「不忠不孝」そのものであろう、世間もまたそう称するであろう、と「不忠不孝」を肯定するかにみえる。しかし、崋山は、我こそは「不忠不孝」の「渡辺登也」と言い放って臆するところがない。今自分はたまたま「不忠不孝」の罪人であるが、過去の行動に恥じるところはない。「一変」すなわち「開国」は必ず来る、という強い信念が「不忠不孝渡辺登」と大書させたのであろう。この七文字こそ崋山の遺書にふさわしいといえよう。

註

（1）佐藤昌介『渡辺崋山』吉川弘文館、一九八六年。
（2）『崋山全集』第一巻、崋山会、一九四〇年、二三六頁。
（3）『寓画堂日記』（小沢耕一・芳賀登監修『渡辺崋山集』第一巻、日本図書センター、一九九九年、七頁、一一頁、一二頁、一五頁、一六頁）。
（4）「崋山先生謾録」文化十三年十二月十七日（同『渡辺崋山集』第一巻、七九頁）。
（5）『使相録』（前掲『崋山全集』第一巻、一四五頁）。
（6）『参海雑志』（同『崋山全集』第二巻、一九五頁）。
（7）高野長英『わすれがたみ』（『日本思想体系』55「渡辺崋山・高野長英・佐久間象山・横井小楠・橋本左内」岩波書店、一九八二年、一七九頁）。
（8）高野長英『蛮社遭厄小記』（同『日本思想体系』55、一九〇頁）。

(9) 三宅友信『崋山先生略伝』(前掲『崋山全集』第一巻、三一九頁)。
(10) 『初稿西洋事情書』(前掲『日本思想体系』55、六二頁、六四頁)。
(11) 『海防策再稿』国立国会図書館蔵(藤田覚『幕藩制国家の政治史的研究』校倉書房、一九八七年、三八一頁参照)。
(12) 前掲、三宅友信『崋山先生略伝』(前掲『崋山全集』第一巻、三三一頁)。
(13) 『鴃舌或問』(前掲『日本思想体系』55、七八頁)。
(14) 『再稿西洋事情書』(前掲『日本思想体系』55、四八〜四九頁)。
(15) 『大日本古文書 幕末外国関係文書之二』二五五〜二五九頁。
(16) 『日本思想体系』53「水戸学」岩波書店、一九七三年、三六五頁。
(17) 「福沢全集緒言」(『福沢諭吉全集』第一巻、岩波書店、一九五八年、一一頁)。
(18) 同、二三頁。
(19) 赤井東海『奪紅秘事』(井口木犀編著『崋山掃苔録』豊川堂、一九四三年、二九〇頁)。
(20) 六月四日付、椿椿山宛崋山獄中書簡(小沢耕一編『崋山書簡集』国書刊行会、一九八二年、二八八頁)。
(21) 天保六年四月十六日付、岡見彦三宛崋山書簡(前掲『渡辺崋山集』第三巻「書簡(上)」一三三頁)。
(22) 前掲、赤井東海『奪紅秘事』二九一頁。
(23) 川路寛堂編述『川路聖謨の生涯』世界文庫復刻、一九七〇年、一六〇頁。
(24) 同、一六七〜一六八頁。
(25) 同、一六八頁。
(26) 前掲『再稿西洋事情書』(『日本思想体系』55、四九〜五〇頁)。
(27) 崋山「口書」(前掲『崋山全集』第一巻、一一三頁)。
(28) 『鴃舌或問』(前掲『日本思想体系』55、七八頁)。(市《シ》儈《カイ》貪《タン》鄙《ピ》=市場のさいとり仲買人のように利をむさぼり

て卑劣なこと)
(29) 天保十年六月九日付、鈴木春山宛獄中書簡(前掲『崋山書簡集』二九二〜二九三頁)。
(30) 天保十二年四月十六日付、椿椿山宛書簡(同『崋山書簡集』四八二頁)。
(31) 佐藤昌介『洋学史研究序説』岩波書店、一九六四年、二二五頁。
(32) 「椿椿山宛遺書」(前掲『渡辺崋山集』第四巻「書簡(下)」二三三頁)。

田原藩の助郷と海防

通説では渡辺崋山は、海防に熱心な人物として知られている。彼は天保三年（一八三二）に田原藩の年寄末席に就任すると同時に「海岸掛」（海防掛）を兼務することになり、これが直接の動機で、高野長英・小関三英らの蘭学者を招いて蘭学の研究を始めたが、その直接の目的は海防である[1]、とするなど、崋山と海防とのかかわりが強調されることが少なくない。しかし、蛮社の獄以前の崋山は、西洋に強い関心を抱き、西洋の社会制度を礼賛し「蘭学にて大施主」と称されるほど、西洋に関する肯定的啓蒙に努めていた。そのような崋山が、はたして西洋を遠ざける海防に執心したのであろうか、そもそも当時田原藩に海岸掛なるものが存在したのであろうか。幕末に沿海の諸藩が海防に力を入れるようになるのは、主に嘉永六年（一八五三）ペリー艦隊の来航直後であり、早くも天保三年に海岸掛を設けるなど、長年極端な財政難に苦しむ小藩田原が、膨大な支出を要する海防に熱心であったとは考えがたい。そこで崋山と田原藩の海防の実態についてみてみよう。

田原藩の海防

崋山が天保三年に藩の年寄末席に挙げられる以前、すなわち文政期までの田原藩における海防の動きをみてみると、元文四年（一七三九）五月、ロシアのスパンベルクの指揮する探検船が本州の沖合に出没したのを契機に、幕府は同年六月異国船に対する警戒令を発令している。田原藩ではそれ以降文政八年（一八二五）までいずれも幕府の発する警戒令を受けて領内に指令を出したり、遠見番所を設けるなど、毎回幕府の指令に応ずる形で対応してきた。したがって、田原藩が自主的に海防対策に乗り出すことはなかった(2)。

奉行所でとられた「口書」によれば、崋山は天保三年五月に田原藩の年寄末席に挙げられ、同時に海岸掛を兼務したという。しかし、田原で藩政史を研究しておられた小沢耕一氏によれば、現存の田原藩の藩政史料には、海岸掛についての記述は見当たらないという。また江戸藩邸の日記類は、ほとんど湮滅してしまっているため、詳細は不明であるが、現存の「江戸留書」の中にも海岸掛に関する記述は見当たらないという。また天保期の田原藩政の動向は、現存の藩政史料からかなり明らかにされていることからも、こうした史料の中に海岸掛に関する記述が見当たらないということは、田原藩の海岸掛の存在そのものに検討の余地があるといえよう。

海防問題を担当する田原藩の海岸掛に類する海防掛について、当時の太平洋沿岸の水戸・和歌山・土佐・宇和島・薩摩など各藩の実体をみてみると、管見のかぎりでは、十九世紀、アヘン戦争以前に海防掛の設置に動き出した藩は、唯一天保三年の水戸藩のみである(3)。田原藩にとって崋山が年寄末席に起用された天保三年という年は、財政難のうえにいくつもの災厄が重なった年であった。

田原藩は一万二千石余りの譜代の小藩で、石高のわりには家臣が多く、そのため収納額の七割ほどが家臣の給米に費され、慢性的財政難が続いていた。すでに安永の頃（一七七〇年代）には京・大坂の金主からの融資も途絶えがちで、家臣には「引米」と呼ばれる減俸制度がなかば恒常化していたという(4)。

天保期に入っても藩財政は一向に改善されず、この天保三年には俄かに出費がかさみ、五月までにすでに千両近い欠損を生じたため、藩首脳の間で議論が沸騰し、ついに担当者は病と称して出仕を拒むにいたった。そこであらためて藩財政の建て直しを図るため、同年五月十二日、崋山が年寄末席に起用されている(5)。

この時期、水戸藩以外どの藩も海防掛に類する掛りを設けていないことからも、危機的情況にある藩財政の建て直しを迫られている田原藩が、さしあたり急を要しない、しかも少なからぬ支出が予想される海防問題を自発的に取り上げて海岸掛を設けたり、緊急の財政建て直しのために抜擢した崋山にそれを担当させることは考えがたい。

天保の飢饉と田原藩

崋山が年寄末席に起用された翌天保四年（一八三三）の夏は異常低温のため奥羽・北国・中国地方は不作となり、八月に関東は大風雨で作物の損毛が甚だしく、やがて全国的に凶作・飢饉となり、各地に一揆や打ちこわしが頻発した。いわゆる天保の大飢饉の幕開けであった。翌天保五年も諸国の飢饉は続き、江戸では春から夏にかけてたびたび貧民に救米を施すほどであった。六月には江戸の千住で打ちこわしがあり、大坂でも打ちこわしが起っている。

一方田原藩では以前からたびたび家中の減俸を行ってきたが、天保元年七月以来、三ヶ年の期限をもって格別の減俸を行っている。しかもこれに引続いて天保五年からはさらに五ヶ年間の厳倹令が出された(6)。この天保五年五月には奥州辺は飢饉のため餓死者が出るほどで、米価高騰という報が伝わると、田原藩ではただちに領内に米穀倹約貯蔵を指令している(7)。

こうした緊迫した情況にありながら、軍備の方は困窮や飢饉とはかかわりなく進められていた模様で、城内の角場で射撃を行うことや、遠見番所の維持、火薬や木筒の製造なども行われた。またこの天保五年二月三日に藩では、祐筆見習山本雅兵衛、筆耕鈴木九十九に命じて、田原領内の海岸沿いの村々における断崖・欠間の絵図を作り、江戸表へ送っている。これは異国船来寇時の対策準備のためであるという。(8)

翌天保六年、それまでの全国的に打ち続く凶作・社会不安の報に田原藩では、予想される飢饉に備えて、穀類貯蔵のための義倉の建設が始められた。この工事には、士・農はもちろん、僧侶・山伏まで領民一同が参加して十一月末に三十坪二棟の倉庫が竣工し、崋山の筆になる「報民倉」の扁額がかかげられた。(9)

こうした不穏な情勢の中で田原藩は同年六月、突如藩内に「海岸手当之事」を発令している。(10) これは幕府の指令によるものではなく田原藩が自発的に行ったものであるが、内容は古色蒼然たるもので「草《ぞう》リ《り》取《とり》」や「具足持」などを多く含む編成などは、西洋式兵法を研究しているといわれる崋山を海岸掛にいただく田原藩の戦術としては少々意外といえよう。これは古くから田原藩に伝わる陣立てをそのまま「海岸手当之事」として発令したものとみられる。しかも今回のそれも幕府の指令に応じたものではなく、田原藩が自発的に行ったもので、諸国の凶作・飢饉が伝えられ、田原藩も報民倉の建設など藩を挙げて飢饉対策に腐心しているときに、あえて打ち出された海防対策であることが注目される。

田原藩の代助郷

崋山が田原藩の海岸掛に就いたといわれる天保三年(一八三二)の夏頃、崋山は、田原藩が幕府から東海道の白須賀・二川の両宿への代助郷を命じられるであろうという情報を入手すると、彼はただちにその返上運動に着手している。崋山は幕府からの代助郷の下命が近々に迫っており、事態が緊急を要するため、本来藩の重役の了承を得なければ外部に出せない領内の絵図面などを独断で差し出したという[11]。

こうして三年後の天保六年にも再度代助郷の下命があった模様で、そのため崋山はその冬から代助郷返上運動に専念していたといわれ、九月には幕府に「助郷免除歎願書」を提出している。

ところで代助郷とは、常に労役に服する定助郷が疲弊したときなど、指定された村が、一定の期間代って出るのが代助郷（以下「助郷」と略記する）で、いずれにしても一家の働き手を助郷に駆り出されることは農民にとっては是非とも避けたい負担であった。また宿駅の問屋場では、人足たちの博奕が公然と行われているのが普通で、村の若者がこうした仲間と交って堕落することは、よくあることであったという。

田原藩への助郷の下命が噂される前年の天保二年、崋山は藩主三宅家の遺跡調査のため、中山道の熊谷宿・深谷宿などを通って旅行しており、その際の記録「訪瓻録《ほうちょうろく》」には、宿場の悪習に染まる農民について見聞を記し、次のように農民の堕落を憂慮している。

熊谷駅の互市、毎月六回〈二・七〉此日土人皆出て売販〈ウリカイ〉す、故に駅の酒肆肴核を盛にしこれを待つ。大肆〈オオミセ〉は歌妓〈ゲイシャ〉を設け、村漢〈ムラノワカイモノ〉を蕩〈トラカ〉す。然れども此地土妓を厳制し、私窠子〈カクシバイショク〉も置く所なし。唯深谷駅街皆これなり、故を以て村少年或は嫖蕩〈ドウラク〉し、悪風まゝ行るもの此両駅あるを以て也。賻〈バクチ〉の小なるものは樗蒲握槊〈チョボイチメクリ〉大なるものは米賭〈コメバクチ〉にして、都人と輸贏を決す。得意者は一挙に高貲戸〈タカモチビャクショウ〉となる。然れども家産を落すもの多く、起家するものは少し[12]。

崋山が通過した熊谷宿も深谷宿も賑やかで、芸者屋も盛んで近在の村々の若者たちを堕落させているという。また博打も盛んで若者が悪風に染まり「家産を落すもの多く、起家するものは少し」と宿駅の悪習を記し、崋山はそれに続けて「不悔《くゆざる》は人情の常にして、唯此地のみ然るに非る也」と戒めている。崋山はこうした宿駅の悪習を眼のあたりにして、東海道の宿駅に近い田原藩の村々を思い、助郷が農民の労働力を奪うばかりでなく、農民そのものを破滅させてしまうことを恐れたものと思われる。そのため田原藩に助郷が命じられると、崋山はその返上を願う農民の期待を一身に担って奔走していた。

その後、天保六年助郷が正式に下命されると、崋山は同年九月、藩主三宅土佐守の名で「助郷免除歎願書」を幕府に提出した。その中で崋山は、助郷返上の理由として終始一貫田原藩の海防の重要性を次のように強調している。

私領分東海者際限も無之大洋にて、賊船南北往来之船路に可有御座候。（中略）然上私城地而己海中ニ押出、三河一国之眼目ニ相成候義候得は、ケ哉与当惑至極仕候。赤坂御役所始隣領夫々注進申遣候人馬等も、皆同郷之者申付手筈致置候。若助郷被仰付候節ハ、非常之節之手当申付方如何仕哉、甚当惑之事ニ御座候。(13)

崋山はこの歎願書ではまったく触れていないが、たとえ助郷免除歎願の真因が、農民の負担強化や彼らの堕落を恐れたためであったとしても、宿場に近い田原藩の場合、幕府を納得させる見込みはなかったであろう。そこで崋山は「元文四未年已来数度被仰出（中略）近来追々厳重被仰出候」と、幕府の海防令を論拠として助郷免除の理由づけをしたものと思われる。そのため田原藩では、財政窮乏の折にもかかわらず、急遽海防に関する実績を整える必要が生じたものとみられる。

そのようにみた場合、藩財政の逼迫や折からの飢饉とも関係なく火薬や木筒の製造を行ったり、また三ヶ月前の同年六月に田原藩が領内に指令した「海防手当之事」がそれまでのように幕府の海防令を受けて発令されたものではなく、急遽田原藩が自発的に行っていることもその間の事情を物語るものといえよう。またこの「海防手当之事」の内容が旧式で非実戦的であったとしても、この場合なんら問題ではなかったであろう。

翌天保七年一月には、助郷免除歎願のため、田原藩から地方代官および一二ヶ村総代の三名が江戸へ向い、四月下旬に帰国している。こうして天保三年の夏以降数年にわたる崋山の奔走の結果、天保七年の春頃、田原藩はようやく助郷の撤回に成功した模様である。

これを喜んだ田原の農民たちは、飢饉もおさまった天保九年四月、地方代官加藤牧右衛門を通じて、江戸の崋山へ謝礼として米代三十両を贈ってきた。しかし、崋山はこれを固辞して受けず、その金を地元田原の役人に委ねて、村々の復興資金にするよう依頼している。(14) こうした崋山の清廉な人柄もさりながら、助郷役を逃れた農民たちの喜びがいかに大きかったかを物語るものであろう。崋山は田原藩の執政として、助郷によって生ずる農民の負担の強化や宿場での堕落を恐れるという真意は隠したまま、幕府の重視する海防問題を逆手にとって助郷の回避に成功したといえよう。

崋山はこの「助郷免除歎願書」をはじめ、のちの『慎機論』や奉行所での「口書」などにおいても表向きには、田原藩における海防の重要性を強調しているものの、後年崋山が藩の重役に宛てた書簡では、田原藩の海防について本音ともいうべき現実的対処を求めている。

崋山は、天保九年頃と思われる書簡の中で、海岸に兵器を備えて海防を厳重にすることは非人道的行為であり、かえって外国からの攻撃を招く恐れがあるとし、そのため「田原ハ武ヲ搆シ徳ヲ敷キ、天地の間ニ独立致、掌大の地ヲ百世ニ存候様御工夫第一也。何テモ徳ニ無之テハ危シ(15)」と人道的対処を示唆し、全国に「異国船無二念打払令」が出されているにもかかわらず、婉曲に無謀な打払い策を戒めている。さらに崋山は田原藩の海防の一環を成すといわれる調練も、やむをえず取り組んでいたとみられることが藩の重役に宛てた次の書簡にもうかがえる。

唯調練ハ御窺済ニ付サッハリ止候ハ、響出来可申候。十年の間ニ度計も有之候ハ、可然候歟。去年助郷被仰付候内、調練誠贅疣《ぜいゆう》相成候。(16)

財政逼迫によると思われる藩内から出た調練廃止論に対し、すでに助郷返上が成功したため、調練が贅疣(無用なもの)になったものの「響」を恐れて、廃止もできないという。この「響」とは、わざわざ幕府にお伺いを立てて実施した調練を廃止した場合、これまで海防の重要性を掲げて、助郷の下命を回避してきた田原藩への政治的影響を意味しているのであろう。そのため「十年の間ニ度計も有之候ハ、可然候歟」という、「十年の間ニ度」では調練も形式的なものにならざるをえないであろう。しかし、たとえ形式的であっても実施しなければならなかったのであろう。このようにみた場合、表向き海防のためという調練は、実際は政治的な色彩の濃い、すなわち助郷返上問題と密接に関連していたことがうかがえる。

加茂一揆と火術操練

田原藩は天保七・八年(一八三六・三七)の大飢饉の際、二年続けて農作物の損毛はそれぞれ一万一千石余、飢民極難者は一万余人といわれ、(17)むろん誇張があるとしても、これは全領民の約半数に当るほどの厳しいものであった。飢饉の影響は田原藩にかぎらず全国的なもので、天保七年のそれは特に厳しく、奥羽地方では多くの餓死者を出し、八月には甲州一円を巻き込んだ郡内騒動が起きている。翌九月には田原にほど近い西三河の加茂郡でも一揆が勃発した。いわゆる「加茂一揆」である。一揆勢は矢作川東筋の村々を引き入れて、総勢二万余人が村や町を押し歩き、各地で打ちこわしが起った。これに驚いた田原藩では急遽藩士の所持する武器の一斉調査を行うとともに、一揆鎮定後にもかかわらず、九月三十日には一揆に対処するための人数配りを家中に指令し、十月八日には一揆勢に対する鉄砲の使用伺いを幕府に提出して、即日許可されている。

この一揆に緊張した田原周辺の吉田・挙母・西尾・刈谷等の諸藩は、互いに連携をとりつつ情報を交換し対応に追われている。(18) しかし、こうした非常事態にもかかわらず、田原藩の操練、特に火術試射は活発に行われていたことが注目される。

田原藩では天保五年以降、同五年と七年に一回ずつ行われていた火術試射は、加茂一揆の翌天保八年には五回行われている。しかし飢饉のピークを過ぎた天保九年には二回に減り、同十年には一回のみ、同十一年以降同十三年までは一回も行われていない。(19) そこで、極端に火術試射の多い加茂一揆の翌天保八年についてみると、特にこの年の春は、前年の凶作の影響から早くも春窮の様相を深めていた。

この天保八年の正月から三月にかけて田原藩では、岡崎藩の荻野流砲術師範井上杢衛を招いて藩士に火術の教授を行っている。また井上は七月、九月、二月にも来藩して火術を指導している。この岡崎藩は前年の加茂一揆の際、藩境を越えて出兵し、他領ながら直接その鎮圧に当った藩である。

ところでこの年二月十九日には大坂で大塩の乱が起っているが、田原藩ではその直後の二月二十四日、同二十六日、三月一日と、わずか数日の間に三回も火術試射が行われ、その後七月十六日、八月二十七日にも試射が行われている。また前年の加茂一揆から一年目の九月に入ると、火術の備組打ちや足軽の足並調練など、部隊訓練が行われ、さらに大砲の移動も考えるようになって、火術用砲車を製造させたという。[20] 推測すれば、これらは前年の加茂一揆の際、挙母藩による一揆勢に対する発砲が、その鎮圧成功のきっかけになった、という経験から、田原藩でもあらかじめ火術操練に名をかりたデモンストレーションによって領民を威圧し、一揆の勃発を牽制することを意図していたものとみられる。

崋山は三河の加茂一揆が起った天保七年の飢饉の際、江戸から田原の重役に対し救荒対策を書き送っているが、その中に次のような一節があることが注目される。

一、武備は忘れ無之事。
御人数出候時、こし弁当御わすれなき様に、兵粮さしつかへなく取まわし、世話とゞき候様に、常々をしへ候事。其段呑湯手当の工夫第一也。ドブの水など呑候得ば、あとにて病人出来候事。
一、足軽不足に付、村兵増人御心がけ常々目を付置候事。
一、テッポウ調練第一之事。
一、味方同志一和第一之事[21]

ここにある「村兵増人御心がけ常々目を付置候事」「味方同志一和第一之事」などは、「村兵」（農兵）が一揆側へ寝返ることを警戒したものとみられる。この当時の田原藩は、飢饉にともなう領民の蜂起を恐れており、したがって崋山は海防対策ではなく暗に一揆対策を指示したものと思われる。

田原藩が岡崎藩から砲術師範を招いて教授を受けた天保八年は大飢饉の二年目で、前年に引き続いて田原藩では領内の飢人も多く、そのための救済費その他の臨時費は合わせて二千三百両余りを費やしており、折から藩主康直は在所凶荒見とりの名目で、二度も幕府に参府の延期を願い出て、田原を離れることができなかった。[22]

こうした緊張の続く中で田原藩は、領内での海防操練を名目として甲冑陣具および大砲の使用を幕府に願い出て、翌天保九年二月十五日に許可を得ている。[23] しかし、当時の田原藩の飢饉に疲弊した情況を考えると、その目的を海防操練のためとは考えがたい。いずれにしても名目はともあれ火器をともなう操練は、挙母藩の鉄砲による加茂一揆鎮圧の例をあげるまでもなく、領民の蜂起を牽制するためには有効であったものと思われる。

田原藩の褒賞

田原藩は天保七・八年の大飢饉の際にも犠牲者を一人も出さず無事乗り切ったことにより、天保九年八月、崋山の内願によって幕府から褒詞を受けて「諸侯の御手本」と称賛されたり、上金をまぬかれることができた。また操練を行ったことも、それなりに評価された模様で、その結果江戸での田原藩の名声はにわかに高まり、そのひそみに倣おうとする諸藩から助言を求められるほどで、そのため田原藩では繰練も本格的に取組まざるをえなくなって当惑している様子が次に示す崋山の田原藩家老宛書簡にうかがえる。

此度大坂ニ付考候ニ、古来無之大凶却而幸ひと相成、先ハ大礼ヲまぬかれ、操練ヲ致御褒詞ヲ頂キ、上金ヲまぬかれ候のミならす、御褒詞にて他家様と一例をまぬかれ、御詰年に大坂御加番、公儀御首尾上々、御代替り之始メほめられ候もの鍋島侯、遠山侯次ニ三宅侯、諸侯之御手本也。操練もチト串戯《じょうだん》なれとも、両三日已前浜町之牧野様より御相談有之〈仙右衛門方へ来ル〉私方へハ大藤堂様より窺書キ借リニ来、雲州様も同様。水府様にても、来年あたりハ今一度御国ニ被為入候。三宅すら願済候間、操練甲冑御願被成度旨、松延玄定と申ものより問合有之候。右之通小藩之風ヲ大国へ移スと申もの、名目人聞にて実ニ復シ不申候而ハ、扨々吹毛求疵にて候間、能々御戦競可被下候。(24)

これは大塩の乱など連年不穏な情勢の中で田原藩は操練を行い、無事飢饉を乗り切ったことにより、佐賀藩などとともに幕府から褒詞をいただき、しかも上金もまぬかれたという。これは崋山が田原藩主への褒詞を幕閣に内願した結果であった。(25)崋山のいう「小藩の風」とは、この場合「操練ヲ致御褒詞ヲ頂」くことによって田原藩の抱えている懸案を有利に処理するという小藩の苦肉の策を意味しているものと思われる。また「操練もチト串戯なれとも」とあるように、田原藩の操練は実戦的なものではなく、多分にデモンストレーション的な操練であったものとみられる。しかし、こうした田原藩の内情とはかかわりなく、長岡・津・松江・水戸などの諸藩は、褒詞を受けた田原藩を手本に、それぞれの手続き書式を崋山らに尋ねたり、甲冑の使用を幕府に願い出て操練を始めようとしている。そのため、それまでの助郷回避のための多分に政略的な田原藩の「海防操練」も「吹毛求疵」を恐れて具体的な実施を迫られていたことがうかがえる。

慢性的な窮乏下にあり、さらに飢饉に見舞われた田原藩にとって、操練火術の出費は少なからぬ負担であった模様で、天保十年頃とみられる藩の重役からの諮問に答えた崋山の書簡には「操練火術御省費は宜敷、止きりは如何や」(26)とあり、また後年蟄居中の崋山から同じく藩の重役に宛てた書簡にも次のように述べられている。

操練は御用達も左様申、又は家中にても中にはいらぬ事と申族もあるべし。左れとも止め切には相成申間敷、此間申上候通。(27)

藩財政逼迫の下で行われる操練は、たとえ形式的なものであっても、崋山の深謀遠慮を知らぬ人にとっては理解しがたく、まさに無用の出費と映ったものと思われる。したがって財政再建の中心的存在である用達商人はむろん、家中にも反対論があったであろう。しかし、すでに助郷問題以来、田原藩の海防が幕府や諸藩から注目されていることから、海防路線の一環としての操練を「止きり」にはできなかったものと思われる。こうした内密の事情があったことを末尾の「此間申上候通」の一句が示しているように思われる。

なお以上のように崋山は、藩財政の窮迫のため、操練には消極的ではあったが、洋式武器・銃陣の導入には前々から強い関心を抱いていた模様で、崋山から藩の重役に宛てた書簡(28)には「操練は今一度本間にヤリ候方可然候」とあり、また二挺の剣付銃を購入して崋山は「年来の望相遂げ申候」と感懐をもらしている。ただし、崋山が洋式銃器・銃陣に関心を抱き、兵備の洋式化を望んでいたとしても、それは西洋式兵備の優秀さを知る西洋研究者としては当然のことであろう。

崋山は「助郷免除嘆願書」以来『慎機論』および蛮社の獄における「口書」においても田原藩の海防の重要性を強調してきた。事実、天保前半期における田原藩の海防に関する動きはにわかに活発化している。田原藩の海防問題の発端は、本来の海防それ自体が目的ではなく、むしろ天保三年に幕府から下命のあった代助郷の回避を目的とした政略的なものであった。その後田原藩の海防操練は幕府や諸藩の注目するところとなり、その結果崋山執政時代の田原藩では、建前としても海防を唱えざるをえなかったものとみられる。また天保八・九年を中心とした一見海防のための操練の高まりを示すかのような一連の動きも、天保の大飢饉、大塩の乱、特に三河の加茂一揆の勃発と密接に関連していたものとみられる。その後の崋山の海防論者のような言動には、藩の政略的意図を隠すためと『西洋事情書』などにみられるような崋山自身の肯定的な西洋認識をカモフラージュするためにも、表向きは建前としての海防を強調し、ときにはあえて保守的な海防論者を装う意図的な韜晦があったものとみられる。その結果、多分に政略的な田原藩の操練が、幕末の攘夷論者から泰山北斗と仰がれ、少なくとも西洋認識においては崋山の対極に位置するともいうべき水戸藩主徳川斉昭によって次のように高く評価されたり、それを進めた崋山が賞賛されるという皮肉な結果を生じている。

此度承り申候へば三宅土佐守義小大名にハ候へ共、兼て家中へ達置不時に夜八ツ時比に城内にて烽火を上け候と皆々かけ集り、甲冑にて海岸へおし出し夫より原え参り調練いたし候由、扨々外ながら面白き事と被存候。此後国へ下り申候ハヾ、猪狩等も甲冑にていたし申度事に候。三宅の義委細の義承り申候て、跡より可申聞候。扨々外々にハよき家老有之浦山敷事に候。[29]

崋山は、助郷問題にみられるように、海防の重要性を掲げて幕府の命ずる助郷の撤回を図ったり、海防の火術操練に名を借りたデモンストレーションで領民の蜂起を未然に防ぐなど、海防問題を巧みに利用しているが、彼が年寄末席に起用され、海岸掛を兼務したという天保三年の大晦日の日記には次のように記している。

このとし窮迫きはまり、衣服書物等質にいれて年をむかふ、ことし八月来此難船の事にかゝづらひ、又助郷御免の事あづかり、又御留守居の後職むづかしく、又麹町二丁目より失火、又琉球人の通行にて、唯塵俗に埋もれはて。半年の夢（ママ）の如くなりき、誠に身に才得はなけれど、たゞ多くの百姓を蘇せしめし事かぎりなきよろこびなるのみ。[30]

「難船の事」とは、崋山が年寄末席に就任した際、ただちに処理しなければならなかった難題であった。これは紀州藩の船が田原の沖で難破した際、流失した積荷を田原の領民が拾って横領した事件で、紀州藩はこれを幕府へ訴え出たため、その解決は困難を極めた。崋山はその広い人脈を利用して奔走し内済の掛合いに努め、総荷代五百五十両に趣意金百両を添えて陳謝したが、荷主はこれに応じず、崋山はその解決に苦しんだという。

崋山は年寄末席に起用された天保三年をこのように回顧しているが、崋山が奉行所の「口書」で強調した海岸掛就任についてはまったく触れていない。また崋山は難船のことともに「助郷御免の事」などを海防問題ではなく「多くの百姓」のこととしていることも注目されよう。このように、助郷回避問題、難船のこと、飢饉対策、三河の加茂一揆への警戒などに翻弄される田原藩の実態をみると、どの藩もまだ力を入れていない海防問題を、小藩田原が云々する余裕があったとは考えられず、田原藩の記録にも海岸掛に関する記述は見当たらない。

以上のことからも崋山が天保三年に海岸掛に就任したとは考えられず、また海岸掛にともなう職掌を動機として西洋研究に着手したという「口書」の供述も信憑性に欠ける。このようにみると、崋山の主張する「海岸掛就任」は、自身の西洋研究を海防問題に結びつけて、西洋研究の正当性を弁明するために、あえて作為がなされたとみるのが妥当であろう。したがって崋山が田原藩の海岸掛に就いたことにより「崋山が本格的に蘭学の研究をはじめるのは、これ以来のことで、直接の目的は海防である(31)」とか崋山の洋学研究が「藩権力の庇護の下でなされた(32)」とする説はいずれも事実とは考えがたい。

崋山の「口書」と海防

通説では、崋山は海防問題に熱心に取り組み、崋山の本格的西洋研究も海防を目的として始められたという。しかもその動機は、彼が天保三年に藩の海岸掛（海防掛）に就任したためで、高野長英や小関三英との交流も、崋山が海防のために西洋を研究する必要から始まったという。これは奉行所でとられた「口書」にも記されていることで、一見その信憑性に疑問の余地はないかにみえる。しかし、崋山の「口書」はもちろん崋山像を裏づける重要な史料の一つであるが「口書」そのものは、奉行所の取調べにおける供述書としての性格上、すべて事実が正しく語られているとはかぎらず、むしろ、供述者の置かれている立場などによってその内容はかなり左右されるであろう。崋山の場合は、田原藩の年寄役として藩主や藩に迷惑がかかることを恐れ、また師友に迷惑が及ばぬよう、ときには偽証し、不利な事実は可能なかぎり隠したであろう。したがって、奉行所の取調べという特殊な情況下で書かれた「口書」の内容をすべて事実とみるのではなく、崋山は何を、なぜ隠さねばならなかったのかに注目すべきであろう。

天保十年五月十四日、崋山はいわゆる蛮社の獄で捕えられ、二ヶ月余りのちの七月二十四日、北町奉行所で「口書」をとられている。その冒頭の部分は次のように記されている。

私儀（中略）八《ママ》ヶ年以前辰年、年寄末席被申付相勤罷在候。異国船渡リ候節、海岸心得方之儀ニ付、前々之御書付並文政八酉年被仰出候趣モ有之、主人領分三州田原儀ハ遠州大洋へ出張候場所ニ付、私儀海岸掛リ被申付、於御当所右用向相心得罷在候。右ニ付異国船渡来ノ節、不調法無之様常々致心配、西洋蛮国ノ事情、教政軍事等ノ儀心得居申度、御留守居松平内匠頭様与力青山儀兵衛借地町医長英、岡部内膳正様医師小関三英、水戸様御家来幡崎鼎等ハ、蘭学ニテ名高キ者ニ付知ル人ニ相

成、長英ハ主人致吹（推）挙出入扶持相送リ、追々蘭書翻訳相頼、難読得廉理義難解者右三人へ承合、蛮国の風俗其外一通ハ右書中ニテ相心得罷在候得共（以下略）[33]

この「口書」の末尾においても再度海岸掛としての職掌を「私義海岸掛相心得罷在候ニ付、海防手当ハ勿論蛮国ノ事情ニ通シ、主人ノ輔翼ニ相成度心底ニテ」と強調している。

崋山は天保三年五月、年寄末席に挙げられると同時に、海岸掛を兼務することになったため、その職掌上、藩の海防を憂慮し異国船の来航に備えて、高野長英・小関三英・幡崎鼎らについて西洋のことを学んだという。要するに崋山の西洋研究は幕府の海防指令に則ったもので、高野長英・小関三英らの蘭学者と交わった理由も海防のためであることを強調している。しかし、すでにみたように、田原藩の助郷問題に絡む海防の実態からみて、この奉行所における「口書」の陳述は事実とは考えがたい。

崋山が奉行所に召喚される数日前、目付方が崋山の動静を探索していることを知った弟子の椿椿山が、崋山にそのことを告げて注意を促すと、崋山は「表立ち御尋あらば、明白に申披くべき覚悟なり[34]」と述べたという。しかし、入獄直後の五月十七日付、獄中から椿山に宛てた密書で崋山は「此上如何可相成や、私正実之言行はかりにてハ無実押付ラレ候様ニ存候[35]」と記している。

崋山は当初奉行所において事実を陳述することによって、容疑は当然氷解するものと考えていたようである。しかし、吟味が進むにつれて、連累者を生むことを恐れた崋山は、事件の拡大につながるようなことは、たとえ事実であっても極力秘匿したものとみられる。

後年田原蟄居中の天保十二年九月十二日付、福田半香宛書簡に「一身ヲ棄テ諸友の名ヲ出サズ、又老母アルヲ以直言不致候[36]」と前々年の取調べのことを記したとみられる一節があることからもうかがえよう。交友関係の広い崋山は、事件の連累者を最小限にとどめるため、特に蘭学関係の師友の名を隠すことに苦心していたことがうかがえる。最小限とは、この事件ですでに囚われている高野長英、捕縛を怖れて自殺した小関三英、そして告発状に名前があり、すでにシーボルト事件にかかわる旧罪露見のため、伊勢菰野藩に預けられている幡崎鼎の三名である。彼らは「口書」の中に再三登場するが、いずれも崋山が田原藩の海岸掛に就いたといわれる天保三年前後に知りあったことになっており、しかもこの三名のうち小関三英はすでに自殺しており、高野長英および幡崎鼎も今や庇うことの難しい境遇にある蘭学者である。ただし崋山はこのほかに「口書」の中で例外的に蘭学者湊長安の名を「同小記ハ去年中参向ノ甲比丹ニイマン説話ノ趣、青山因幡守様御家来湊長安其外伝聞ニ承候儀ハ時々書留致シ」[37]とあげている。しかし、湊長安は前年の天保九年六月七日すでに鬼籍に入っており、これは崋山の巧みな供述ぶりがうかがえる一例といえようか。

崋山は海岸掛就任を強調することによって、その西洋研究も田原藩の海岸掛という職掌上、なかば公的資格において幕府の海防令に則ったものという名分を得ることができ、蘭学関係の連累者を天保三年とする崋山の海岸掛就任以前の師友には拡大させず、高野長英・小関三英・幡崎鼎ら三名の最小限にとどめることができたといえよう。

また崋山は『慎機論』を書くにいたった動機について、その冒頭で田原藩の海防にひきつけて次のように述べている。

我田原は三州渥美郡の南隅に在て、遠州大洋中に迸出し、荒井より伊良虞に至る海浜、凡十三里の間、佃戸農家のみにて、我田原の外、城地なければ、元文四年の令ありしよりは、海防の制、尤厳ならずんば有べからず。然といへども、兵備は敵情を審にせざれば、策謀の繇《よっ》て生ずる所なきを以て（中略）聞見の及ぶ所、記録致し措ざる事なし。(38)

このように崋山は、田原藩における海防の重要性と、彼自身の海岸掛としての職掌のために西洋を研究することになったとしている。奉行所での取調べでは、崋山の西洋尊崇が追及されており、崋山はそれを打ち消すためにも、事実の如何を問わず、海防のための西洋研究であることを強調したものとみられる。

従来の定説ともいうべき諸説にみられるように、崋山を「海防に熱心な人物」とみた場合には、崋山と江川とは同志ということになり、開明的といわれる海防家としての江川を重用する水野も開明的ということになる。そもそも、のちにみるように水野忠邦は鳥居耀蔵を全面的に信頼し、崋山らの断罪に総指揮をとっていることからも、崋山を海防に熱心な人物とみることは、いくつもの矛盾を重ねることになって、こうした複雑な矛盾、わかりにくさが従来蛮社の獄の研究を妨げてきた一因でもあったといえよう。

崋山の対外的危機意識

崋山は表面では対外的危機を強調し、海防の不備を憂えているかにみえる、しかし、彼の真意は『初稿西洋事情書』や『外国事情書』などにもうかがわれるように、むしろ無謀な海防政策に反対し、ひそかにわが国の開国を期待していたのであった。崋山が海防問題に目覚め、深刻な対外的危機意識を抱くきっかけになったといわれる、田原藩の「海岸掛」への就任の強調や海防の重要性を掲げた助郷返上運動にみられる彼の韜晦ぶりを考えるとき、崋山が抱いていたという深刻な対外的危機意識なるものの信憑性が問われるべきであろう。

崋山が深刻な対外的危機意識を抱いていたことを示すものとしてあげられるものに、崋山の獄中書簡がある。崋山は蛮社の獄で捕われた際、獄中から弟子の椿椿山に宛てた書簡の中で「乍去、外異の憂タル事ヲ思過シ候得は、又絵事も止メニ致可申哉など、心かワリ候事も有之候[39]」と述べている。対外的危機を案ずるあまり画業の放棄も考えたというのである。はたして崋山にとって「外異が憂い」であったのであろうか。崋山は西洋の社会制度などをわが国や唐山の及ぶところではないと賞賛し、また西洋諸国はみだりに兵を挙げないと認識していることはすでにみたところであるが、そうした西洋観に基づいてモリソン号の打払いにも反対した崋山にとって、何ゆえに「外異」が憂いだったのであろうか。むしろ崋山にとって憂いとは、『初稿西洋事情書』にもみられるように、鎖国政策および鎖国を前提とした幕府の海防政策ではなかっただろうか。そこで崋山が獄中からこのように椿山に書き送った理由を考えてみると、それより一ヶ月ほど前の五月二十三日付、同じく椿山宛て獄中書簡で崋山は次のように述べていることが注目される。

私考へ候ニ、御政事ヲ誹謗致、外国ヲ尊奉致スと事《(ママ)》、罪名ニ相定リ可申哉と存候。然ル上ハ軽ク候而遠島御預ケ之二ツニ御坐候。扨唯今ニ至リ誠ニ恐怖致候ハヽ、妻子ハ一生不相見とも宜敷候得共、老母計ハせめて終生事へ申度候ニ付、何卒御預ケニ相成候ハヽ、御在所へなりとも参リ度候得共、多分六ケ敷生別レなるへし。私心御察シ可被下候[40]。

と恐怖をもらし、これに続けて救援を依頼している。

このような心境にあった崋山としては、奉行所の追及を逃れるために、まず「外国ヲ尊奉」していなかったこと、むしろ外国を憂慮していたことを強調する必要に迫られていたものとみられる。また、崋山は椿椿山をはじめ、崋山の師友・門人たちが獄中の崋山の救援運動に立ち上がっていることを知って、自分が取調べに対し、その訴因となった言動は、対外的危機感の発露であったこと、すなわち「外異が憂いであったこと」を強調して、法廷闘争の理論的柱としていることを救援運動に加わった人々にも知らせて、両者の運動に齟齬を生じないようにするためにこのように書き送ったのではなかろうか。したがって崋山のいう「外異の憂タル事」云々は崋山の真意とは考えがたい。こうした崋山の獄中書簡や奉行所での口書などは、特殊な情況の下で書かれたものだけに、そのすべてが事実とはいいがたく、むしろ法廷戦術との関連もあったものとみるべきであろう。

田原藩には村上定平のような幕末の知名の西洋砲術家が現れているが、当然のことながら崋山との接点は乏しい。ただし、蛮社の獄ののち、天保十二年五月、村上が徳丸ヶ原の演練に参加した直後、田原蟄居中の崋山は村上に書簡を送って次のようにその砲術修業を激励している。

真君、足下ノ状持参、拝見候処、アマリニ感ジ落涙相与ニ仕候。一々再応クリカヘシ歎息余有之、唯々志士哉々々ト申合候。

一　扞城ノ神器、開国已来創始、万年ノ基ヲ組立候事ナレバ、倉詰ノ文字ヲ製シ候ヨリ、今日ノ急務、神鬼必哭シ、万神必加護アルヘシ。然レハ一時万年ノ基本、一刻半時も其機会也。殊ニヨレハ、上覧モアルヘシ。御出精所祈也。(41)

のちの「無人島」の節における、崋山の無人島渡航願の別紙にもみられるように、この書簡にも不自然に大仰な表現がみられる。したがって、この崋山による村上の砲術修業の激励が、はたして崋山の真意であったのか疑問の余地があるように思われる。

崋山の対外的関心については、崋山が「深刻な対外的危機意識」を抱いていたとか、さらに「対外的危機意識に触発されたナショナリズムの覚醒」[42]があったとする説もある。そのほか、彼が無人島行きを希望していたことも「深刻な対外的危機意識」[43]に触発されたもので、また江戸湾防備構想も「深刻な対外的危機意識」[44]の表れとするなど、崋山を海防論者とする前提のもとになされた説も少なくない。しかし、西洋への強い憧れを抱いてモリソン号の打払いにも反対した崋山が、西洋を仮想敵国のように警戒する「対外的危機意識」を抱いていたとは考えがたい。なお、海防にまつわる深刻な対外的危機感の表れともいわれる崋山の無人島渡海問題については「無人島」の節で触れるであろう。

崋山の評伝等において、対外問題に関連して常に言及されるのは海防論者としての崋山であった。しかも蘭学研究の動機も『慎機論』を書いたのも、高野長英・小関三英との交流もすべて田原藩の海防問題が動機であるとされてきた。しかし、以上みてきたように、崋山における「海防」は、多分に隠れ蓑として利用強調されたといえよう。したがって海防に関する崋山の証言をすべて事実とみることには慎重でなければならないであろう。

註

（1）佐藤昌介『渡辺崋山』吉川弘文館、一九八六年、八〇頁。
（2）田中弘之「渡辺崋山と田原藩の海防をめぐる一試論」（『駒沢史学』三六号、一九八七年三月）。
（3）『水戸藩史料』別記（下）、吉川弘文館、一九七〇年、一一一～一一二頁。
（4）『田原町史』中巻、田原市教育委員会、一九七五年、一六一～一六五頁。
（5）『全楽堂日録』（『近世文芸叢書』第一二、国書刊行会、一九七六年、一五頁）。

(6) 前掲『田原町史』中巻、六五三頁、一二八〇頁。
(7) 同、六五九頁。
(8) 同、六五九頁。
(9) 同、六六三頁。及び『全楽堂記伝』(井口木犀編著『崋山掃苔録』豊川堂、一九四三年、三五頁)。
(10) 同『田原町史』中巻、六五九~六六三頁。
(11) 天保三年八月十一日付、渡辺登・佐藤半助連名、鈴木弥太夫・川澄又次郎宛書簡(小沢耕一編『崋山書簡集』国書刊行会、一九八二年、六三~六四頁)。
(12) 『訪瓺録』巻上(『崋山全集』第二巻、崋山会、一九四〇年、五二~五三頁)。
(13) 前掲『崋山書簡集』一二八頁。
(14) 天保九年四月六日付、加藤牧右衛門宛崋山書簡(同『崋山書簡集』二二六頁)。
(15) 天保九年頃、六日付、田原御三人宛崋山書簡(同『崋山書簡集』二四四頁)。
(16) 天保四年以降、月日不明、藩重役宛崋山書簡(同『崋山書簡集』八二頁)。
(17) 天保九年閏四月二十二日付、幕閣宛て『褒詞内願書草案』(同『崋山書簡集』二二九~二三三頁)。
(18) 高橋磌一『洋学思想史論』新日本出版社、一九八五年、三一四~三一六頁。
(19) 前掲『田原町史』中巻、一二八〇~一二八六頁。
(20) 同、六七〇頁。
(21) 天保七年月日不明、真木定前宛崋山書簡(前掲『崋山書簡集』一七三頁)。
(22) 前掲『田原町史』中巻、一七一頁。
(23) 同、六七〇頁。
(24) 天保十年、真木定前宛崋山書簡(前掲『崋山書簡集』二七六~二七七頁)。
(25) 前掲『褒詞内願書草案』(同『崋山書簡集』二二九~二三三頁)。

(26) 天保十年月日不明、真木定前宛崋山書簡（同『崋山書簡集』二六八頁）。
(27) 天保十一年三月上旬、真木定前宛『藩政答書』（同『崋山書簡集』三四七頁）。
(28) 天保七年、五日付、真木定前宛崋山書簡（同『崋山書簡集』一四二頁）。
(29) 天保九年十二月二十四日付、調役宛徳川斉昭書簡（前掲『水戸藩史料』別記（下）、六九頁）。
(30) 『全楽堂日録』（前掲『近世文芸叢書』第一二、二二頁）。
(31) 前掲、佐藤昌介『渡辺崋山』八〇頁。
(32) 佐藤昌介『洋学史研究序説』岩波書店、一九六四年、一五三頁。
(33) 「口書」（小沢耕一・芳賀登監修『渡辺崋山集』第四巻「書簡（下）」日本図書センター、一九九九年、二九五〜二九六頁）。
(34) 清水正巡『有也無也』（前掲、井口木犀編著『崋山掃苔録』二七二頁）。
(35) 天保十年五月十七日付、椿椿山宛崋山書簡（前掲『崋山書簡集』二八〇頁）。
(36) 天保十二年九月十二日付、福田半香宛崋山書簡（同『崋山書簡集』五一三頁）。
(37) 前掲「口書」三〇〇頁。
(38) 『慎機論』（『日本思想体系』55「渡辺崋山・高野長英・佐久間象山・横井小楠・橋本左内」岩波書店、一九八二年、六六頁）。
(39) 天保十年六月二十七日付、椿椿山宛崋山書簡（前掲『崋山書簡集』三〇三頁）。
(40) 天保十年五月二十三日付、定平・椿山・春山宛崋山書簡（同『崋山書簡集』二八五頁）。
(41) 天保十二年五月十八日付、村上定平宛崋山書簡（同『崋山書簡集』四九二頁）。
(42) 前掲、佐藤昌介『渡辺崋山』二〇四頁。
(43) 同、一七八頁。
(44) 同、二〇四頁。

渡辺崋山と江川英竜

通説では、海防問題に熱心な伊豆韮山《にらやま》の代官江川英竜と渡辺崋山とは、ともに海防問題を憂慮する同志的関係にあったという。たしかに江川は崋山を海防の専門家と信じて、砲術のことなどを質問している。しかし、さきにみたように、海防に熱心な田原藩年寄という崋山像は、田原藩の助郷返上運動の過程で生まれた虚像であった。西洋を高く評価する崋山は、のちに『慎機論』を書いてモリソン号の打払いにも反対した開国論者であり、むろん江川が期待したような海防論者ではなく、砲術に関する知識も持っていなかった。崋山による海防の強調は、助郷返上運動のほかに、彼自身の西洋尊崇をカモフラージュするための隠れ蓑でもあった。しかし、崋山が再評価された明治以降においては、折から国防・軍事の礼賛という国家的風潮の中で、海防＝国防とみて、海防の強調が崋山の真意であるかのように誤解されてきたといえよう。また江川は国防の先覚者「洋兵開拓の殊勲者(1)」などと人口に膾炙し、現在でも崋山と江川はともに海防問題の同志と称されることが少なくない。

モリソン号の打払いに反対し、開国を期待する崋山と、西洋を警戒し最後まで鎖国・海防に疑問を抱くことのなかった江川とは、はたして「同志」であったのであろうか。海防をめぐる二人の交流についてみてみよう。

江川英竜自画像

江川英竜（一八〇一―五五）は通称太郎左衛門、号は坦庵、代々伊豆韮山の代官で、人格的にも優れた幕府に忠誠心の厚い能吏であった。崋山が江川英竜と知り合ったのは、天保八年（一八三七）で川路聖謨の紹介によるという。

崋山は獄中から椿椿山に宛てた書簡で、江川について次のように記している。

唯江印（江川）交一両年来也。御存之通、忠胆無二寛永已上ノ人物也。一体御近所川印（川路）より噂ナドにて相合候ニテ、此江印抑杞憂アリテ海岸隷スル所ノ地多、ソレ故地理承リ度、何卒入門ヲ願など御頼ナレドモ、御存之通人ニ咄候程之事も出来不申、況教ナド思ひもよらぬ事ニ御座候。然ルニ右令（江川）ハ直截ナル御人故、一字にても師ハ則師なりナド被申、迎送も御丁寧ニテ御座候。(2)

開国を期待する崋山が、異国船の撃退に腐心する海防論者として評判の高い江川にあえて接近したのは、崋山がひそかに江川の啓蒙を意図していたためとみられる。一方、江川は崋山が鎖国の撤廃を求める開国論者とは知らず、崋山が西洋にも詳しい海防論者という世評を信じて親交を結んだものとみられる。しかし、崋山は海防や砲術に関してはまったくの門外漢であった。

あるとき江川が、崋山は当然海防兵器に詳しいものと見込んで、砲術のことを質問した際、崋山にはその知識はなく、蘭学者大槻俊斎などに聞いた結果を江川に書き送っている。崋山はその書簡の末尾に

「私ハ御存知之通不案内ニ而御座候」[3]と砲術について不案内で回答が遅れたことを詫びているが、これはたんなる謙辞ではなかったであろう。ひそかに開国を期待する崋山にとって、西洋を打ち払う海防兵器について「不案内」なのは当然といえよう。

天保十年（一八三九）の正月から三月まで、江川は幕命によって鳥居耀蔵とともに江戸湾近海を巡視したことはよく知られている。江川はすでに天保八年に伊豆の海防や洋式軍艦の導入について幕府に建議しており、こうした海防への熱意を見込んで老中水野忠邦は耀蔵の副使に任じたものとみられる。

崋山の江川への啓蒙

鳥居耀蔵との江戸湾巡視を終えた江川は、復命書を作成するにあたって、崋山に西洋事情についての執筆を依頼した。江川が崋山に求めたものは、西洋諸国が世界中に植民地を広げつつある折から、西洋の危険性を明らかにし、わが国が早急に海防を強化しなければならない理由を記した西洋事情の概説書であったものとみられる。一方崋山は江川からの依頼を好機として、海防に熱心な江川に、鎖国・海防政策の誤りを気づかせようとしたものとみられる。日頃崋山がひそかに求めていたのは、日本の開国であり、来航する異国船を撃攘する海防の強化ではなかった。いわば崋山と江川は同床異夢ともいうべき関係にあったといえよう。

崋山は、江川に送る西洋事情に関する論策を、書き直しを含めて合計三部作成している。[4]これらを仮に「事情書」または、まとめて「事情書三部作」と略称することとする。この事情書三部作とは、作成順に『初稿西洋事情書』『再稿西洋事情書』『外国事情書』である。[5]

この事情書三部作には、イギリス・ロシアなど主要国の大まかな地誌・歴史・社会・軍備などが記されており、特に『初稿西洋事情書』では、そうした概説的記述のほかに崋山がひそかに江川の啓蒙を意図して記したとみられる西洋に関する肯定的紹介、鎖国・海防への婉曲な批判など崋山が江川に伝えたかったことがたくみに挿入されている。これらは蛮社の獄の際奉行所でとられた「口書」のように、特殊な情況下で書かれたものではなく、崋山の西洋認識と開国への期待が比較的率直に表されており、崋山の鎖国観・西洋観を知るうえで重要である。

崋山が最初に書いたのが『初稿西洋事情書』で、これは開国を期待する崋山の日頃の思いが出すぎていたためか、彼はこれを江川へ送ることを断念し、次に鎖国の撤廃をほのめかした部分などを除き、あらためて『再稿西洋事情書』を書いてこれを江川に送った。しかし、これも江川の意に添わず、そのため江川は崋山に書き直しを求め、崋山が再度書き直して届けたのが『外国事情書』である。最初の『初稿西洋事情書』(6)では、西洋の地誌と歴史の概略を記したあと、西洋が科学技術ばかりでなく、社会制度においても優れた国々であることを述べ、西洋の政治・社会制度について、次のように記している。

崋山は西洋の政治制度を直接称賛することは避けてはいるものの「申さば天子は役の如くに御座候。依之、身を治め、人を治るを第一の任と仕候故、開土造士を専と仕、学校の盛なる事、我邦・唐山の及ぶ所に無御座候」と記している。ついで「教学・政学・医学・物理を四学と称し、其余は芸術と申候。学校・術学の外、女学院・貧子院・病院等、すべて造士の道、恐らくは唐山に相勝リ申候」と、ここでも崋山は、わが国を直接批判することは避けながら、わが国が師と仰いできた唐山(中国)を引き合いに出して、西洋の社会制度の優れている点を指摘している。これら「病院」「貧子院」等については、のちに福沢諭吉がその啓蒙の書『西洋事情』でも取り上げているところである。

崋山はこのほかにも西洋は「年々歳々造士の道盛に相成候。唐山などの文弊は更に無之候」と西洋の人材育成制度の優れていることをくりかえし強調している。また、崋山は人材の育成と実学の実践が西洋諸国の活発な海外進出をもたらしたとする。また西洋の武力をともなった海外進出に対して崋山は「然上は古来唐山禦戎の論、我邦神風もたのむべからず。されば、先敵情を審に仕るより先なるは無之候」として、西洋の侵攻を防ぐためには、まず西洋を研究することが大切だと崋山の持論を述べている。さらに次のように西洋は無名の戦争はしないという。

西洋諸国、無名の軍は興し不申候。何れにも名を正する事を始と致申候。ホナハルテ阨入多《えじっと》を征し候時も、称し候事有之は、渡海の妨と不義の事と、数件の訳を申立致候心得の由に御座候。

この「渡海の妨と不義の事」は無二念打払令への婉曲な批判であろうか、異国船打払令のような不当な海防政策が、西洋に侵攻の名分を与えるとして、暗に批判したものとみられる。このほか崋山は、西洋社会には、その根底に合理性を尊ぶ伝統があり「抑西洋の可懼は、雷を聞て耳を塞ぎ、電を忌で目を塞ぎ候事を第一の悪と仕候。唯万物計究理仕候には無之、万事議論、皆究理を専務と仕候」として、社会そのものが普遍的合理主義によって律せられていることを強調している。

『初稿西洋事情書』における崋山の鎖国批判については、すでに「渡辺崋山」の節でみたので、ここでは簡単に触れるにとどめる。

崋山は、一国の政策は時代の変化に応じて変遷すべきもので、これは「古今の通義」であるとし、暗に現在の鎖国制度も時代の変化に応じて改められるべきであることをほのめかしている。しかもこうした古い政策（鎖国政策）のために今後いかなる危険なことが起るかもしれないと警告している。これは婉曲な鎖国批判といえよう。

この『初稿西洋事情書』は、こうした開国を期待する鎖国批判を含む内容が過激にわたるためか、崋山は自らこれを没にし、あらためて『再稿西洋事情書』(7)を書いて江川に送った。この「再稿」の内容も大方は「初稿」と似ているが、肝心の鎖国批判は削り、西洋諸国が無名の戦を起こさないことを強調している。ロシアとイギリスについては次のように述べる。

魯細亜は仁義を専と致、地続之国を広め、(中略)二国(イギリス・ロシア)とも土地を拓き、人の国を蚕食仕候は、尤妙に御座候。内、魯細亜は漫に兵を動し不申候よし。

イギリスについては、

右之通、天地を一視致、表に同仁之教を布き、漫に兵力を加へ不申致方、夷狄などと軽じ候ては、誠に妄人《ママ》之想象にて御座候。

さらに初稿でも記したことであるが、西洋全体について一項を設け、あらためて「西洋諸国無名之兵挙げ不申」「魯西亜などは、猶更名を正し候よし、心得べき事と存候」などと記している。これは鎖国の排外的打払い政策の危険性を暗示したものとみられる。

当時、わが国が特に警戒したイギリス、すなわち夷狄と蔑称される国に対し崋山は、中国やわが国と同様、仁義道徳をわきまえた国であるとし、一視同仁の教を布いているという。これは佐久間象山がイギリスについて「元来道徳仁義を弁へぬ夷狄」と決めつけているのと対照的といえよう。また、西洋諸国がみだりに無名の兵を挙げないことを強調していることは、事実の如何は別として崋山の海防観の根底をなすものとして注目すべきであろう。

なお、この「再稿」では「初稿」にあった、鎖国批判は削られているものの、西洋の社会制度を称賛し、西洋諸国は無名の戦はしないことを強調していることに、江川は納得できなかったのであろう。江川はこの『再稿西洋事情書』を不満とし、崋山に書き直しを求めた。そこで再度崋山が書き直して江川に送ったのが『外国事情書』[8]である。

この『外国事情書』では「再稿」にあった、西洋諸国は無名の兵を挙げないという部分は削除しているが、しかし、西洋諸国の活発な海外進出について次のように述べている。すなわち西洋諸国が、

> 外国ヲ押領仕、境土ヲ斥《ひらき》、大ニ仕、肉ヲ見テ必争フ如キハ、全ク犬戎ノ性有之而已ニハアラデ、必各立自張仕候故、終ニ分ヲ不知ノ大志ヲ激成仕候ニテ可有之候。然レバ万国ノ害ヲ受候義ハ、万国ノ慎ヲ加ヘ不申ノミニハ無之候テ、欧邏巴諸国ノ呑啄ニ奔競仕候故ノ義ト奉存候。

崋山は、西洋諸国が外国を侵略し領土を広げているのは、西洋人が犬戎の性格を持つからではなく、むしろ西洋諸国の盛んな膨張的国家活動の結果であり、その犠牲になるのは、国防をおろそかにしたことばかりが原因ではないとして「専心海防」的風潮を批判している。また、崋山は、クルーゼンシュテルンの世界周航記、すなわち青地林宗訳『奉使日本紀行』における北辺の「アニワ」を攻略する方法を説くくだりを次のように引用している。

> 若十六口ノ炮ヲ備ルコツテルス〈船ノ名〉二艘ニ兵卒六十ヲ載、風ニ乗ジ、之ヲ打シメバ、日本大舶許多ニ一万ノ兵ヲ備タリ共、一旦ニシテ打崩スベキナリ。(中略)欧邏巴ノ一小軍艦ニテ、日本ノ大軍ヲ殲《みなごろし》ニスルニ足レリ。

わが国の軍備がたとえ強力であろうとも、西洋の武力の前ではまったく問題にならないこと、すなわ

ち現在江川らが進めようとしている海防の強化も無意味であることを、崋山は暗に示そうとしたものとみられる。

以上のように崋山は、江川の改定要請に応じて書いた『外国事情書』においても、西洋への称賛は控えめにするものの、海防の強化を婉曲に批判している。ただし、西洋に関する呼称には変化がみられる。すなわち崋山が自ら没にした『初稿西洋事情書』では「西洋」「西洋諸蕃」「西洋諸国」などの西洋に関する呼称は、最後に江川に送った『外国事情書』では「洋夷之腥穢」「夷狄」「西夷共」「夷人」などとあえて蔑称に改められている。こうした変化は、江川の西洋認識への妥協といえよう。

江川があえて崋山に西洋事情書の執筆を依頼したのは、わが国が早急に海防を強化しなければならない理由、すなわち、西洋がいかに危険な存在であるかを明らかにすることであったであろう。それに対し崋山は、暗に鎖国・海防を批判し、しかも強力な西洋艦隊の前では、わが国の海防強化も無意味であることをほのめかしている。これは江川があえて崋山に西洋事情書の執筆を依頼した意図に反することであり、江川はこれら崋山から送られた『再稿西洋事情書』と『外国事情書』によって、崋山は江川が期待したような海防論者ではないことを知ったであろう。このように崋山と江川の西洋認識は正反対であった。

ところでこうした崋山が描いた西洋像は、一方的に西洋を理想化した面もあることは否めない。このような崋山の西洋認識について眞壁仁氏は「崋山は〈呑啄ニ奔競〉するヨーロッパ人の本質を〈本体功利ヲ基と仕候〉としているが、世界認識においては、伺庵に比して被植民地諸国への関心が低く、そこでの抵抗運動やその可能性に対しては殆ど関心を示していない(9)」という。わが国の鎖国の撤廃を期待した当時の崋山にとって当面する西洋とは、批判すべき対象である以前に、研究すべき、学ぶべき対象であったといえよう。

江川はのちに「江戸湾巡視」の節でみるように、幕府への復命書を書くにあたって、結局崋山が届けた『再稿西洋事情書』『外国事情書』を参考にすることはなかった。またこうした崋山の啓蒙にもかかわらず、江川の西洋に対する強い不信感は最後まで揺るがなかった。

その後の江川英竜

蛮社の獄ののち、天保十二年(一八四一)五月、老中水野忠邦は、高島秋帆による洋式砲術演練の実施をはじめ、数々の海防強化策を打ち出したが、その一つとして、洋式砲術の導入に意欲的な江川英竜の鉄砲方への登用と鉄砲方の拡充、大筒組の新設など、洋式軍備の強化を通じて江川を重用した。しかし、天保十四年閏九月、水野が罷免されると、それまでの海防強化策は撤回され、江川も鉄砲方を解任された。

これは来航する西洋の艦船との武力衝突を避けようとする老中阿部正弘が、避戦策、異国船への穏便策を徹底したためであった[10]。阿部は、たとえ高島秋帆や江川の唱える洋式銃砲を導入しても、日進月歩の西洋の軍事力に対して勝算はなく、財政面からも不可能とみたのであろう。以後阿部は一貫して江戸湾の海防強化にも消極的なままペリー艦隊を迎えている。

一方、江川はアヘン戦争における清国大敗のニュースにも臆することなく海防の強化を建議し続けた。嘉永二年(一八四九)七月、江川は打払令の復古に関する諮問に答えて、砲術・船艦・城制について述べ、整備すべき膨大な量の大砲・砲弾の数を例にあげて「二十ヶ年の間弛みなく御世話御座候はば、御備向全く相立ち申すべく[11]」と記している。

これは天保十二年に崋山が自決してから八年後の答申であるが、江川の海防強化にかける情熱は少しも衰えることはなかった。

ペリー艦隊来航直後の嘉永六年六月十九日、阿部は江川を勘定吟味役格に登用している。勘定所は有能な人材が多く、空疎な机上の空論とはなじまない役所であった。川路聖謨はその勘定奉行であった。阿部が江川をあえて勘定吟味役格に登用したのは、江川の海防にかける熱意に期待したのではなく、徳川斉昭を海防参与に登用したのと同様、幕府の海防に取り組む真剣な姿勢を広く一般に示すためであった。特に海防問題の権威として世評の高い斉昭や江川を野に放つことは危険であり、そのため斉昭や江川を幕府側に取り込んでおく必要もあったであろう。阿部は頑な江川といえども、勘定所で、危殆に瀕する幕府財政など、内外の情勢の実態を知れば、今や海防強化の時代ではないことに気づくであろうことを期待したものと思われる。

ペリー艦隊来航の直後、老中阿部正弘に面会した江川は「〈唯憾ムラクハ、十余年前屢海防ノ事ヲ建議シタレドモ、一モ採用セラレズ、荏苒今日ニ至リシコトヲ〉ト、言終リテ流涕ス、正弘コレヲ聞キテ黙然沈思スルコト良久《ヤヤ》シカリシト云フ」[12]。この期に及んでも、まだ海防を強化すれば欧米の艦隊に対抗しうると信じている江川に対し、阿部には返す言葉もなく、あえて江川に反論しなかったものとみられる。これまで江戸湾でも避戦策を徹底してきた阿部は、たとえ幕府が海防を強化しても、勝算は得られないとみていたのであろう。

同じくペリー艦隊来航の直後、江川は、釈放された高島秋帆を引き取って、ともに海防の強化に邁進しようとしたが、幽閉中に鎖国・海防政策の誤りに気づいていた秋帆は、すでに開国・交易説に転じていた。

この年江川は、品川沖台場の築造を一任され、工事に着手したが、翌嘉永七年三月、日米和親条約が調印されると、台場の築造も十一基のうち五基が完成しただけで、幕府は工事の中止を決定した。この決定に対し江川はおおいに不満だった模様で、次のような逸話が残されている。

> 君（江川）勘定所に於て、一日品川砲台建築の義に付、勘定奉行川路左衛門尉と意見を異にし、左衛門尉は減費額を主とし、君は以て不可とし、左衛門尉益《マスマス》説けば、君は益屈せず、云く、誠に如斯は失礼の申分には候へ共、竹へ縄を付け品川の沖に立置も同様にて、詰り砲台建築の費は多少に拘らず国家無益の費と奉存候と申されけるに付、満場皆驚き、筆者は筆を止め、算者は算を推し、窃に申候には、太郎左衛門は平常湯飲所にても湯も自由に飲ざる程遠慮深き人なるに、今日の太郎左衛門者平日の太郎左衛門に非ずとて、孰《いず》れも舌を巻き候由[13]。

日米和親条約が調印されたにもかかわらず、江川の海防強化にかける信念は不動であった。崋山とは対照的に鎖国体制に疑問を抱かない江川は、幕府の鎖国・海防政策をナショナルな国防と信じ、鎖国時代の海防が、開国によって消滅する幕府の一政策にすぎないことを理解していなかった。

このとき幕府はすでに鎖国政策を撤廃し、西洋との和親政策に転換した以上、鎖国を護るための海防に、これ以上資金を投ずる必要を認めなかったのであろう。のちに勝海舟は、この台場の築造は、ペリー艦隊を恐怖する江戸市民の動揺を鎮めるための方便であったであろうと、次のように記している。

> 於是人心洶々として兵革の起らんこと、朝夕を保たざるの勢あり。然れども、当路者の意は固より和交にあり。況や条約一定、毫も変ず可からず。唯数年を期し、我が兵備完整の後、大に膺懲の典

を挙げんとするを以て口を藉るのみ。故を以て先づ此海堡を築き、一帯沿岸を遮蔽し、以て府下百万生霊を捍禦《かんぎょ》するとなし、以て人心を鎮撫せんと謀りしは、亦一時の権道に外ならざるが如し。(14)

後年まで一貫して鎖国・海防に疑問を抱かなかった江川と、鎖国の撤廃を期待する崋山の西洋認識とは明らかに正反対であった。しかし、それゆえに崋山は海防に熱心な江川に接近し、江川の啓蒙に努めたものと思われる。このような江川を崋山の同志と位置づける通説は事実とは考えがたい。また、開国以前の海防に熱心な江川英竜・高島秋帆・佐久間象山らを「開明的」と称する例は少なくないが、この評価も誤解といわざるをえない。

註

(1) 徳富蘇峰『近世日本国民史』第三〇巻「彼理来航以前の形勢」時事通信社復刻、一九六五年、九七頁。
(2) 天保十年六月二十七日付、椿椿山宛崋山書簡(小沢耕一・芳賀登監修『渡辺崋山集』第四巻「書簡(下)」日本図書センター、一九九九年、四六頁)。
(3) 天保九年三月十八日付、江川英竜宛崋山書翰(小沢耕一編『崋山書簡集』国書刊行会、一九八二年、二二〇頁)。
(4) 佐藤昌介『洋学史研究序説』岩波書店、一九六四年、三五九〜三七五頁。
(5) 『日本思想体系』55「渡辺崋山・高野長英・佐久間象山・横井小楠・橋本左内」岩波書店、一九八二年、一八〜六四頁。
(6) 同、五八〜六四頁。
(7) 同、四四〜五五頁。
(8) 同、一八〜四二頁。

(9) 眞壁仁『徳川後期の学問と政治』名古屋大学出版会、二〇〇七年、二八〇頁。
(10) 田中弘之「阿部正弘の海防政策と国防」(『日本歴史』六八五号、二〇〇五年六月)。
(11) 「江川太郎左衛門上書」嘉永二年七月(『勝海舟全集』十二「陸軍歴史Ⅱ」講談社、一九七四年、五二一〜五三二頁)。
(12) 『阿部正弘事蹟』一(『続日本史籍協会叢書』東京大学出版会復刻、一九七八年、四七九頁)。
(13) 前掲『勝海舟全集』十二「陸軍歴史Ⅱ」二七四頁。
(14) 同、二九七頁。

高野長英

高野長英（一八〇四―五〇）は『戊戌夢物語』を書いて、モリソン号の打払い策を批判した廉で捕えられた蘭学者で、渡辺崋山とならんで蛮社の獄の中心的人物として知られている。長英は永牢（無期禁錮）の判決を受けたが、五年後の弘化元年（一八四四）六月二十九日、牢舎出火の際の切放しに乗じて逃亡し、嘉永三年（一八五〇）十月三十日、江戸青山百人町に潜伏中、捕吏に襲われて自刃した。その間彼は『わすれがたみ』『蛮社遭厄小記』を著して蛮社の獄の顚末を語っている。彼は蘭学、特に語学に優れ、いくつかの医学書を翻訳している。そのため潜伏中も新知識を求める宇和島藩に一時かくまわれて兵書の翻訳などを行ったという。

明治以降蛮社の獄が広く知られるようになるきっかけとなったのが長英の残した『蛮社遭厄小記』および『わすれがたみ』を史料とした藤田茂吉著『文明東漸史』であった。そのため蛮社の獄の通説には、多分に長英の主観的見解が含まれていることは否めない。しかし、長英は、幕府の弾圧にも屈しない波乱に富んだその生き様によってのちのちまで、特に進歩的知識人の間に声望が高いことでも知られている。

高野長英は、仙台藩伊達氏の家臣、水沢伊達氏（留守氏）の家臣後藤摠助実慶の三男として文化元年

高野長英顕彰碑（港区北青山3丁目善光寺境内）

高野長英顕彰碑の長英の肖像レリーフ（人相書の記述に近いと思われる）

（一八〇四）奥州水沢に生まれた。本名は譲、幼名は悦三郎、号を瑞皐、驚夢山人などと名乗った。渡辺崋山より十一歳年下である。九歳で父を失い、十歳の折、母美也の兄で医業を営む伊達家の家臣高野玄斎の養子となり、玄斎の一人娘千越と婚約したがのちに解消している。長英十七歳の文政三年（一八二〇）実兄の後藤直之進湛斎が医学修行のため江戸に遊学する際、長英も養父の反対を押し切って江戸に出た。

吉田長淑塾「蘭馨堂」

長英は初め杉田伯元の家塾に通い、翌年十八歳の年に蘭方医吉田長淑《ちょうしゅく》の内弟子となって医術と蘭学を学んだ。このとき師の長淑から一字をいただいて、それまでの卿斎から長英と改めた。長英が吉田長淑の塾「蘭馨堂《らんけいどう》」に入門する六年前の文化十二年（一八一五）には、のちの盟友小関三英（二十九歳）が入門している。この頃、渡辺崋山（二十三歳）は頻繁に長淑を訪ねており、王子方面の薬草採集にも長淑に同行している。[1] のちに長英も師の薬草採集に従っている。

文政七年（一八二四）、師の吉田長淑が死去したことから、長英は翌年長崎の医師今村甫庵が帰郷するのに同行し鳴滝塾に入塾、シーボルトの門人となった。長英はここで蘭方医術を学ぶかたわら、シーボルトの日本研究に協力し、蘭語論文として「鯨および捕鯨について」や「日本に於ける茶樹の栽培と茶の製法」など十数通を執筆している。これは同僚の中でも最も多く、しかもその蘭文は優れたものであったという。[2]

ところで、長英が長崎へ行くまでの足掛け五年間、長英と崋山および三英は吉田長淑の塾で交流があったとみてよいであろう。その後長崎遊学から帰った長英が天保元年（一八三〇）崋山のいる田原藩邸に近い麴町貝坂で開業したのも蘭馨堂以来の親交によるものであろうか。

長崎でシーボルトに師事し、シーボルト事件をも直接体験した長英の知識は、医学にとどまらず、西洋の社会・政治など広範にわたったであろう。一方、崋山は、書籍では得られない西洋の政治・社会その他西洋に関する情報を長英から吸収することができたであろう。特に長英が遭遇したシーボルト事件を通して、崋山はわが国の鎖国に対する認識を深めたものと思われる。

長英の政治的関心

長英の政治に関する論策は『戊戌夢物語』および後年の『知彼一助』以外にはほとんどなく、その点西洋に関する啓蒙に努めていた崋山とは異なる。長英は当時の大方の蘭学者がそうであったように、幕府を刺激しかねない政治的言動は、極力控えていたものと思われる。そのため長英の政治意識を低くみる説もある。(3) しかし、長英は『わすれがたみ』の中で当時の世情について「近歳凶歉打続き、人心恟々不安、富る者は益富み、貧者は愈《いよいよ》窮し、窮民処々に騒擾し、世間何となく騒がしかりければ(4)」と記している。この一節は、長英の社会に対する鋭い認識の一端を示すものとして知られている。また、長英の政治意識は『夢物語』の内容からみても決して「低俗」なものではなく、また、『夢物語』を書いてモリソン号の来航問題を論じたこと自体、彼が政治に無関心なたんなる「翻訳技術者」ではなく、彼が並々ならぬ政治意識の持ち主であったことを示すものであろう。

長英の対外問題に関する関心の深さについては、蛮社の獄で長英が収監された直後、長英門下の上州沢渡《さわたり》の医師福田浩斎が友人の劔持要七に宛てた書簡の次の一節が参考になるであろう。

扨々高野子薄命之人ニ御座候、可哀事ニ候、全体高野子外国之事を云出候て毎度噪々敷候故、前年度々異見支加へ候得共不取用、此度困厄ニ及候趣き自ニ招き候禍ニ御座候（中略）慎而自己之医事而已精究致候ハヾ何ぞ入牢之患可有之哉、医事ニも不関係夢物語など編書シ、ケ様御上より疑を蒙り候事、多言多敗之語を不守故ニ候。(5)

『夢物語』以前の長英には、政治に関する論策はほとんどないためか、彼は政治には無関心であったかにみられがちだが、彼も多くの蘭学者と同様、日頃政治的発言は極力慎んでいたのであろう、ただし、信頼できる弟子たちの前では外国に関することを騒々しいほど熱心に語っていたという。その中には当然西洋の政治や社会とわが国のそれとの相違も語られたであろう。そのため弟子たちもその危険性を心配して、かねがね自重を求めていたという。こうした長英の政治的関心について、かつて広瀬淡窓が語ったという次のような逸話もある。

淡窓の門人にして、漢詩人として有名な谷口中秋翁〈藍田と号す、肥前の人なり。明治三十五年十一月没す〉は嘗て著者に左の如く語つた。「私の先師広瀬淡窓は、屢長英先生の為人を賞揚して〈吾門に出入せる者数多いけれども、一飯の間と雖、国家を忘れざる者は、高野生只一人のみである〉と言はれたことを記憶して居る」(6)

広瀬淡窓のいう、政治問題に強い関心があったという長英評も一概に否定できないであろう。

文政十一年(一八二八)十一月、シーボルト事件の際、司直の手が長崎のシーボルトに及ぶと、和文献の蘭訳などで彼の日本研究を助けてきた長英は身に危険を感じ、いち早く長崎を脱出し、熊本界隈に潜伏したという。(7)長英は翌文政十二年の春すぎに熊本をたち、途中、久留米・赤間関・三田尻を通って広島に向かっている。長英が日田を訪れたという確証はないが、当時多くの学者や知識人が訪れたといわれる日田の咸宜園《かんぎえん》は、友人との連絡にも便利であり、長崎の情報も得やすかったであろう。また、熊本や久留米からも近いことから、文政十一年十一月から翌年の春過ぎまでの四〜五ヶ月の間に、長英が日田を訪れた可能性は否定できない。

長英と崋山

長英と崋山との関係については、藤田茂吉の『文明東漸史』以来、両者を思想的同盟者ととらえる説が一般的であるが、一方、佐藤昌介氏は「崋山と長英とをともに経世思想家とみなし思想的同盟者ととらえるのは誤り」また「長英らは、崋山のために知識提供者としての役割を果たしたに過ぎない」(8)とし、長英は、崋山の求めに応じて蘭書を翻訳した「翻訳技術者」にすぎず、長英の政治意識は「意外に低俗」(9)だという。その一例として、佐藤氏は、長英の『夢物語』と崋山の『慎機論』を例にあげ、両者のモリソン号打払い反対の根拠を比較して、およそ次のように評している。

長英の『夢物語』では、日本の漂流民の送還を口実に渡来するモリソン号を打払った場合、イギリスは日本を「民を不憐不仁の国」「理非も分り不申暴国と存、不義の国と申触し、礼義国の名を失い、是より如何なる患害萌生仕候やも難計」とあるとおり『夢物語』では、「政治の論理が前景からしりぞき〈仁〉と〈不仁〉〈義〉と〈不義〉とが打払令の可否を決定する判断の基準とされている。だから、かれのばあい、打払令の大前提をなす鎖国政策そのものは、視野の中にはいってこない」、政治上の問題を道徳上のそれにすりかえてしまっている。「だがしかし、崋山はそうではない。かれは打払令ではなく、その前提をなす鎖国政策そのものを、もっぱら政治的見地から問題にする」、しかも崋山は「西人と通信せざるものは、唯我邦存するのみ。万々恐多き事なれども実に杞憂に堪ず。論ずべきは、西人より一視せば、我邦は途上の遺肉の如し。飢虎渇狼の顧ざる事を得んや」といい、現下の情勢では鎖国政策を維持することが不可能であることを暗に認め、また「嗚呼今夫是を在上大臣に責んと欲すれども、賄賂の倖臣」と激烈な調子で為政者の無能を攻撃している。こうした崋山の認識は、鎖国政策の否定といい、為政者批判といい『夢物語』はもちろん、長英の獄中手記からもうかがうことのできぬものである。両者の政治意識の相違は明らかであろう、と結論づけている[10]。しかし、崋山はその内容の過激さゆえに自分の書いた『慎機論』を発表できなかったのである。長英の慎重さとは対照的に崋山には鎖国問題を正面から取り上げようとするなど、慎重さを欠いた甘さがあった。

当時は蘭学者でなくとも幕府の鎖国政策を批判したり、ましてや為政者を誹謗すれば重く罰せられることは明らかで、そのため長英は、鎖国や打払い問題を直接批判することは避け、漂流民を憐れむ「仁」と「不仁」、国家の「義」と「不義」など、あえて政治上の問題を道徳上のそれにすりかえて、婉曲にモリソン号の打払いに反対したのであった。

これは幕府を刺激しないための長英の苦心の配慮であって、こうした配慮、すなわち政治問題を直接批判するのではなく、道徳・人倫問題に絡めて間接的に批判するのが、幕政批判の自由がなかった当時においてはごく一般的な手法で、こうする以外に政治を批判する方法はなかったであろう。

たとえば、当時、崋山が極刑をまぬがれないであろうという噂を聞いた、崋山の師松崎慊堂は、老中水野忠邦に長文の嘆願書を送り、その中で、崋山の清廉・謙譲・親孝行ぶりを称揚し「登母子慈孝之私を御憐愍被遊[11]」と記し、事件とは関係のない本人の孝養を強調して情状酌量を求めている。また鳥居耀蔵は、無人島渡航計画のメンバーでありながら耀蔵に密訴して寝返った花井虎一を擁護した「上書」の中で「一体虎一儀は幼年ニ而父を失ひ、母壱人之手に育、孝道之聞へ御座候もの故[12]」と記している。なお、当の崋山も『慎機論』で、仮に西洋諸国が日本に対し「貴国海岸厳備にして、航海に害有事一国の故を以、地球諸国に害あり。同じく天地を戴踏して、類を以類を害ふ、豈之を人と謂べけんや[13]」と、わが国の排外的海防政策を人道上の問題として批判している。

当時幕府の対外政策を真正面から批判することはむろん許されることではなく、ましてや田原藩の年寄という要職にある者としては不可能であった。そのため崋山は『慎機論』を発表できなかったのであろう。一方、長英もあえて正面からの鎖国批判は避け、人道問題を前面に掲げて幕府の追及を避けようとしたのであって、不特定多数の人の披見を前提とする以上当然の配慮であった。

シーボルト事件を身をもって体験した長英の鎖国批判の思いは、崋山にも増して切実であったであろう。この場合、発表を前提としたために、あえて政治上の問題を道徳上のそれに置き換えざるをえなかった『夢物語』と、鎖国政策を政治的見地から論じようとしたために発表できなくなった『慎機論』とを同列において、両者の政治意識を云々するのは公平を欠くといわざるをえない。

長英の深謀

長英のこのような配慮にもかかわらず、結果的には永牢という厳しい判決が下されている。判決文に「夢物語と題号致候書を著述致候段、全く御役筋之御聴にも申達度心底にて致置候儀とは申立候得共、既に世間に流布致、人心をも動かし候儀に相成」とあるように、奉行所は『夢物語』が世間に流布したこと、また、長英がただちに自訴しなかったことを理由として「不憚公儀致方、右始末不届に付永牢申付候[14]」とある。しかし、長英が罰せられた理由は、たんにこれだけではなかったであろう。長英は『蛮社遭厄小記』の中で「瑞皐深謀なく、直ちに国家の忠言と心得、夢物語という物を書き認めけるに[15]」と弁明しているものの、シーボルト事件で危く難を逃れた長英が、わざわざ幕府のために「忠言」するとは考えがたい。長英は幕府のために打払いの危険性を警告するかにみせて、

高野長英人相書（新潟県直江津市発見，高野長英記念館蔵）

高野長英の隠れ家，終焉の地説明板（港区南青山 5-6-23）

交易を求めて来航するモリソン号の要求を受け入れるべきをほのめかしている。またモリソン号という船名をあえて人名とし、しかも「官位もすすみ、職も重く用られ、広東交易使の総督とかに相成、南海中の諸軍艦一切支配仕候由に付、少くも水軍二、三万位も撫育仕候様に相聞へ申候」[16]などと、モリソンをあたかも有力な海軍提督であるかのように偽ったこと、これは長英のたんなる誤解ではなく、意図的な脅しであったものとみられる。このようなモリソン像は、むろんプロテスタントの宣教師でシノロジストとして名高いロバート・モリソンとも違う。このモリソンについては、耀蔵が彼と親しい天文方の蘭学者渋川六蔵に問い合わせれば、長英の欺瞞は容易に判明したであろう。長英が「此度のモリソンは、近く広東に罷在、其上軍艦許多支配仕候上、日本近海属島多く、魯西亜レサノットの類には無之候。非法之御取扱有之候はゞ、後来如何なる患害出来候哉、実に可恐奉存候」[17]などと、かつて幕府を震撼させたレザノフの部下フヴォストフらによる北辺の襲撃事件を例にあげていることは幕府側を刺激したであろう。長英がこうした幕府が触れられたくない北辺の襲撃事件を引き合いに出したことは、いわば幕府への脅しともとられたであろう。長英が作り上げた「恐るべきモリソン」像については、老中の水野忠邦も注目していた模様で、水野は耀蔵に『夢物語』の著者の探索を命じた際「イキリス国人モリソンの事」を調べるよう指示している。こうした長英による虚偽と脅迫まがいの記述は、たんなる処士横議にとどまらず長英の判決に影響したものとみられる。

長英がモリソンのことを、あたかも有力な海軍提督であるかのように偽ったことについて、崋山も同様に偽っているが、崋山の判決文の中にモリソンのことを「当時官禄も重く取用ひ候人物之旨伝聞之説を事実と心得」[18]とあり、長英が発案したとみられる「モリソン＝高官説」を奉行所側では、すでに事実ではないことを見破っていたことがわかる。

佐藤昌介氏は、崋山が長英の政治的知見に関して、必ずしも高く評価していなかったことを示すものとして、崋山の三宅友信宛の次の書簡をあげている[19]。この場合、崋山は「高氏の学」を評しているのに対し佐藤昌介氏は「長英の政治的知見」と取り違えていることにも留意すべきであろう。崋山はその書簡の中で次のように「長英の学」を評している。

崋山の三宅友信宛書簡

一、定平事は、申さば、閣下（三宅友信）はコニフルシテイテンのプロヘツソーレンとやらにて、定平は、スチデンテン　プロヘツソーレンの如きものか。何れにもソルダートに終りては遺憾。高氏の学、伍長に限。隊将は未なるべし。御厚思所願候[20]。

この場合、確かに「高氏の学、伍長に限」などとして高く評価していない。しかも、シーボルト門下でも抜群の語学力、高い学識で知られる長英の「学」を伍長程度のもの、隊将には及ばないといい、その一方で、三宅友信を大学教授などと持ち上げ、田原藩の村上定平も学生の教官にあたるといい、長英の「学」は数人の部下を持つ伍長程度のもので、一隊の将たる器量がないという[21]。これはいかにも不自然といえよう。しかし、書簡のはじめに友信について「此節、事物韵編《じぶついんぺん》・ソンメル・リセラント、御日課のよし。誠に御英邁奉感伏仕候」と友信の蘭学への精励ぶりを称え、末尾には「御厚思所願候」とあることから、これは三宅友信の勉学を励ますために書かれたもので、崋山は自身の、また友信の蘭学の師でもある長英の「学」をあえて貶めて、友信を激励したのであろう。いわば崋山一流の方便と思われる。

長英は『わすれがたみ』の中で崋山について「翁は其稟賦、温順沈実にして博学多才、君に事《つかえ》て誠忠を致し、母に事て孝順を尽くし、朋友に交りて信義を重んじ、実に是当世の一人物也。己れ三十六州を遊歴して、幾千百の人に交わりしも、かかる人物なしと思ふ物から、常に尊信して、好き厳師を得たりと悦びぬ[22]」と畏敬の念をこめて記している。

蘭学者仲間の評判では、人を人とも思わぬ傲岸不遜ともいわれる長英であるが、これほどまでに崋山を畏敬し、信頼を寄せているところをみると、当然、長英からの一方通行的信頼ということはありえず、崋山も長英の人物・学識を高く評価していたのではあるまいか。したがって、この書簡は崋山の長英に対する「政治的知見」の評価とは無関係であることはもちろん、むしろ、崋山があえてこのように長英を三宅友信のために貶めてみせることができるほど、崋山と長英との信頼関係は厚かったことを示しているものとみられる。佐藤氏の「崋山と長英とをともに経世思想家とみなし思想的同盟者ととらえるのは誤り」とする説について藤原暹氏は、むしろ長英は「仲間意識と連帯性をもって崋山を把えていた[23]」としている。

『崋山朱注戊戌夢物語』について

長英と崋山との政治意識の差異を示す一例として佐藤昌介氏があげている『崋山朱注戊戌夢物語[24]』についてみてみよう。同書は、国立国会図書館に寄託された「箕作阮甫・麟祥関係文書」のうちの一部である。

この『崋山朱注戊戌夢物語』は、長英の『夢物語』に崋山が朱注を加えたものという。佐藤氏によれば、その末尾に崋山が「御史をまたせて認入差上候」と朱書していることから、さる人物の依頼により『夢物語』について意見を述べたもので、依頼者は明らかでないという[25]。

佐藤氏は崋山による朱注の「長英が幕府の撃攘策に代わるべき対策を論じた箇所について、〈已下画策のこと、予の知る所にあらず〉と述べていることで、この点にかんするかぎり、両者の意見はかならずしも同じでなかったことが知られる」としている。

ところで、奇妙なことに同書には、いくつかの不可解な点がみられる。たとえば、長英が『夢物語』の中で、イギリスについて「国の大さは日本程も有之由には候得共、寒国ゆへか、人数は日本よりは少く、総括して人口一千七百七十万六千人と申候」と記している箇所に朱注をして「此書引証する書は、ブランズゾンと云もの丶地志也。此地、五十度より六十度に係ると雖、気候良順にして、大小麦・林檎・梨子等を生ず（中略）夷鰕・カムシャッカよりも寒地なれど、度数を以て推知すべからず」とある。

これについて佐藤氏は「緯度が気候を決定するという考え方は、初期の蘭学者に共通してみられるところであるが「度数を以て推知すべからず」とは、崋山のすぐれた見識を示すものである」とコメントしている。しかし、同時期に書かれた『慎機論』で崋山が「西洋諸国の地を考ふるに、大抵北極出地七十度に起り、四十度に終る。其間五十五度以下を多とす。之を我に比すれば、奥蝦夷以下の地にして、人多きにあらず、土地広きにあらず。耕も食に足らず。織も衣するに足らず。肉を食ひ、皮を被り、労苦に習ひ、寒を畏れず」と記している部分について佐藤氏は「当時の蘭学者は緯度の高低がそのまま気温の寒暖を示すものと考えていたからこのような認識が生まれた(26)」と注記している。この場合、崋山が記入したという朱注と崋山の『慎機論』の一節は互いに矛盾しており、両者に対する佐藤氏の二つの注記も相矛盾していることになる。

気候の寒暖は緯度に比例するという見方が、天保九年（一八三八）当時の蘭学者の一般的理解であったとすると、この『崋山朱注戊戌夢物語』における「度数を以て推知すべからず」とする朱注は『慎機論』の例からも崋山の注とは考えがたい。むしろ『崋山朱注戊戌夢物語』が作られたのは、もっと後年とみるべきであろう。また、このほかにも疑問点が少なくない。

たとえば同書には朱注が長短合計二十三ヶ所あり、しかもそれらの大部分は、各種の参考書を引証し細かく数字を記して、引用文献をあげ、また、新たに外国の地名を書き加えるなど、とても「御史をまたせて」倉卒の間に書かれたものとは思えない。したがって末尾の「御史をまたせて認入差上候」との一節は不自然といえよう。

この『夢物語』の主題であるモリソン号来航の件は、天保九年十月十五日に開かれた尚歯会例会の閉会後、評定所記録方の芳賀市三郎からごく内々に崋山・長英ら少数の人にのみ知らされた機密情報である。しかも、崋山も『慎機論』で、長英と同様、モリソンを船名ではなく、人名とし「其為人英邁敏達にして、其国に於ては品級尤高く、威勢盛なるよし」また「レサノットの旧轍を不踏事必定なるべし[27]」と記している。長英も「魯西亜レサノフの類には無之」と記すなど『夢物語』も『慎機論』も同じ論法であることから、長英と崋山はそれぞれ『夢物語』『慎機論』を書くに当たってなんらかの情報交換がなされていたとみてよいであろう。また崋山の「口書」に「夢物語ノ儀ハ前書長英著述ニテ有之、同人方へ参リ候節為見候間、一覧ノ上他見等ハ遠慮致シ可然旨申談候迄ニテ」とあり、したがって、崋山はこの『夢物語』の著者が長英であることはすぐにわかったであろう。そのようにみた場合、崋山が同志ともいうべき長英の『夢物語』にこうした第三者的な、見方によっては無礼ともいえる朱注を加えることは考えがたい。また、気候の寒暖は緯度に比例するという考えが、天保九年当時の蘭学者の一般的理解であったとすると、気候が必ずしも緯度の高低に比例しないことを指摘するこの『崋山朱注戊戌夢物語』の、制作年代はかなり下るものと思われ、したがって朱注も崋山が書き入れたものとは考えがたい。これらのことから、この『崋山朱注戊戌夢物語』は後年、場合によっては明治以降、崋山以外の別人が朱注を書き入れた書ではあるまいか。その場合むろんこの書が長英と崋山のモリソン号来航問題に対する認識の相違を意味するものではない。

長英に師事した人々

ところで長英は、長崎でシーボルトに親炙し指導を受けたことにより、医学に限らず西洋の自由な学問的環境、西洋の社会そのものに関心を抱いたであろう。しかも、鎖国を背景とするシーボルト事件、すなわちシーボルトの追放、関係者の処罰という衝撃的事件は、長英の政治意識に少なからぬ影響を与えたものと思われる。

崋山にとって、長崎でシーボルトの弟子として学んだ長英からの情報は、崋山の西洋に関する知識に広がりと深さを増したことであろう。また同時に、鎖国の閉鎖性・排外性への不満を強めていたであろう長英に共鳴するところも少なくなかったものとみられる。優れたものと評される崋山の西洋認識・鎖国認識も長英・三英との交流なくしては考えられず、特にシーボルト事件で、鎖国政策の理不尽さを、身をもって体験した長英からの情報は、崋山の鎖国認識の形成に少なからぬ影響を与えたものと思われる。

佐藤氏が「崋山の洋学的知識ないし知見を慕って崋山に接触した」とする古賀侗庵も、実は崋山とではなく、むしろ長英と懇意であった模様で、長英が奉行所に自首した直後、赤井東海の『奪紅秘事』には次のように記されている。

廿一日、古賀小太郎（古賀侗庵）より用人佐藤武一を内々指越候て、私事名前出申候よし（中略）其

節武一申聞候には、内実は、我師匠（侗庵）にも長英を懇意に致候に付、名前も出居申候故心配と相咄申候。(28)

また、水戸藩に招かれた国学者で西洋にも関心のあった鶴峯戊申《しげのぶ》（一七八八―一八五九）も天保九年頃たびたび、奥村喜三郎を訪ね、麹町の長英も訪ねていたという。(29) このように古賀侗庵をはじめ鶴峯戊申・内田弥太郎・奥村喜三郎らは、崋山ではなく長英の専門的知識や長崎での実体験を求めたものとみられる。これに対し、さきにみたように、崋山の知識は漢訳書・和訳書などから得た西洋の地誌などが中心で、一般人に対する初歩的西洋紹介、啓蒙に力を入れていたものとみられる。したがって「長英が、崋山と交わるにつれて、ようやく政治的に開眼されていった」(30)とするのはむしろ逆で、開眼されたのは崋山の方ではなかったか。長英の長崎における体験は、書物では得られない貴重なものであり、さきにみた長英門下の上州沢渡の医師福田浩斎の書簡にみられるように、長英は、むろん崋山にも熱心に西洋のことを語っていたであろうことは想像に難くない。長英の長崎での体験は崋山を鎖国問題に開眼させるとともに、崋山がひそかに啓蒙活動に乗り出すきっかけを与えたものと思われる。

註

（1）『寓画堂日記』（小沢耕一・芳賀登監修『渡辺崋山集』第一巻、日本図書センター、一九九九年、六〜二八頁）。

（2）「高野長英の蘭文はその筆勢の勇健なる、その文章の自由なる、彼の性質の一面をよく反映していると思われる。しかも原本の意味をつかむことに妙を得、文章は簡明にして要を得ている」（緒方富雄・大鳥蘭三郎・大久保利謙・箭内健次「門人がシーボルトに提供したる蘭語論文の研究」日独文化協会編『シーボルト研究』

岩波書店、一九四二年、七一頁）。
（3）佐藤昌介『高野長英』岩波新書、一九九七年、その他。
（4）高野長英『わすれがたみ』（『日本思想体系』55「渡辺崋山・高野長英・佐久間象山・横井小楠・橋本左内」岩波書店、一九八二年、一七九頁）。
（5）天保十年六月十九日付、剱持要七宛、長英門下上州沢渡の医師福田浩斎書簡（金井幸佐久『吾妻の蘭学者たち―高野長英門下―』上毛新聞社出版局、二〇〇一年、八八頁）。
（6）高野長運著『高野長英伝』岩波書店、一九七二年、二〇八～二一〇九頁。
（7）同『高野長英伝』二〇七頁。
（8）佐藤昌介『洋学史の研究』中央公論社、一九八〇年、一六四頁。
（9）佐藤昌介『渡辺崋山』吉川弘文館、一九八六年、八六頁。
（10）前掲、佐藤昌介『洋学史の研究』一六四～一七〇頁。
（11）「松崎慊堂の上書」（『崋山全集』第一巻、崋山会、一九四〇年、一二九頁）。
（12）『小笠原島紀事』五、国立公文書館内閣文庫蔵。佐藤昌介『洋学史研究序説』岩波書店、一九六四年、三九七頁。
（13）『慎機論』（前掲『日本思想体系』55、七〇頁）。
（14）『改定史籍集覧』第十六冊、臨川書店復刻、一九八四年、四三〇頁。
（15）高野長英『蛮社遭厄小記』（前掲『日本思想体系』55、一八九頁）。
（16）同、一六五頁。
（17）同、一六九頁。
（18）前掲、『改定史籍集覧』四二九頁。
（19）前掲、佐藤昌介『洋学史研究序説』一九四頁。

(20) 三宅友信宛崋山書簡（推定天保九年）（前掲『日本思想体系』55、一一一～一一三頁）。
(21) 前掲、佐藤昌介『高野長英』九四頁。
(22) 前掲『わすれがたみ』（『日本思想体系』55、一七九頁）。
(23) 藤原暹『日本生活思想史序説』ぺりかん社、一九八二年、二二五頁。
(24) 『戊戌夢物語』付渡辺崋山朱注」（佐藤昌介校注『崋山・長英論集』岩波文庫、一九七八年、一九九～二一一頁）。なおこの「箕作阮甫・麟祥関係文書」には同じものが二部ある。
(25) 前掲、佐藤昌介『洋学史の研究』一六八～一六九頁。
(26) 『慎機論』（前掲『日本思想体系』55、七一頁）。
(27) 同、六八頁。
(28) 赤井東海『奪紅秘事』（井口木犀編著『崋山掃苔録』豊川堂、一九四三年、二九五頁）。
(29) 藤原暹『鶴峯戊申の基礎的研究』桜楓社、一九七三年、三五頁。
(30) 前掲、佐藤昌介『渡辺崋山』八五頁。

小関三英

小関三英（一七八七—一八三九）、名は好義、通称良蔵。号は鶴洲、あるいは篤斎。天明七年（一七八七）庄内藩酒井侯の足軽組組外れ小関弥五兵衛の二男として出羽国鶴岡に生まれた。二十九歳の文化十二年（一八一五）、江戸に出て吉田長淑《ちょうしゅく》に入門。その頃二十三歳の崋山も頻繁に長淑を訪ねており、崋山と三英の交流はこの頃に始まったものと思われる。高野長英もその六年後、長淑に入門している。蛮社の獄の犠牲となった小関三英・高野長英・渡辺崋山の三人は、奇しくも吉田長淑の蘭馨堂《らんけいどう》で知り合ったものとみられる。

その後三英は、六歳年下の崋山とごく親しい間柄であったものとみられ、長英とともに蘭書の翻訳などで崋山を助けていた。蛮社の獄の際、三英はなんら容疑を蒙っていなかったが、崋山が奉行所に召喚されると、三日後の天保十年（一八三九）五月十七日自殺した。残された資料は少なく、その人物像は不明な点が少なくない。

崋山の日記『全楽堂日録』天保二年四月十六日の項に次のように記されている。

小関三栄《(ママ)》来る、三栄は出羽庄内の人、善く洋書を読み、医を業とする。治療を好まず、読書飲酒のほか它嗜なし。上に君なく下に妻奴子なし、終日孤然読書して自立する能わず、衣食住を人に待て生活す、桂川医院その嗜学を愛《め》でこれを養う(1)。

三英は足痛の持病があったため、医者としてよりも、もっぱら翻訳・教授を生業としていたが、文政六年（一八二三）には仙台藩医学館の蘭方科教授に招かれており、また天保三年には泉州岸和田藩岡部侯の侍医に任用されていることからみても、彼の実力は高く評価されていたことがわかる。その間『西医原病略』『泰西内科集成』などを刊行している。

三英の政治意識

三英は天保六年（一八三五）に幕府天文方に出仕して、ショメールの百科全書『厚生新編』の翻訳にたずさわったという。この百科全書に接したことにより、彼はその合理主義的・懐疑論的・唯物論的な論述・考え方・立場を興奮とある感慨をもって受け止めたに違いないという(2)。

またプリンセンの地理書を三英は『新撰地誌』として翻訳しており、崋山が得意としていた西洋の地誌に関する知識は、三英からの情報によるところが大きかったものとみられる。

長英の『わすれがたみ』に、三英は「好んで西洋の歴史を修む」とあり、文政十二年三月、三英は桂川甫賢邸に居候していた頃、ナポレオンの興亡を記した高橋景保の『丙戌紀聞』（『丙戌異聞』）を郷里の兄、仁一郎に送っている。その際の書簡の末尾に「さりながら、この本決して御他見は御無用にござ候(3)」とある。三英が、兄の仁一郎に「御他見は御無用」の本をあえて送っていることは、三英の強い政治的関心がうかがえよう。こうしたヨーロッパの治乱興亡への関心からか、三英はリンデンの『ナポレオン伝』を訳出している。三英は真摯な学究として知られ、一見世俗のこと特に政治には無関心であったかにみえるが、西洋の歴史に関心を寄せ、胸底ひそかに社会の矛盾をいきどおる義気を秘めていたものと思われる。しかし、三英の政治意識を低くみる次のような説もある。

「三英の場合は、長英と異なり、学究的立場に終始した。たとえば、大塩平八郎の乱を長兄に報じた書簡には〈賊之張本大塩平八郎〉と記し〈大坂大悪人大塩父子も遂ニ滅亡ニ及誠ニ万々歳存候所、何卒此上中位之作合ニ致度ものに存候〉〈此度大塩徒党之者共、其々御刑罪被仰聞候。大塩父子之塩漬、大坂ニ而磔罪被仰付候。其後三都共静謐ニ御座候得共、世間米価近々引上け、来春ニも相成候ハヽ、如何と存候〉と述べて、大塩の乱の落着を万々歳と喜悦するのみで、これと天保飢饉との関連には一顧もせず、別に米価の高騰を憂えているにすぎない。ここにかれの政治意識の低さが明白に示されている」(4)という。

たしかに、三英が兄に送った大塩に関する記述は、大塩を反逆者と決めつけた幕府の大塩像と変わらない。はたしてこれが三英の真意であろうか。また、彼の政治意識はそれほど低かったのであろうか。

天保八年二月十九日の挙兵を前に大塩が、同志の者たちに、摂津・河内・和泉・播磨の四ヶ国の神社・仏閣の柱に貼らせたという「四海困窮致し候わば、天禄長く絶たん。小人に国家を治めしめば、災害並び至る」に始まる二千字を超える蜂起を呼びかけた檄文を、三英は全文筆写して鶴岡の兄仁一郎に送っている。

幕府の老中、町奉行およびその下僚たちに対する激越な批判の書である檄文を、手に入れることさえ憚られるというのに、それを全文筆写して郷里の兄に送るという危険を冒している。そのため幕吏に露見したときに備えたのであろう、大塩を「賊の張本」と呼び、檄文を「けがらわしく存じ候えども、御一覧御慰みのため差し上げ申し候」と書きつくろってはいる。そして、そのあとに「御覧後御火中なしくださるべく候(5)」と、用心深く付け加えている。とはいっても、もし露見すればただではすまないことは充分承知していたであろう。このような危険をあえて冒した三英には、この大塩の檄文に共鳴するところがあったとみてよいであろう。

当時、大塩事件についての評判は「江戸中ノ人心ミナ大塩ヲアハレミヒイキス東海道ヲ下ル人ノ云シニハ、到処大塩ヲ称シ居ルトゾ。又大坂ノ事ヲキクニ、ヤカレタル者ドモモ、ヤハリ大塩の事ヲホメル由也」(6)とあるように、大塩に共鳴する人々が少なくなかったことはよく知られている。しかも、当時の人々の大塩事件に触れた記述には、万一幕吏に発見されても申し開きの立つように「塩賊」「逆賊」などとあえて大塩を蔑称、酷評している。大塩事件に限らず一揆の記録類にも、こうしたカモフラージュをした例は少なくない。三英の場合も例外ではないであろう。当時は大塩事件のような「謀反」に関する情報を書簡で伝えること自体、きわめて危険な行為であったであろう。そのため、役人の披見を恐れて、あえて大塩を「賊」「大悪人」と貶め、その滅亡を「誠ニ万々歳」と記さざるをえなかったものと思われる。しかし、兄の仁一郎は、三英の真意が文面とはまったく逆であることを容易に読み取ったのではあるまいか。いずれにしても三英の内に秘めた政治意識の高さをみるべきであろう。

三英と『ナポレオン伝』

ところで、さきにみたように三英は桂川甫賢邸に居候していた頃、ナポレオンの興亡を記した高橋景保の『丙戌紀聞』を郷里の兄・仁一郎に送っているところをみると、三英にはナポレオンに強く惹かれるところがあり、それはたんなる英雄豪傑としてのナポレオンではなく、事実はともかく圧政に敢然と立ち向かうナポレオンであったものとみられる。その後天保三年頃、三英はリンデン著『ナポレオン・ボナパルテ伝』を訳している。三英はなぜナポレオン伝を翻訳したのであろうか、三英が訳した「那波列翁略訳稿」には、次のような一節がある。

ボナパルテ、すでにこの屯軍にあり、暇日、諸友と連れ合うてレイオン〈地名〉の劇場に寓行す。この時ウイルレムテル〈人名〉の狂言條を行ないければ、フレイヘイド、フレイヘイド「敵国に打勝ちて不覊〈自由〉の国となりたるを祝するの辞なり」の声発する時、ボナパルテ、おぼえず、ヤー、ヤー〈然り、然りの意〉フレイヘイド、フレイヘイドと呼ばわりけり。その時、かたわらにある友人、ボナパルテが衣を引き、ここは強覇フランス王の畿内なるぞ、妄言し給うな、とささやきければ、ボナパルテ心にさとり黙止けり。

また、フランス革命については次のような一節もある。

この時に至りて民、虐政に抑屈することきわまり、以てここに及ぶ。これ自然の勢いにして天の令するところなれば、強いてこれを防ぎとどむべからず。四方の英雄豪士踊躍して、不覊〈自由〉の世となるを喜び、百姓《ひやくせい》奮起して再び正明の治定まるをまつ。[7]

「不覊の世」とは圧政から解放された世という意味であろう。半谷二郎氏は、三英は日本人ではじめて「フレイヘイド」〈自由〉と「ゲメーネベスト」〈共和制民主主義〉を肌で理解した人であろうと述べ、また、三英の『ナポレオン伝』は、その後に続出する数々の『ナポレオン一代記』の類いとはまったく違って、たんなる戦記物ではないという。

ナポレオンの歴史的実像とは多少の相違はあるとしても、三英は「フレイヘイド」を叫び、領主の圧制に人民を率いて敢然と立ち向かう「ナポレオン」に共鳴し『ナポレオン伝』を訳したのであろう。これは三英の政治意識の高さを示すものではあるまいか。こうした三英であればこそ、危険を冒してまで、大塩の事件を兄に伝えずにはいられなかったのであろう。政治意識の低い人物がこのような危険を冒すとは考えがたい。幕府政治の現状をいきどおる三英は、常に自身を韜晦し続けたのであろう、そのようにみた場合、三英の政治意識は低かったどころか、三英は政治意識においては崋山や長英に劣るものではなかったものと思われる。

長英は『わすれがたみ』で三英について次のように記している。

我等と交り殊に深かりしかば、讒者の訴へにて逃れ難く（中略）常さへ不寐の病に悩み、夜毎に阿片酒など用ひ、漸々安眠する身なれば、獄内に在ては、迚も存活し難しと察しけん、元来余りに実直小胆なる生れ成し故、偏へに世評を信用し、はやまりて遂に自殺しぬ。嗚呼天下の一名匠、此に至て亡び、我骨肉と盟し親友、卒然と逝ぬ。可惜とも可悲とも詞は絶てなかりけり。常々酒席の談話に、死生は齢を以て論じ難し、吾汝誰か早く死し、誰か後に残らんや、予じめ期し難し、斯断金の交りなれば、相互ひに死に残らん者は、死せし者の碑文を勒す約せしが、今碑銘勒すべき者は我身と成て、斯風前の燈、網中の魚に似て、今にも知れぬ身の有様社《こそ》、定め難き世中成。[8]

三宅友信の「崋山先生略伝」によれば、「先生（崋山）常に思惟す、耶蘇教は海外普通の宗教必ず邪宗にあらずと、深く之を疑ふ。然ども当時厳禁にして其端を窺ふに由しなし、適々吉利支略伝の小冊子を獲て、竊かに小関三英に就て之を読ましめ、且自ら訳記す」[9]とある。その直後、崋山が北町奉行所に拘引されたという報に接した三英は、例の耶蘇教の件が関連しているものと思い込んで、三日後の五月十七日動脈を切って自殺したという。このことは三英がたんなる「翻訳技術者」ではなく、崋山とはむろん長英とも同志的絆で結ばれていたことを示すものといえよう。いずれにしても、このような三英の政治思想が崋山に与えた影響は小さくなかったであろう。

三英は、高野長英終焉の地に近い東京都渋谷区神宮前二丁目臨済宗竜巌寺に葬られた。

註

（1）『全楽堂日録』（井口木犀編著『崋山掃苔録』豊川堂、一九四三年、二〇四頁）。
（2）半谷二郎『小関三英』旺史社、一九八七年、九九頁。
（3）同、二九五～二九六頁。
（4）佐藤昌介『洋学史研究序説』岩波書店、一九六四年、一九六頁。
（5）前掲、半谷二郎『小関三英』二八七～二八八頁。
（6）山田三川『三川雑記』吉川弘文館、一九七二年、二四一頁。
（7）前掲、半谷二郎『小関三英』三一一頁。
（8）高野長英『わすれがたみ』（『日本思想体系』55「渡辺崋山・高野長英・佐久間象山・横井小楠・橋本左内」岩波書店、一九八二年、一八〇～一八一頁）。
（9）三宅友信『崋山先生略伝』（『崋山全集』第一巻、崋山会、一九四〇年、三二一頁）。

IV

モリソン号事件

文政五年（一八二二）四月のイギリス捕鯨船サラセン号の浦賀来航以来、異国船の江戸湾への来航はなく比較的平穏であったが、天保八年（一八三七）六月二十八日、日本人漂流民七人を乗せたアメリカの商船モリソン号が浦賀沖に来航した。このモリソン号の来航こそ二年後の蛮社の獄の発端となる事件であった。

モリソン号で送られてきた日本人のうち岩吉（三十三歳）・久吉（二十一歳）・音吉（十九歳）の三人は、五年前の天保三年十月、遠州灘で遭難した尾張の廻船宝順丸（千五百石積）の乗組員であった。彼らは一年二ヶ月にわたる漂流中に船頭重衛門以下十一人は船内で死亡したが、奇跡的に生き延びた三人は太平洋を横断し、アメリカとカナダの国境に近いフラッタリー岬付近に漂着したという。その後三人は原地民の奴隷のような境遇にいたところをイギリスの国策会社ハドソン湾会社のジョン・マクラフリンに助けられ、ロンドンを経由してマカオに送られてきた。この三人はイギリスの貿易監督庁の指示によってプロシャ出身の宣教師ギュッツラフの下で帰国を待っていた。

またその頃、庄蔵（二十八歳）・寿三郎（二十五歳）・熊太郎（二十八歳）・力松（十五歳）の四人は、肥後国飽託郡川尻（熊本市川尻町）の荷船（八十石積、船名は不明）の乗組員で天保六年十一月、天草の港から熊本へ向かう途中で遭難し、三十五日間にわたる漂流の末、ルソン島に漂着し、その後四人はマニラからマカオに送られて音吉らと合流した。

イギリスの対日貿易再開への期待

音吉らを救出したハドソン湾会社のマクラフリンは、漂流民を日本との貿易再開に役立てたいと考えていた模様で、一八三四年十一月十八日付、マクラフリンからハドソン湾会社支配人および同委員会宛書簡には次のような一節がある。

彼らは大英帝国の勢力の下に入った最初の日本人なのである。私は英国政府が日本政府と通商を開くきっかけとしてこの機会を利用するよう努めるべきだと考える。(1)

その頃イギリスは、貿易の効率化を図るため、それまで対清貿易を独占してきた東インド会社の独占権を一八三四年に廃止し、各商社の自由な競争に任せることになった。これにともなってイギリス政府は、事実上の外交代表ともいうべき貿易監督官を中国に駐在させることになり、ウィリアム・J・ネーピアを広東に送った。

その頃、イギリスの対日貿易再開にかける関心が高まりつつあったことは、一八三四年一月二十五日付で、パーマストン外相がネーピアに宛てた訓令の中で、中国貿易の拡大に言及したのち「同様の注意と警戒を払いながら（中略）貴下は日本およびその近隣の国々と商業上の関係を設定する可能性がないかどうか確かめるため、現存するあらゆる機会を利用し、貴下が観察し、探究した結果について、その都度報告することを望む(2)」と記していることからもうかがえよう。しかし、このようにイギリスが対日貿易再開に積極的関心を抱いていたのは、ネーピアが主席貿易監督官として広東に着任する一八三四年七月以前のことで、彼の着任によって清国官憲との摩擦がくりかえされ、英・清関係が一挙に悪化すると、イギリスは対日貿易の再開どころではなくなり、対日貿易への期待はたちまち消滅していった。

ネーピアは七月に広東に到着し、着任通知状を両広総督に直接手渡そうとしたが、清国側では相手にしなかった。イギリス側は大英帝国の高官が清国の高官と対等のテーブルにつくことを当然の権利と考え、これまでの慣例を打破しようとしたが、清国側は従来どおり清国の貿易商人を通じての請願形式の書面しか認めず、これまでの慣例を破って請願もせずに広東に入ってきたネーピアは、清国側からみれば、まさに不法侵入者であった。イギリスの強引な行動に怒った清国は、一切の交易を停止するとともに、イギリス商館への食糧や水の供給を停止して清国兵が商館を包囲した。清国側の抵抗は激しく、初めはネーピアの強硬姿勢を歓迎していたイギリス商人たちも、交易の停止が長引くにつれて次第に動揺の色をみせはじめ、ネーピアもついに屈服せざるをえなかった。こうして新たに対等の交渉関係を構築しようとしたイギリスの企ては失敗に終り、ネーピアは広東からマカオに撤退し、その地で病死した。アヘン戦争前夜のことであった。

小笠原島占領計画

ネーピアの計画はイギリス側が折れたため、一応広東での交易は再開されたが、イギリスがこのまま引き下がるとは考えられず、広東やマカオのイギリス商人には不安と緊張の日々が続いた。今後再び緊張が高まった場合、イギリス商人には安全に避難する場所はなかった。また、イギリスは軍艦で威圧するにしても、艦隊が集結できる根拠地が必要であった。

こうしてにわかに注目されたのが、一八二七年にブロッサム号のビーチー艦長が領有宣言を行ったこともあるボニン・アイランズ（無人島、小笠原島）であった。イギリスの貿易監督官チャールズ・エリオットは一八三七年一月二十三日付で、外務次官バックハウスに宛てた書簡の中で「ボニン・アイランズに海軍の小根拠地を設けることに時期を失ってはならないこと、そしてここ並びに他の中国沿岸に、艦艇が毎回短期間頻繁に巡航されるべきであること」(3)を述べ、緊急に無人島の占領が必要であることを強調した。その結果イギリスの軍艦ローリー号が無人島調査のため派遣されることになった。

この前年、英・清関係の緊張が高まると、イギリス外務省は、一八三六年九月十四日付で、在清貿易監督庁長官エリオットに次のような訓令を発していた。

三名の日本人漁民に関して(中略)パーマストン子爵より左の如く貴官に訓令すべく命ぜられた。即ちこれらの日本人をしかるべき日本向けシナ帆船にのせ、静安に本国に送還すべきこと。その費用は大英帝国在清貿易監督庁の緊急費より支弁すべきこと。(4)

この訓令は、主席貿易監督官ネーピアの着任によって生じた清国官憲との一連のトラブルの結果、英国外務省には「日本およびその近隣の国々と商業上の関係」の増進に意を用いる余裕がなくなったことを意味していた。

こうして対清関係の対応に追われたイギリスは、漂流民をイギリス船によって日本に送還し、同時に対日貿易の再開を図るという当初の計画は断念せざるをえなくなった。そこで、その頃アメリカ海外宣教団を援助していた、広東のアメリカの貿易商社オリファント商会は、イギリスの在清貿易監督庁に代わって日本人漂流民七人を同商会の商船モリソン号で日本に送ることを申し出た。

オリファント商会の共同出資者で、今回の航海を計画したチャールス・キングは、これら漂流民を送還することによって自分たちの人道的善意を強調し、日本との交易を開こうと計画したのであった。しかも長崎を避けて直接江戸に向かうのは、長崎のオランダ人のように日本の役人に屈従しながら交易することは望まず、また長崎ではオランダ人の妨害も予想されること、日本の君主にその不幸な臣民を送還するのには、君主が居住する江戸が最もふさわしいと考えたからであったという。当時南方の島々へ行く欧米の商船は十分に武装し、武装していることを誇示することが、窃盗や海賊行為を防ぐ最善の方法と考えられていた。これまでモリソン号も武装していたが、日本へ行く場合は海賊の危険はなく、また友好的使命を強調するためにも出帆直前になって、あえて備砲を取り外したのであった。

モリソン号の航海

モリソン号は、一八三七年七月四日の朝マカオを出帆し、七月十二日、琉球の那覇に到着した。ここで無人島調査に向かうイギリス軍艦ローリー号と落ち合って、宣教師のギュッツラフをモリソン号へ移乗させた。これは本来イギリス船が担うべき対日貿易の開拓と漂流民の送還をアメリカ船に委ねなければならなくなったため、急遽エリオットがギュッツラフをオブザーバーとして派遣したものとみられる。

七月十五日モリソン号は江戸湾へ向けて那覇を出帆し、ローリー号もこの日那覇を出帆して無人島へ向かった。

モリソン号は、五六四トンの快速帆船で、船長はD・インガソル、乗員はオリファント商会のキングとその夫人、夫人のメイド、博物学者としてS・W・ウイリアムズ、医師P・パーカー、通訳としてC・ギュッツラフ、日本人漂流民七名などで、乗組員を含めて総勢三十八名であった(5)。

モリソン号は七月三十日（天保八年六月二十八日）江戸湾の入り口に達し、さらに奥へ進むと前方に砲弾が落下するのがみえたため、午後二時頃浦賀の手前、野比村沖一マイルに投錨した。まもなく大勢の漁民たちが甲板に上がってきて歓待されたが、役人は誰も来なかったという。しかし、役人らしい男が

モリソン号とみられる船の図

（天保八年『客坐掌記』〈『復刻渡辺崋山真景・写生帖集成』第二輯〉）

一人来たとウイリアムズはその日記に記している。

やがて陸の役人の廻しものと思われる一人の役人らしい男が、鹿爪らしい様子で甲板へ上がって来た。彼は人を馬鹿にした態度で周辺を見廻していたが、多少驚いた様子である。最初は馬鹿にした態度を示した彼も、飲食物を取ってからは多少友好的になり、且つ上機嫌になった。この男の乗ってきた舟は他の舟より大きく、土地の者が一杯に乗っていたが、誰も船へ上がって来ず、件の役人風の男が船や乗組員を見廻し、役人の来訪を求める書付を受取って漸く舟へ戻ると、湾の上手のもと来た方角へ戻っていった[6]。

この日は何事もなかったが、翌日早朝モリソン号は突如対岸から砲撃を受け、急遽脱出しなければならなかった。砲撃は半時間ほど続いたが命中弾は一発だけで、乗組員に被害はなかった。モリソン号の停泊地が平根山台場からは遠いため、浦賀奉行太田運八郎は、前夜のうちに野比村に大砲を移動させ、夜明けとともに砲撃を開始したのであった。当時は文政八年（一八二五）以来、異国船無二念打払令が発令されており、打払令に則り砲撃を加えたのである。無二念打払いとはいえ、前日船上に現れた「役人らしい男」によって、モリソン号が非武装であることを確認したうえで砲撃したものと思われる。

危うく脱出に成功したモリソン号は、次に鹿児島へ向かい、八月十日鹿児島湾入り口の山川郷児ヶ《ちよが》水《みず》沖に投錨した。最初のうちは住民も役人も友好的にみえたが二日後の十二日、薩摩藩の役人は海岸に大砲の移動を完了すると突如砲撃を開始した。しかし、砲弾は一発も船に達せず、なんら損傷を被ることなく脱出することができた。しかし、モリソン号は漂流民を送還することもできず八月二十九日マカオに帰投した。同じくこの日、さきに無人島の視察に向かったローリー号もマカオに帰還してきた。

モリソン号とローリー号の背景

ここで、蛮社の獄をめぐる国際的背景、特にイギリスの対日貿易再開問題を、同時期に発生したアメリカ船モリソン号の来航、およびイギリス船ローリー号の無人島占領計画に関連づける見解について検討してみよう。

これは「蛮社の獄」の背景、すなわちモリソン号の来航には、イギリスの対日貿易再開の欲求があるとする説である。この説の概略は、イギリスにおいて「一八三四年にいたり、自由貿易主義者の主張が大勢を制して、東インド会社の対清貿易独占が廃止され、その指導が直接政府の手に移るとともに、あらたに任命された貿易監督官および在清の自由商人により、日本貿易の再開が、あらためて考慮されるにいたった。そのあらわれの一つが、無人島（小笠原諸島）占領計画であり、他の一つは、モリソン号の日本渡来である」という。(7)

このようにモリソン号の来航、無人島占領計画などを、英国の対日貿易再開の欲求に結びつけて「蛮社の獄」の背景と解釈する説は、次のような理由から成立しがたいものといえよう。

すでにみたように当時の極東情勢は、アヘン戦争の直前で、英・清関係は急激に悪化しており、イギリスが対日貿易の再開を展望できるような状況ではなかった。そのため「無人島占領計画」は一朝有事の際、広東のイギリス商人の避難地として、また、イギリス海軍の小根拠地として注目された結果、ローリー号が予備調査のため無人島に派遣されたのであって、イギリスの対日政策とは無関係であった。したがってイギリスがアヘン戦争の南京条約で香港を獲得すると、無人島への関心も自然に消滅していった。

本来イギリスの対日貿易再開を展望して計画された日本人漂流民の送還を含む英国船の派遣が、英・清関係の緊張から、あえてアメリカの商船モリソン号に委ねなければならなくなったことが示すように、かつてパーマストン外相からネーピア宛の訓令にみられたような「イギリスの対日貿易開拓の意欲」を放棄せざるをえなくなった結果が、アメリカ船モリソン号の来航なのである。

当時ネーピアの広東派遣以降、英国は清国との軋轢に忙殺され、対日貿易開拓問題を棚上げしなければならなくなり、その後もアヘン戦争・アロー号事件・太平天国の乱を経て一八六〇年の北京条約の締結にいたるまで、英・清関係の混乱が続いた。また、この間クリミア戦争（一八五四—五六）・セポイの反乱（一八五七—五九）などによって、極東におけるイギリスの行動は大きく掣肘されていたのであった。

ネーピアの広東派遣に始まるアヘン戦争前夜の英・清関係の混乱は、一八三〇年代半ばから一八六〇年代初めまで約四半世紀にわたって続き、この期間はむしろイギリスの対日圧力が相対的に弱まった時期といえよう。こうして日本の開国も、通商条約の締結もアメリカが先鞭をつける結果となった。イギリスが対日貿易の発展に本腰を入れ始めたのは、安政六年（一八五九年）五月、初代駐日総領事オールコック（のち公使に昇格）の着任以後、英・清間で北京条約が調印され、ようやく極東情勢が安定してからのことであった。

したがって佐藤昌介氏の指摘する二つの事件、すなわち「ローリー号の無人島占領計画」と「モリソン号の日本渡来」は「イギリスの日本貿易の再開が、あらためて考慮されるにいたった」ことを示すものではなく、むしろ逆に広東情勢の急変の結果、イギリスが対日貿易再開の期待を放棄せざるをえなくなったことを示す象徴的事件であり、蛮社の獄とイギリスの対日貿易再開の欲求とは無関係であることを意味するものであった。

幕府の対応

このモリソン号の浦賀来航事件は、国内ではほとんど注目されなかった。しかし、翌天保九年（一八三八）六月、長崎に恒例のオランダ船が入港すると、オランダ商館長ニーマンから長崎奉行久世伊勢守広正に一通の機密文書が提出された。この文書こそ、前年浦賀と鹿児島で砲撃されて退去した異国船モリソン号に関するもので、次のように記されていた。

莫利宋

天保九年戊戌六月

エゲレス国之中シンガポーレ島之日記に、去九月七日〈天保八年酉八月八日に当ル〉唐国広東より之書状ニ記し有之モリソンと申エケレス船日本え向ケ仕出候始末申上候。

右之主意は、第一漂流之日本人七人、御当地え為致帰国度との趣候得共、内実は商売願之ため船仕出候由、右漂流人七人之内、三人は此以前アメリカ州之西手之渚ニ而及難船、同所よりロントン〈エゲレス国の都府〉へ送り夫よりアマカワニ被送届候者ニ而外四人之者はロソン島之渚ニ而及難船、イスパニヤ国之船ニ而、アマカワニ被送届候者ニ候、右仕出之船は、エケレス之商館より、江府え向ケ仕出し、琉球島之内、ナパケアンと申所之辺を通船し、江府近海え至候処、石火矢を打懸候得共、場所を見繕、碇を入れ、滞船致居候処夜中、石火矢四挺浜辺ニ備方有之、暁ニ至り本船え向放出之内、一丸は船ニ中候得共、幸ニして一人も手負無之、乍去直ニ碇を揚ケ、薩州え向ケ出帆いたし候処、同所ニ而は、漂流人を以、都合も可致処、船繫之儀同所役人より鹿児島え懸合相成候歟、其間は三四艘之番船本船を取囲ミ乗組之者不為致上陸、勿論其地之人も近き候儀を禁シ、相守罷在、其後二三日を経候へハ、鹿児島より軍卒百人余も出張有之、鉄砲石火矢等を打放候得共、少も船中ニ別条無之候、右船は軍船ニ無之故、武器等之備も無之候処、右様理不尽之振舞、大ニ難渋いたし候得共、アマカワえ致帰船候。

右之趣、かひたん此節渡来之者より承之申出候付、御内々書札を以申上候。以上

戌　六月(8)

この情報はシンガポールの新聞記事(9)に基づくものといわれ、日本人漂流民送還のため、浦賀に近づいた非武装のモリソン号が、突如理不尽にも砲撃を受け、鹿児島でも砲撃に遭い、やむなくマカオに引き返したことを伝えていた。オランダ商館長が伝えた情報では「モリソンと申エケレス船」とあって、モ

リソン号はアメリカ船であるにもかかわらず、すでにイギリス船となっている。もともとシンガポールの新聞記事には国名はなかったという(10)。

この機密文書を受理した長崎奉行久世広正は、ただちに幕府当局に進達するとともに、モリソン号での帰国に失敗した漂流民を次のオランダ船で送還するよう、この秋オランダ船が帰帆する際に申し渡すべきか否かを当局に具申した。

この伺書が幕府に届くと、老中水野越前守忠邦はこれを勘定奉行・大目付・目付・儒役林大学頭等に諮問した。

翌七月に提出された勘定奉行内藤隼人正・明楽飛騨守らによる勘定方の答申は、通商の件は論外であるが、漂流民連渡りの件については、長崎奉行久世伊勢守の伺いのとおりオランダ人に申し渡すというものであった(11)。

八月に提出された大目付神尾山城守、目付水野舎人の答申も長崎奉行の伺いを了承している。ただし漂流民送還が通商と引換えならば受け取る必要はないとし、モリソン号が漂流民を乗せて再度来航した場合には「無二念打払候より外無之(12)」というものであった。

七月に提出された林大学頭述斎の答申も、長崎奉行の伺いのとおりオランダ商館長に申し渡すというものであったが、モリソン号のように、イギリス船が漂流民を送還してきた場合「畢竟邦人を連参り候恩意を以て仕懸候事を無体と打払斗も相成間敷候得は、取扱方もむつかしきものに御座候(13)」、ついてはそうした場合の取扱いについても検討しておく必要があるとして、現行の異国船無二念打払令そのものを暗に批判していることが注目される。

水野は、これら勘定奉行および大目付・目付の答申を、再度林大学頭に下して意見を徴した。戌九月付の林述斎の二度目の答申も初回と大筋において変わりはない。述斎は漂流民について「遠国船方等之賤き者迄も我国之人に候得は、御憐愍被下候と申儀君徳之重き所に候」と人道的に扱うことを求めている。イギリスについては二百年前まで御朱印を頂いて、オランダと同様に交易を行っていた国であり、蝦夷地におけるロシアのような狼藉はしておらず、そうした国とはおのずと別で、慎重に取り扱うべきであるとし、また、

定而彼方に而も、本船は沖懸り仕、伝馬船に而邦人を最初に近寄候事たるへく候。左候時無二無三に打払候而ハ、一向に訳も分り申さぬ事に候。譬は軍中に而敵国之使番来り候時は、矢留を仕候も同様之儀、此意之分ち無御座候而は、此方之仕方却而無法と申ものに御座候。(14)

と打払い策を批判している。

以上の答申を受理した水野は、これらを評定所に下して評議させた。これに対する戌十月付の評定所一座の答申の主な部分を次に示す。

いきりす船先年於長崎狼藉およひ、近年は所々え乗寄、薪水食料を乞、去年ニ至而者猥ニ致上陸、或ハ廻船之米穀、島方之野牛等奪取候段、追々横行之振舞、其上邪宗門勧め入候致方も相聞、旁難被捨置事ニ候。一体いきりすニ不限、南蛮西洋之儀は御制禁邪教之国ニ候間、以来何れ之浦方に於ても、異国船乗寄候を見受候ハヽ、其所ニ有合候人夫を以、不及有無、一図ニ打払(中略)況交易願望之主意を含、信義を唱、漂民を囮にいたし、利を計候段、猶更不届之仕形ニ付、大学頭申上候趣も有之候得共、右体蛮夷之奸賊え対し、接待之礼を可設筋ニハ有之間敷、仮令漂民連渡候共(中

略）御仁慈被施候は平常ニ可有之儀ニ而、御国之災害を被除候ため、賤民之存亡ニ不拘、御取計可有之は御国制之大事、一時権変之御所置ニ付、敢而君徳を薄し候道理は無之候間、向後弥右御書付之趣を以、無二念打払候義勿論ニ有之、尤海岸御備之儀は兼而向々ニおいて心得罷在候上は今般風説之趣別段右之向々江御沙汰ニハ及申間敷哉と奉存候。(15)

このように評定所の答申は、述斎の説く人道的扱いを否定するとともに、従来どおり無二念打払令を励行し、オランダ船による漂流民の送還依頼も無用という厳しいものであった。

そこで水野は再度評定所・勘定所などに諮問した。しかし、評定所の二度目の日付のない答申も前回と同様で、むしろ硬化した印象が強い。また勘定所の再度の答申は第一回と大きな違いはなく、穏便な扱いを求めている。

以上の評議の結果、評定所の答申を除いては、おおむね長崎奉行の伺いのとおり、漂流民の連れ渡りをオランダ人に命ずるというものであった。そこで水野は穏便策を採用し、オランダ船による送還を長崎奉行久世伊勢守に命じた。

以上でモリソン号の来航をめぐる事件は落着したかにみえたが、実はさきにみた評定所一座の第一回目の厳しい答申が、尚歯会の席上で評定所記録方の芳賀市三郎によって漏らされたことにより、モリソン号の来航をめぐって蘭学者高野長英が『戊戌夢物語』を著し、蛮社の獄の発端となったことはよく知られている。

註

（1） 春名徹『にっぽん音吉漂流記』晶文社、一九八〇年、四七頁。

(2) 佐藤昌介『洋学史研究序説』岩波書店、一九六四年、二五一頁。
(3) 奥平武彦「イギリス外交文書よりみたる小笠原島問題」(一)(『国際法外交雑誌』第三九巻七号、一九四〇年九月)。
(4) 外務次官ストラングウェイス発キャプテン・エリオット宛訓令(奥平武彦「英国政府と日本漂流民」明治文化研究会編『明治文化研究論叢』一元社、一九三四年、二二五頁)。
(5) モリソン号に関する部分は、相原良一『天保八年モリソン号渡来の研究』野人社、一九五四年、を主に参照した。
(6) 同、八一~八二頁。
(7) 前掲、佐藤昌介『洋学史研究序説』二三四頁。
(8)『鼇余一得』二集巻八(『内閣文庫所蔵史籍叢刊』3、汲古書院、一九八一年、三〇六頁)。田保橋潔『増訂近代日本外国関係史』原書房復刻、一九七九年、三二三頁参照。
(9) 佐藤昌介『渡辺崋山』吉川弘文館、一九八六年、一四八頁(『シンガポール自由新聞』(Singapore Free Press)一八三七年十月五日付か)。
(10) 同、佐藤昌介『渡辺崋山』一五〇頁。
(11) 前掲『鼇余一得』二集巻二、一八六頁。前掲、相原良一『天保八年モリソン号渡来の研究』一七六頁参照。
(12) 同、一八八頁。同、相原良一、一七八頁参照。
(13) 同、一八七頁。同、相原良一、一七七頁参照。
(14) 同、一九〇頁。同、相原良一、一八〇頁参照。
(15) 同、一九一頁。同、相原良一、一八一頁参照。

江戸湾巡視

通説では、鳥居耀蔵と江川英竜による江戸湾巡視の際、両者の間に確執があり、それが発端となって、江川に連なる崋山や蘭学者らが弾圧されたのが蛮社の獄であるという。これは事件当時からの巷説でもあるが、今やほとんど定説と化した感がある。耀蔵は天保改革でも悪名高い人物であり、一方の江川は代官としての能力はむろん、人格的にも優れた人物として当時から評判が高かった。江戸湾巡視の際、両者の間に軋轢があったのは事実であり、これが直後の蛮社の獄の要因となったとする高野長英の『蛮社遭厄小記』の説は、その後も疑問の余地のないものとして広く定着したといえよう。

モリソン号の浦賀来航事件を契機として江戸湾の防備体制の見直しを迫られた幕府は、目付鳥居耀蔵を正使とし、伊豆韮山の代官江川英竜を副使として江戸湾備場の検分を命じ、天保十年（一八三九）一月九日に出立することになった。蛮社の獄の四ヶ月余り前である。

当初勘定所は、相模側の備場のみの検分としたが、耀蔵は江川に連絡することなく、いわば独断で、相模のほかに安房・上総および伊豆下田辺まで巡検することを上申して内諾を得ていた。耀蔵としては江戸湾の対岸を含まない相州備場のみという勘定所の許可した中途半端な検分では無意味とみたのであろう。

十二月二十日、これを知った江川は、勘定所に対し当初の予定どおり相州の検分のみであることを申し入れたが、勘定所の慰留にあって耀蔵の計画に従った。そこで江川も耀蔵に相談することなく、伊豆大島渡海、浦賀奉行所の砲術検分などを上申している。(1) これを知った耀蔵は、江川に宛てた書簡で婉曲にたしなめている。

其外大嶋渡海砲術御見分之義者、小子ハ不相伺候間、公御独談《ママ》之趣ニ被仰立候方ニ存候、今日川路とも噺合いたし候ニ付、一寸御内々得御意候、官途之儀は兎角面倒のものにて、毎々困入候事多く、余は拝眉可尽候。(2)

副使の江川が正使の耀蔵に無断で伊豆大島などの検分を上申したのは、少々江川も勇み足といえよう。いずれにしても、両者の間には出立前からこうした確執があったことは事実であろう。ただし、これらの江戸湾巡視における耀蔵と江川との意地の張り合いのような不和を蛮社の獄の要因とする説には、なお検討の余地があろう。なぜなら「一斉捕縛と取調べ」の節でもみるように、耀蔵はすでにこれ以前から、ひそかに崋山の身辺を探索し、拘引の機会をうかがっていたからである。

鳥居耀蔵の権威主義

江川は、出立前に測量経験者の推薦を崋山に依頼していた。そこで崋山は長英の弟子筋の増上寺御霊屋付地方調役奥村喜三郎と伊賀組同心内田弥太郎の二名を推薦した。江川はただちに内田の随行許可を勘定所に申請したが、勘定所側は、江川が正使の耀蔵の許可を得ていないとみたのであろうか、これを却下するなど、すんなりとはいかなかったが、結局内田は正月二十一日になって水野忠邦の名で正式に随行が許可されている。一方奥村は江川の雇手代という名目で江川に随行していたが、房州の州之崎でこれを知った耀蔵は、「奥村喜三郎儀増上寺御霊屋付地方取調役ニ付、御用向為取扱候而ハ不宜[3]」として江川に奥村の帰府を命じたという。増上寺御霊屋付役人という奥村の身分は、国家的海防問題を扱うにはふさわしくないという意味であろうか、これも耀蔵の権威主義的一面といえよう。長英は『蛮社遭厄小記』で「鳥居、江川と和せず、且蛮学を嫌忌せられし故、其言に随ひ、喜三郎は元より浮屠氏の下官なれば、国家の御用に任ずる例なしとて、退けらる[4]」と記している。

耀蔵は副使である江川との意思の疎通を欠いたまま、独断で見分範囲を決めたり、江川が委嘱した奥村に巡視の途中で帰府を命じている。たしかに幕府の目付である耀蔵と高名とはいえ代官の江川では、身分の差は歴然で、勘定所でさえ耀蔵への遠慮がうかがえる。耀蔵は自分が今回の巡検の総責任者である以上、江川がたとえ海防に熱心であろうとも、副使である江川などは、無条件で自分の決定に従うのが当然と考えていたのであろうか。

奥村の排除について長英の『蛮社遭厄小記』によれば、耀蔵の部下の小笠原貢蔵の測量が「皆法に合ず、頗る鹵莽（粗末）の事のみなれば」、すなわち、奥村喜三郎のそれよりすこぶる劣っていたため「小笠原貢蔵、己が功の立ざるを憤り、窃に鳥居に讒しければ、鳥居、江川と和せず、且蛮学を嫌忌せられし故、其言に随ひ[5]」奥村を退けたという。しかし、測量図の優劣が判明したとすれば、それは巡視が終了した後、両者の復命書が提出されてからになるであろう。奥村が除かれたのは、まだ巡視中のことであり、同じく崋山の推薦で測量を担当した内田弥太郎は罷免されていない。したがって測量図の優劣が小笠原貢蔵の怨みをかい、さらに耀蔵に訴えて奥村を退けさせたとする説はたんなる巷説にすぎないであろう。

蛮社の獄の三年後の天保十三年（一八四二）、通説では小笠原貢蔵の讒訴によって退けられたといわれる奥村喜三郎を伯父に持つ山口甫三郎を、当の小笠原貢蔵が長女の夫として養子に迎えているという[6]。また、佐藤賢一氏によれば、天保十年四月以降同十二年九月の間に奥村喜三郎の著作『経緯儀用法図説』が幕府に献上され、これによって賞賜を賜ったとみられるという[7]。

この説からみると、蛮社の獄は天保十年五月に起きており、奥村が賞賜を受けた時期と重なる。したがって通説でいわれるように、耀蔵が江戸湾巡視の際の測量事件で江川や奥村に遺恨を含んでいたのなら、耀蔵が目付であったこの時期に、江川を補佐したために、鳥居によって追放されたといわれる奥村が、洋式の測量関連の著作で賞賜を受けることはありえないであろう。これらのことから、測量図の優劣をめぐる怨恨説は信憑性に乏しくたんなる巷説にすぎないものとみられる。

今回の江戸湾巡視で、江川が耀蔵の副使に任命されたことは、当然目付として、また正使としての耀蔵の了解を得ていることであり、耀蔵は江川を信頼できる人物と見込んでいたことを示しているといえよう。

鳥居と江川の親交

ところで、江戸湾巡視以前から、またそれ以後も、耀蔵と江川は昵懇の間柄で、鳥居家の知行地が豆州大平村および柿木村にあり、江川の支配地に接していた関係から、耀蔵は村方支配について、かねてから江川に依頼するところがあった。そのため、天保七年（一八三六）の飢饉の際には、江川は支配地廻村の途次、自ら耀蔵の知行所に立ち寄り、窮民の救済に尽力していた[8]。両者は帰府後もしばしば書簡を往復したり、面談もしており、また江川は林述斎をも訪問している[9]。この年二月には、耀蔵が養母の里方から到来した、カレイ一尾を江川に贈っており[10]、これは両者がまだ江戸湾巡視中のことで蛮社の獄

より三ヶ月前のことである。事件後も江川と耀蔵との交際は耀蔵が失脚する弘化元年（一八四四）まで続いている。(11)

蛮社の獄の後、天保十二年七月、幕府は高島秋帆の洋式砲術の伝授者を江川に決定しているが、この時期少なくとも目付鳥居耀蔵の同意がなければ、江川への伝授は不可能であろう。したがって、これは目付の耀蔵が江川への伝授決定に反対しなかったことを意味しており、耀蔵が江川に遺恨を抱いていたのであれば、江川に決定することはありえないであろう。また同様に「一斉捕縛と取調べ」の節でみるように、耀蔵の策謀によって起こされた蛮社の獄を指揮した老中水野忠邦が、その後天保十四年五月、江川を鉄砲方に登用していることにも同様のことがいえるであろう。

なお、蛮社の獄とのちの高島秋帆の断罪について、有馬成甫氏は「この両事件（蛮社の獄と高島秋帆下獄事件）の原因を、天保十年の江戸湾防備視察における鳥居・江川の感情的衝突にありとする説〈福地桜癡「高島秋帆」〉には首肯し難い。それは原因ではなくて結果の現われの一つと見る方が妥当であろう。又これを政治的両勢力——守旧派と革新派と——の衝突と見る向もあるが、当時守旧派と称すべき党組織も、また革新派というべき派閥も何等存在していなかった事実に照らし、これもまた一つの錯覚に過ぎないものというべきであろう(12)」と評している。

一見「耀蔵の敵意」のようにみえる江戸湾巡視の際の江川との確執は、耀蔵が正使とはいえ、本来、副使の江川と緊密に連絡を取りつつ進めるべきことを、耀蔵はそうした配慮をせず意思の疎通を欠いたまま、江川を当然自分の命令に従うべき部下として割り切って扱ったことによって生じた摩擦といえよう。耀蔵の峻厳な、ときには恣意的な態度も、権威主義的な彼にとっては正使として当然のことなのであろうか。

江戸湾巡視の際、たとえ耀蔵と江川の確執があったとしても、案外決定的対立にいたっていないのは、耀蔵が、江川の謹厳誠実な人柄と、徳川幕府への忠誠心旺盛な信頼できる人物と見込んでいたからであろう。また西洋に対する認識も崋山とは異なっており、こうした江川に対して耀蔵は信頼を寄せていたものとみられる。

江川の人物については世間でも評判が高かったが、崋山も江川について「御存之通、忠胆無二寛永已上ノ人物也(13)」とその徳川に対する忠誠心を称賛している。そもそも耀蔵と江川がもともと昵懇の間柄であり、江川も耀蔵の権威主義的・独善的性格を承知していたであろう。したがって、巷間でいわれるように「耀蔵の敵意」なるものが江川に向けられていたのであれば、江川といえども、事件後も従来どおり耀蔵と交際を続けることはありえないであろう。

このように、江戸湾巡視において耀蔵と江川の間に一時的な確執があったとしても、通説でいわれるような蛮社の獄の原因となるような怨恨問題はなかったものとみられる。

耀蔵は崋山が拘引されてから三日目の五月十七日、江川に絵図と外国事情書の進達を促す書簡を送り、その追て書きの中で次のように記している。

尚々時下折角御自重専一存候、本文外国事情書は、何卒御下書拝覧所乞ニ候。扨又昨日承り候へは、渡辺花山揚屋入之由何之罪ニ候哉、御懇思之者之事、定メテ御聞及モ候哉、驚愕之至ニ候(14)。

耀蔵は崋山の逮捕を昨日はじめて知ったかのように記している。しかし、崋山を告発したのは耀蔵本人であり、江川を揶揄するような虚言を弄しているといえよう。崋山の書簡にもあるように江川は徳川氏の無二の忠臣ともいうべき人物であった。耀蔵はこうした江川を信頼しており、江川と崋山の西洋認識が正反対であること、江川が崋山の説くような西洋礼賛に同調するような人物ではないことを、耀蔵も十分承知していたからこそ、このような書簡を江川に送る余裕があったものとみられる。

江戸湾防備構想

鳥居耀蔵と江戸湾周辺の巡視を終えた江川は、巡見の復命書を作成するにあたって、崋山に西洋事情について執筆を依頼し、崋山は『西洋事情書』その他を書いて江川に送ったことは、すでに「渡辺崋山と江川英竜」の節でみたが、その際これとは別に崋山は『諸国建地草図』[15]一部を送っている。これには国防的見地から世界主要国の首都の地勢を図示した「建都図」八面と江戸湾防備構想図を載せ、これに解説と私案を加えたものである。

崋山は『諸国建地草図』において十万石以上の譜代大名四侯を配置する案を示している。これについて佐藤昌介氏は「崋山の構想は海防を第一とし、〈内政〉すなわち諸侯統禦はこれつぐものであり、これはまさに、崋山が〈外防〉優先の論理に立つことを示すものにほかならない。しかも、かかる論理の根底をなすものは、すでに指摘したかれの深刻な対外的危機意識であり、あるいはこれに触発されたナショナリズムの覚醒であったのである[16]」と評している。すでにみたように、崋山と海防を結びつけること自体無意味であるが、文政七年における異国船打払令問題が幕府内で審議された際、大目付・目付は、房総半島に十万石以上の大名四家におのおのに三万石を領地替えして分担させるという大規模な領地替えをともなう態勢を提案している[17]。したがって、崋山の説は特に目新しいものではなく、また「深刻な対外的危機意識」や「ナショナリズムの覚醒」などとは無関係であろう。そもそも、崋山における「深刻な対外的危機意識」なるものは「蘭学にて大施主」と噂されるほど西洋を紹介する啓蒙活動を行っていた崋山が、自身の西洋に対する肯定的姿勢が反感を買うことを恐れて、あえて自らを西洋を警戒する「深刻な対外的危機意識」を抱く海防論者としてのポーズをとった韜晦であったとみるべきであろう。

また「江川の防備構想の背後にある思想が、鳥居のそれと根本的に異なる」[18]とする説に関しては、耀蔵も江川も西洋に対する厳しい警戒心、鎖国厳守、幕府に対する並々ならぬ忠誠心という点において両者には根本的に異なるところがない。それは耀蔵の江川に対する信頼の根底をなすものであろう。江戸湾巡視以降も従来どおり両者の交際が続いたのは、両者がそうした信頼関係にあったためとみられる。

江川の江戸湾防備計画案について、佐藤氏は「両者の防備計画案は上申されたものの、有司の大勢を制した保守的空気にはばまれて」[19]としながらも、翌天保十一年（一八四〇）、さきの渋川六蔵の建議に関する幕府の通達について佐藤氏が「この時点にあっては、守旧派が幕府の主体的勢力を占めていなかったことを示すものである、と考えられる」[20]としているのは矛盾といわざるをえず、守旧派の存在を考えるうえでの参考となろう。

耀蔵・江川の江戸湾巡視について、当初勘定所の予定では江戸湾の相模側のみの巡視で済ませる方針であったことが、さきにみた耀蔵と江川の角逐からも明らかになっている。このように勘定所の方針がいかにも中途半端な消極的なものであったことからみても、耀蔵や江川の防備計画案が立ち消えになったことについては「保守的空気」とか「守旧派」の問題ではなく、むしろ幕府の財政的諸事情が影響していることが考えられよう。その後も江戸湾の防備強化は不完全のままペリー艦隊を迎えていることからみても、天保期の勘定所としては、江戸湾の本格的な防備は、財政面からも消極的にならざるをえなかったものとみられる。

江川の復命書

さきに「渡辺崋山と江川英竜」の節でみたように、江川は、江戸湾巡視の復命書を書くにあたって、崋山に依頼した『再稿西洋事情書』と『外国事情書』を届けられたが、江川はこれを参考にすることはなかった。もはや江川といえども、崋山が巷間でいわれているような、また江川が当初期待したような海防論者ではないことに気づいたであろう。

江川は幕府への復命書の冒頭で、西洋について次のように記している。

外国ノ事情勘考仕候処、欧羅巴州中魯西亜・伊幾利斯ノ儀、蘭学者流者誠ニ富饒ノ国ノ様ニ申候ヘトモ、決テ左様ニハ有之間敷、困窮ノ国ト奉存候、只其国ノ困窮ナルヲ心得、無油断差働候間、富饒ノ形相見候義ト奉存候、如何トナレハ、第一米抔モ出来不申、纔ニ大小麦出来候位ノモノニテ、此方凶年ノ節ニモ不及位ノ儀ト被察候。(21)

これは日本のように米のできる国が富饒で、米のとれない国は貧困と考える古典的な、しかも誤った西洋認識といえよう。またこれに続けて、西洋人は、こうした貧困から逃れるために「身命ニカケ、種々ノ儀勘考致シ候間、実ニ目ヲ驚カシ候様ナル奇工ノ器物ナト製」するという。ここには崋山が『再稿西洋事情書』で江川に説いた合理性を尊ぶ「窮理」をはじめ西洋における盛んな学術探求への考察はみられない。むろん崋山が指摘したような西洋の優れた社会制度にも関心を示さない。ただ西洋は拒絶すべき対象にすぎず「此上何様ノ儀御座候トモ、夫々御備向相立居候上ハ、聊御懸念有之間敷奉存候」と結んでいる。すなわち、どのようなことがあっても防備さえ完全であれば、海防は少しも懸念することはないと楽観的で、むろん渋川六蔵のいう「唯今俄に蛮法相学び候とても、決而彼には難及」「成敗利害は論ずる迄も無之、徒に失費多く相成候のみ」とする現実を直視する視点はない。こうした江川の西洋認識・海防認識は終世変わることはなかった。

このように崋山が送った『外国事情書』が江川の復命書にまったく反映されなかったことについて、佐藤昌介氏は「蛮社の獄は、大局的にみれば、思想的立場を異にする鳥居が、崋山およびその同志をおとしいれようとした陰謀であったが、直接の目標は、崋山の手になる『外国事情書』の上申をはばむところにおかれていた[22]」という。しかし『外国事情書』の上申をはばむのが目的であるなら、このような事件を起こすまでもなく、目付で正使の耀蔵が、部下の江川の提出する報告書または『外国事情書』を却下すれば済むことであり、そもそも『外国事情書』自体、江川が崋山に書き直しを求めた『再稿西洋事情書』と同様、随所に政治・教育など西洋の社会制度の優れていることを紹介しており、到底江川自身が受け入れられるような内容ではなかった。したがって蛮社の獄の原因を『外国事情書』の上申を阻止することであったとする説は成立しがたいであろう。

以上のような江戸湾巡視における耀蔵と江川の確執は、守旧的耀蔵に対する開明的江川の対立という形で、当時巷間でも囁かれていた模様であるが[23]、両者の角逐を蛮社の獄の要因とする通説は、耀蔵の江川に対する信頼からみても、巷説の域を出るものではなかった。

註

（1）佐藤昌介『洋学史研究序説』岩波書店、一九六四年、二五五頁。

（2）天保九年極月廿三日付、江川英竜宛鳥居耀蔵書簡（江川文書『相州御備場御見分御用留』。前掲、佐藤昌介『洋学史研究序説』二五五頁参照）。

（3）前掲、佐藤昌介『洋学史研究序説』二六一～二六二頁。

（4）高野長英『蛮社遭厄小記』（『日本思想体系』55「渡辺崋山・高野長英・佐久間象山・横井小楠・橋本左内」岩波書店、一九八二年、一九五頁）。
（5）同、一九五頁。
（6）石崎康子「幕臣小笠原甫三郎の生涯—小笠原家文書『小伝』から—」（横浜開港資料館・横浜近世史研究会編『19世紀の世界と横浜』山川出版社、一九九三年、一八〇～一八一頁）。
（7）佐藤賢一「奥村喜三郎の『経緯儀用法図説』について」（片桐一男編『蘭学交流史—その人、物、情報—』思文閣出版、二〇〇二年、一六四～一六五頁、一七一頁）。
（8）前掲、佐藤昌介『洋学史研究序説』二二三頁。
（9）同、二六三頁。
（10）佐藤昌介『渡辺崋山』吉川弘文館、一九八六年、一九七頁。
（11）江川文書「書札写」（前掲、佐藤昌介『洋学史研究序説』二三六頁参照）。
（12）有馬成甫『高島秋帆』吉川弘文館、一九八九年、一五四～一五五頁。
（13）天保十年六月二十七日付、椿椿山宛崋山獄中書簡（小沢耕一・芳賀登監修『渡辺崋山集』第四巻「書簡（下）」日本図書センター、一九九九年、四六頁）。
（14）江川文書、鳥居耀蔵書簡（前掲、佐藤昌介『洋学史研究序説』二九二頁参照）。
（15）「諸国建地草図」（佐藤昌介校注『崋山・長英論集』岩波文庫、一九七八年、四一～五七頁）。
（16）前掲、佐藤昌介『渡辺崋山』二〇四頁。
（17）藤田覚『近世後期政治史と対外関係』東京大学出版会、二〇〇五年、二三七頁。
（18）前掲、佐藤昌介『洋学史研究序説』二七五頁。
（19）同、三〇五頁。
（20）同、三〇〇頁。

(21) 江川英竜、天保十年五月「外国事情申上候書付」(『大日本維新史料』第一編之一、一五九〜一六一頁)。
(22) 前掲、佐藤昌介『渡辺崋山』二五三頁。
(23) 前掲、高野長英『蛮社遭厄小記』一九五頁。

尚歯会と蛮社

尚歯会

通説では、蛮社の獄の「蛮社」とは「尚歯会《しょうしかい》」を指すものと解釈するのが一般的理解であるが、この「尚歯会」自体は蛮社の獄で追及・弾圧されていない。したがって、この事件を「蛮社の獄」と称すること自体そもそも誤解を生じやすいといえよう。ただし、この尚歯会の席上で、モリソン号の打払いに関する幕府評定所の厳しい答申が、評定所記録方の芳賀市三郎によって漏らされ、蛮社の獄の発端となったのは事実である。なお「尚歯会」という名称は、歯を、齢《よわい》をとうとぶという意味で、当時の老人たちの集まりの名称としてはごく一般的なものであったという。

蛮社の獄が尚歯会との関連で語られるようになったのは、高野長英の『蛮社遭厄小記』の記述によるといえよう。長英は尚歯会について次のように記している。

紀州の儒官に白鶴義斎遠藤勝助といふ者あり。紀州公の師範を勤め、藩邸の子弟を教導しけるが、（中略）癸巳（天保四年）以来、凶荒頻りに行はれ、都下尚餓莩《がひょう》（餓死者）多く、鄙郷僻邑実に想像すべし。是に依て慨然として嘆息し、救荒の諸書を著述し、専ら経済の実学を研究せしかば、諸侯往々策を設けて、政事を質問せられける。但し中就頗る錯雑して、急に答難きものありければ、尚歯会を設け、老人会合を名とし、大小都下有名之士を招き、就て衆人の議論を湊洽し、常に回答致

されしかば、説る者其厚を深く信じ、政務を問ふ者、随て多。故に都下の人、一時に経済学の大家とす。(1)

これを藤田茂吉はさらに潤色し『文明東漸史』では次のように述べている。

崋山、長英等か唱首となりて設立したる尚歯会は、歯を尚ひ老人を糾合せるものに非す、其実は当時政務に注意せる西学派の有志者を集めたるものなりと雖とも、世情の嫌疑を憚り尚歯の名を藉りて此会を開きたるなり。(2)

元来紀州藩の儒者遠藤勝助が中心となって始めた尚歯会を、藤田は「崋山、長英等か唱首となりて設立」したとして、あえて崋山・長英を中心に据えている。

しかし、崋山や長英が設立し「世情の嫌疑を憚」るような会であったなら、それぞれ思想も異なる多彩な人々が集まることはなかったであろう。さらに藤田は「於是乎崋山長英等は、草莽に在りて隠然国家の政務に参与するの勢力を有し、人の智識を開発して世益を補導する務に任せり、偉《さかん》なりと云ふ可し」(3)と記すものの、実際の尚歯会は「西学派の有志者を集めたるもの」ではなく、また崋山・長英らが「隠然国家の政務に参与するの勢力を有シ」などは、誇張というよりもありえないことであろう。

この尚歯会の実態については不明な点も少なくないが、水戸藩の藤田東湖も尚歯会に加わっていたことが彼の『見聞偶筆』にみられる。

余華山（ママ）の名を聞くこと久しけれども、良縁なくして交りを結ばず、遠藤勝介（ママ）が尚歯会にて其面を知り、又立原杏所の許にて草草に相逢ふ、寒暖を談じたるまでなり、遺憾といふべし、其容貌洒落和気ある中に発露するやうに覚えたり。(4)

この頃東湖は、江戸にあって藩主斉昭を支える改革派のリーダー的存在であったが、前年まで郡奉行であった彼は、折からの飢饉に尚歯会の救荒対策に関心を持っていたのであろうか。また、松崎慊堂の『慊堂日歴』の天保九年(一八三八)十月二十六日の条に「遠藤勝助尚歯会、在本月十五」とあり、松崎慊堂も会員であったものとみられる。

紀州藩の儒者遠藤勝助が中心となって尚歯会を開いた天保四年は、以後天保八年まで断続的に続く天保の大飢饉の幕開けともいうべき年で、こうした社会情勢の下で、天保七年に著された高野長英著『救荒二物考』同じく『避疫要法』および遠藤勝助著『救荒便覧』などは、いずれもこの尚歯会を通じて生まれたものといわれている。

蛮社の獄の発端となった、天保九年十月十五日の尚歯会では、長英の門人で天文数学に詳しい伊賀組同心内田弥太郎、増上寺御霊屋付地方調役奥村喜三郎らが、経緯儀を披露している。またこの日、幕府評定所記録方の芳賀市三郎は、上野・下野などを巡検した際の紀行文を持参し添削を受けたという(5)。

これらのことから尚歯会は、紀州藩の遠藤勝助が主催し、はじめは当面する飢饉の救荒対策について話し合いがもたれ、やがて、社会問題から文学・天文学まであらゆる問題について情報や意見を交換する会に発展したものとみられる。こうして議題または話題は多岐にわたったと考えられる。

会員も諸藩の江戸留守居をはじめ儒学者・知識人、その中には松崎慊堂・藤田東湖・崋山・長英・小関三英らさまざまな、ときには正反対の思想の持ち主とみられる人士も交じっていたといえよう。このように尚歯会は『文明東漸史』のいうような、崋山・長英が中心となって「主導」したものでも、洋学者の集まりでもなかった。

尚歯会の会員で、蛮社の獄で断罪されたのは『夢物語』を著した高野長英と渡辺崋山だけであり、小関三英は鋭い政治意識の持ち主であったが、彼はそれを巧みに韜晦し、容疑者ではなかった。また、尚歯会会員で江戸湾巡視の際江川に協力した御家人内田弥太郎、増上寺御霊屋付役人奥村喜三郎らも処罰されていない。このように蛮社の獄で崋山・長英以外には、尚歯会を主宰したといわれる遠藤勝助をはじめ尚歯会関係者は処罰されていない。しかし、後年、蛮社イコール尚歯会という解釈が一般的となり、蛮社の獄とは尚歯会という洋学者グループが弾圧された事件とする誤解が生まれたものとみられる。

「開明派」と「守旧派」

佐藤昌介氏は、尚歯会を蛮社とする旧来の説は否定しつつも「蛮社」について次のような独自の見解を発表している。

すなわち「〈蛮社〉は、崋山の洋学的知識ないし知見を慕って、個人的にかれ（渡辺崋山）と接触した人々の総称(6)」であるという。ただし、特定の党派をなしていたかのようにみなすのは誤りで、彼らは内外の情勢に危機意識を抱いて崋山に師事し、崋山のもとに集まった人たちで「主たる目的は海防の研究(7)」であるという。また佐藤氏は、崋山の傘下に集まった人々が「かれと基本的に志向を共にする封建的支配者層内部の開明的分子であったことは、容易に理解されよう(8)」として、次の人々をあげている。

幕臣では、代官江川英竜、羽倉簡堂、勘定吟味役川路聖謨《としあきら》、二千石高の旗本で使番松平伊勢守、三千石高の旗本松平内記、西丸小姓組下曾《しもそ》根《ね》信敦《のぶあつ》（金三郎）など、儒者・文人では、幕府の儒官古賀侗庵、紀州藩儒遠藤勝助、高松藩儒安積艮斎、津藩儒斎藤拙堂、水戸藩士立原杏所、松江藩士望月菟毛、同庄司郡平、ほかに鷹見泉石、八王子同心組頭松本斗機蔵、元普請役大塚同庵、元徒士本岐道平、剣客斎藤

弥九郎その他合計二十八名あまりであるという(9)。この崋山に私淑し「崋山と基本的に志向を共にする封建的支配者層内部の開明的分子」「蛮社系官僚」が幕府内の「開明派」で、これと対立する「守旧派」との軋轢《あつれき》が蛮社の獄の要因であるという(10)。しかし、この「崋山に直結する蛮社」説にはなお検討の余地があるものといえよう。

そもそも「開明派」「守旧派」とは何か、佐藤氏も特に定義はしていないが、氏の説を総合すると「開明派」「開明的分子」とは、対外問題に関心が高く、当時しだいに頻繁になった異国船の出没などに危機感を抱き、海防強化のために西洋の軍事技術や知識の導入に熱心な人々を指すものとみられ、代表的人物としては江川英竜・羽倉簡堂(用九・外記)・川路聖謨などがあげられるという(11)。しかし、洋式軍備の導入を唱え海防強化に積極的であることと開明的であることとは、本来次元を異にする問題であろう。このことは、代表的開明派と目された江川英竜がその偏狭な西洋観から晩年まで鎖国・海防に固執した保守的人物であったことからも明らかであろう。そもそも開国以前の対外的危機とは、幕府の鎖国政策の危機であって、わが国の国防の危機とは別次元の問題であった(12)。

江川をはじめ当時の海防論者は、捕鯨船の日本近海遊弋、さらにわが国の漂流民の送還や交易を求めて平和的に来航する異国船さえわが国を覬覦《きゆ》する不審船であるかのように警戒していた。しかし、ペリー艦隊の来航を迎えてわが国が開国すると、彼らもようやくその誤りに気づき、やがて佐久間象山も高島秋帆も開国論に転向している。彼らは一見対外問題に明るく開明的であるかのようにみられがちであるが、実は海外情勢と鎖国の意義を把握しきれず、幕府の偏狭な鎖国政策に疑問を抱かない守旧的思考の持ち主であった。

これら佐藤氏が崋山に師事したとする「開明派」といわれる人々のうちで、明らかに対外的危機意識を抱いて崋山と接触したのは、江川英竜のみとみられる。しかもさきにみたように、江川が崋山を海防家とみたのは誤りであった。むしろ開国を期待する崋山は、江川の鎖国・海防志向の誤りを啓蒙しようとしていたのであって、崋山と江川の西洋認識は正反対であった。また当時勘定吟味役であった川路聖謨について佐藤氏は、「崋山の洋学的知識ないし知見を慕って、個人的にかれ（崋山）と接触した人々[13]」のうちの一人で「蛮社」の一員とし、また「蛮社系官僚」とも称している。崋山はこの川路にも接近を図っていたのは事実であるが、海防強化が目的ではなかった。すでに「渡辺崋山」の節でみたように、川路は西洋を海防の対象としての仮想敵国ではなく、むしろ海防以前の問題として客観的にみており、したがって彼は海防の強化は唱えていない。このように冷静な対外認識を持つ川路が「海防を目的として」崋山と接触したとは考えがたい。

次に佐藤氏が、江川英竜・川路聖謨と並ぶ開明派とし、崋山に師事したという羽倉簡堂[14]についてみてみよう。

羽倉簡堂は、名を用九、簡堂と号し、外記は通称で、幕吏としてよりもむしろ学者・文人として知られていた。天保の改革を強行した水野忠邦が失脚すると、民衆は快哉を叫んで、これを歓迎したが、羽倉簡堂も同時に勘定吟味役を追われた。しかし、羽倉は「忠邦を生涯の知己としてこれに絶大の信頼をささげていた（中略）羽倉は尊敬してやまない忠邦とともに官府を追放されたことをむしろ光栄[15]」としていたという。また羽倉の対外認識については「弘化嘉永の際、海外諸邦との関係漸く多事ならんとす。先生（羽倉）の論攘夷に在り。固より、外交を不可とす。海防私策を草して幕府に上りき[16]」という。

このように対外問題に関して、羽倉は崋山とは対照的で、開明的な面はみられず海防に熱心であったことがわかる。荻生茂博氏は羽倉の西洋認識について、その西洋観「蓋し其国土痩せ民寡く、力を省くに機器を藉り、航海互市によるに非ざれば、則ち生を済す能わざる也、貪にして利に務むるが常也」をあげて「かかる認識は、坦庵と揆を一にしている」[17]という。このように羽倉簡堂の西洋に対する認識は、江川のそれと同様、誤解に基づく古典的な西洋観というべきあろう。このような羽倉が「崋山の洋学的知識ないし知見を慕った」開明的分子・開明派とは考えがたい。むしろ江川と同様、崋山とは対照的な守旧的人物というべきであろう。

そもそも崋山と羽倉の接点は不明で、羽倉が崋山と親密な間柄であったなら、羽倉には無人島渡海の計画がないことを崋山は知らされていたであろう。したがって羽倉が「崋山の洋学的知識ないし知見を慕った」とは考えがたい。また、羽倉や川路のような幕府の高官には、私的な集会への参加、他家への訪問にもかなりの制約があった模様で、松平春嶽は次のように記している。

老中方ハ最鄭重也、老中の役中ハ、他出抔する事なし。（中略）夫も多人数の客来の時ニハ不参候。（中略）若年寄右同断、其他大目付・勘定奉行小吏ニ至る迄、親族の外交際ならす。[18]

「勘定奉行小吏ニ至る迄」とあることから、勘定吟味役の川路も羽倉も大勢が集まる尚歯会に参加するはずはなく、むろん崋山を訪ねることもできなかったであろう。このほかにも「危機意識」を抱いて崋山の学識と知見を慕って集まったとされる幕府の儒官古賀侗庵も、崋山との接点は見当たらない。むしろ「高野長英」の節でみたように、侗庵は崋山ではなく、長英に師事していたのであった。

侗庵と崋山との関係について、前田勉氏は次のように述べている。「崋山が時人の〈井蛙管見〉〔『再稿西洋事情書』）換言すれば、視圏の狭隘さを痛罵したことと侗庵の所説の一致に注目すべきであろう。ただし注意しておくべきは、侗庵の華夷観念批判は崋山とかかわりなく、崋山が蘭学に接するより以前からなされていたことである。その意味では、佐藤昌介氏の説くような崋山と侗庵の主客の関係、すなわち崋山が中心に位置し、侗庵は崋山を慕い集まる周辺部分とする関係は見直さなければならない[19]という。なお寄合松平内記も『有也無也』に「是も長英門人なり[20]」とあり、崋山の知見を慕って集まったとは考えがたい。

内外の情勢に危機意識を抱き、崋山の洋学的知識ないし知見を慕って崋山と接触した人々として、佐藤氏が名をあげた川路・羽倉・江川以下十数名の人々は、蛮社の獄の際、鳥居耀蔵の部下の小人目付小笠原貢蔵の最初の探索書に名があがっているものの、その場合、たんに崋山と交際があったと「推測」される人物として記されているにすぎず、また知人であることは認められても、実際に崋山の洋学的知見を慕って集まったとか、崋山と同志的関係にあったとする明証はない。しかも江川・羽倉の実像が守旧的海防論者であって、開明的とはいいがたいとすれば、佐藤氏のいう「蛮社」の構成員、または「蛮社グループ」としてとか「崋山およびかれの傘下に集まった江川ら開明的分子[21]」とする説は成り立ちがたい。

佐藤氏は、こうした幕府の「開明派」の背後には渡辺崋山がおり、崋山は「江川英竜・羽倉外記・川路聖謨らの幕臣と交わり、事実上、かれらを指導しつつ、海防問題に情熱を傾けていた[22]」とする。しかし、この場合も「海防に熱心な崋山」とは、崋山がかつて田原藩の助郷回避のために用いた方便であり、また奉行所で追及された「西洋を尊崇する崋山」という崋山像を打ち消すために、崋山が自ら作り上げた虚像であったことは、すでにみたところである。

崋山は『慎機論』を書いてモリソン号の打払いに反対したことにもみられるように、彼は西洋に強い関心と憧憬を抱き、開国の実現を期待して、友人たちの西洋への誤解を解くために「蘭学にて大施主」と噂されるほど啓蒙活動を続けていたのであった。このように開国を求めてきた崋山が、いわば西洋を追い払う海防強化のために「かれらを指導しつつ海防問題に情熱を傾けていた」ということはありえないであろう。いずれにしても海防に熱心であれば開明的または開明派とみること自体誤りといわざるをえない。

次に開明的分子、または「開明派」に対立するという「守旧派」[23]についてみてみよう。

鳥居耀蔵も江川も「幕府の鎖国政策に疑問を抱いていない」という点では大きな相違はなかったが、守旧派といわれる耀蔵や書物奉行兼天文方の渋川六蔵らは、たとえ洋式銃砲を導入し、海防を強化しても西洋の強力な軍事力に対し勝算はないとし、したがって彼らは西洋との武力衝突を恐れ、むしろ財政的にも無駄であるとして海防強化には消極的であったことは「鳥居耀蔵」の節でみた。このように財政問題や西洋との埋めがたい軍事力の格差という現実を真摯に受け止めて、海防強化に慎重な彼らを一概に守旧的と割り切れるであろうか。

耀蔵は、特に昵懇の間柄であった蘭学者渋川六蔵のこうした海防慎重説に影響されたものと思われる。当時、江川英竜・高島秋帆・佐久間象山らのように、洋式武器の充実によって来航する艦船に対抗しようとする、または対抗可能であるとする考えがある一方で、渋川六蔵・鳥居耀蔵らは、たとえ洋式銃砲・洋式艦船を取り入れても「成敗利害は論ずる迄も無之、徒に失費多く相成候のみ」とみて、海防整備を最小限にとどめようとする現実的な考えであったものとみられる。こうした海防消極説は、西洋の強大な軍事力の実態に対する冷静かつ現実的な判断であり、これはのちの弘化・嘉永期に開明的といわれた阿部政権が、徳川斉昭や有志大名らによる海防強化の慫慂にもかかわらず、海防の強化には最後まで消極的で、江戸湾の海防整備を最小限にとどめ、武力衝突の回避を徹底した政策にも通ずるものといえよう。これは西洋の科学技術の進歩と、その強大な軍事力への認識の問題であり、耀蔵は蘭学者渋川六蔵からの情報によって西洋の強大な軍事力を認識していたものとみられる。したがって、一概に洋式銃砲の導入や海防の充実を唱える人々が開明的で、一方、現実をふまえて、海防の充実に消極的な渋川や耀蔵らを守旧的とする見方には検討の余地があるものと思われる。

政治疑獄説

佐藤昌介氏によれば、当時幕府内には「守旧的勢力」と「開明的分子」との政治的対立があり「蛮社の獄は、直接には、江戸湾防備問題をめぐる幕府官僚間の対立に派生した政治疑獄にほかならない[24]」という。そのことは、天保期、内・外の緊張が高まったこの時期に「まさにこの時点において、崋山が洋学研究を行ない、また彼の傘下に、江川英竜・羽倉用九・川路聖謨の如き幕府官僚中の開明分子や諸藩の有志が集まった（中略）このようにして洋学が〈蛮社〉を通じて、政治的危機打開の知識・技術として、幕藩権力内部にようやく深く浸透しつつあった時点において、これを阻止せんとした鳥居耀蔵ら守旧派官僚の策謀が、蛮社の獄の弾圧をひき起こしたのである[25]」という。

また佐藤氏は、崋山を幕府内部の開明的分子の背後にある中心人物と位置づけて、崋山の思想が「守旧的勢力」を刺激し、蛮社の獄を引き起こしたとする。さらに「洋学的知識を踏まえたかれ（崋山）の思想の中には、現体制に対する変革的な契機がはらまれていた。このことは当然、幕藩制のイデオローグたる林家一門およびかれらによって代表される幕府内部の守旧的勢力の、崋山およびかれの傘下に集まった江川らの開明的分子に対する嫌忌を不可避なものとしたのである。かくて鳥居は、『外国事情書』の上申計画その他に示された、崋山の幕政介入を封ずるために、かれの弾圧を策するとともに、他方では、江川、羽倉らの失脚を図って、崋山とともにかれらをも告発した[26]」、これが蛮社の獄の真相であるという。しかもこの政治疑獄における両勢力の系統は、幕末の政争にも引き継がれ、さらに崋山なきあとも崋山に連なる洋学が「その後の幕末的危機の深化にともない、幕藩体制の補強・修正のために、本格的に動員されて行くとともに、純粋封建制の維持にあくまで固執する鳥居ら守旧派および、これとイデオロギーを共にする反動的勢力により、その過程を通じて、幾多の弾圧ないし阻止運動が繰返されたのであった。蛮社の獄はかかる幕末的政争の端緒的形態にほかならない[27]」という。しかし、さきにみたように「幕府内部の開明的分子」とか「幕府内部の守旧的勢力」なるものの存在は明らかでなく、多分に推測の域を出ない。また「幾多の弾圧ないし阻止運動」が具体的に何を指すのか明らかでない。したがってこの政治疑獄説には異論も少なくないことは、さきに「研究史の回顧と問題の所在」の節でもみたところである。佐藤氏は、この政治疑獄は「江戸湾防備問題をめぐる幕府官僚間の対立に派生した[28]」とするものの、江戸湾巡視における鳥居と江川の確執は「江戸湾巡視」の節でみたように、副使である江川との意思の疎通を欠いた鳥居の独善的・権威主義的一面の表れにすぎず「幕府官僚間の対立」も実証されていない。また、いわゆる開明派という「渡辺崋山とその同志」からなる「蛮社グループ」「蛮社系官僚[29]」「蛮社系洋学」の存在も明確でない。したがって「崋山によって指導された〈蛮社〉の思想と洋学が、在野的な存在から転じて、ようやく幕府権力内部に深く浸透するにいたった[30]」とする説も実証性に乏しい。したがって蛮社の獄を「政治疑獄」とみて、崋山の傘下に集まった開明派の系統は、江川英竜・羽倉簡堂・川路聖謨らのごとき幕府官僚中の開明的分子らによって継承される一方、鳥居耀蔵ら守旧派官僚とイデオロギーを共にする反動的勢力は、その後も幾多の弾圧ないし阻止運動をくりかえしたとして、蛮社の獄はその後の幕末的政争の端緒的形態にほかならないとする説[31]も、幕府内の「守旧的勢力」と「開明的分子」の存在自体が明らかでない以上成立しがたいといわざるをえない。

註

(1) 高野長英『蛮社遭厄小記』(『日本思想体系』55「渡辺崋山・高野長英・佐久間象山・横井小楠・橋本左内」岩波書店、一九八二年、一九〇~一九一頁)。
(2) 藤田茂吉『文明東漸史』報知社、一八八四年、九五頁。
(3) 同、八七頁。
(4) 『見聞偶筆』(菊池謙二郎編、新定『東湖全集』国書刊行会復刻、一九九八年、五六三頁)。
(5) 前掲『蛮社遭厄小記』(『日本思想体系』55、一九一頁)。
(6) 佐藤昌介『洋学史研究序説』岩波書店、一九六四年、二一三頁。
(7) 『国史大辞典』「蛮社の獄」の項(佐藤昌介執筆)。
(8) 前掲、佐藤昌介『洋学史研究序説』一九一頁。
(9) 同、一九一~二一四頁。
(10) 同、二二四~二二五頁。
(11) 同、一九〇頁。
(12) 田中弘之「阿部正弘の海防政策と国防」(『日本歴史』六八五号、二〇〇五年六月)。
(13) 前掲、佐藤昌介『洋学史研究序説』二一三頁。

(14) 同、一九七頁。
(15) 北島正元『水野忠邦』吉川弘文館、一九八七年、四八六頁。
(16) 中城直正「羽倉簡堂」(『歴史地理』一三巻六号、一九〇九年、二七頁)。
(17) 荻生茂博「〈海防論〉再考」(『江戸の思想』九、ぺりかん社、一九九八年十二月、一二三頁)。
(18) 松平春嶽「前世界雑話稿」(『松平春嶽全集』一、原書房、一九七三年、二三二頁)。
(19) 前田勉『近世日本の儒学と兵学』ぺりかん社、一九九六年、四二二～四二三頁。
(20) 清水正巡『有也無也』(井口木犀編著『崋山掃苔録』豊川堂、一九四三年、二七六頁)。
(21) 前掲、佐藤昌介『洋学史研究序説』二九六頁。
(22) 同、一九〇頁。
(23) 同、二一九～二二五頁。
(24) 同、二二八頁。
(25) 同、三五八頁。
(26) 同、二九六頁。
(27) 同、三五八頁。
(28) 同、二二八頁。
(29) 同、三三五頁。
(30) 同、三五六頁。
(31) 同、三五六～三五八頁。

『戊戌夢物語』と『慎機論』

天保九年（一八三八）十月十五日、尚歯会の席上で、幕府評定所記録方の芳賀市三郎によってモリソン号来航事件をめぐる評定所一座の答申が漏らされたことは、「モリソン号事件」の節でみた。この評定所一座の答申をもとに高野長英が『戊戌夢物語』を、渡辺崋山は『慎機論』を書いたことはよく知られている。そこで、蛮社の獄の発端となった長英の『夢物語』と崋山の『慎機論』についてみてみよう。なお長英や崋山と同様この尚歯会の席上で、モリソン号来航のニュースを知った八王子千人同心組頭松本斗機蔵（胤親）も「上書」を書いている。

ところで、モリソン号が浦賀沖に来航したのは、前年の天保八年のことであったが、長英の『和寿礼《わすれ》加多美《がたみ》』の冒頭に、

去年の秋の頃にか有けん、長崎在留之オランダ加比丹より、イキリス国のモリソン、日本漂民七人を召連、江戸近海え着船致し、漂民護送を名とし、其実は通商願ひの心底の由、長崎鎮台え被訴出となん。（中略）追々風聞高く、春にも成なば来るらめ、或は早や九州あたりに来りぬなど、いと喧すしく唱ひければ、(1)

とあり、長英は、モリソン号は過去のことではなく、これから来航するものと誤解していた模様で、こ

うした誤解は崋山も、松本斗機蔵も同様であった。そこでまず松本斗機蔵の「上書」をみてみよう。

松本斗機蔵の「上書」

この「上書」(2)（約三千七百字）は、冒頭「高三拾俵一人扶持内御足高二俵、千人頭志村又右衛門組同心組頭松本斗機蔵戌四拾六歳」と書き出して本人の身分を明らかにし、次いでモリソン号来航の風説を記す。これをふまえて従来のフェートン号事件をはじめ英国捕鯨船の薩摩宝島における略奪事件などをあげ、これらは英国政府とは無関係のたんなる海賊の所業「倭寇の類」と断じ、それに対し今回のモリソン号の来航は「遠海万里労費ヲ不厭、漂民ヲ憐ミ送越候事中儀ハ、仮令内実願望差含ミ、一時之謀略ニ候共、名義ニ於テハ殊勝成儀」として、漂民を送還してくるモリソン号の来航を肯定的に評価している。さらに英国については「国初ニハ御朱印迄被下置候御由緒モ有之」と日・英両国の歴史的交流を肯定的に述べるとともに「偖又当時強大之諳厄利亜之儀ニ御座候ヘハ、万一怨憤ヲ懐候節ニ至候ハヽ、中々以是迄之海賊船之所業ニテハ相済申間敷、終ニハ両国之戦争共相成可申モ難測」と武力衝突を懸念し、また「江戸入津之廻船ヲ見合次第差妨候ハヽ、御府内食米ヲ始、諸色品切ト相成、国内之飢饉ヨリハ差当リ大患出来可仕候」と事態の重大性を強調している。結論として「此後万一右船渡来仕候ハヽ、アタムレサノットノ如ク御手厚之礼接有之、漂民御受取被成」、ただし、交易の件は許されぬことを諭し、それを承諾しない場合にのみ、はじめて打ち払うべきであると結論づけている。しかし、肝心の箇所はそれに続く部分とみられ「諳厄利亜船本邦へ渡来仕候始末、左に略陳仕候」と一項を設けて再び慶長以来の日・英関係について「東照宮様、台徳院様ヨリ両度御朱印迄モ頂戴、和蘭陀同様御由緒モ有之候」と全体の約三分の一を費やして両国の歴史的交流を強調している。これはオランダと同様にイギリスにも交易を許すべきであることを暗にほのめかしたものとみられる。このこと、すなわち松本斗機蔵がイギリスとの交易の開始を望んでいたことは、前年の天保八年九月に彼が著した『献芹微衷』の末尾に、

右の諸書（日本国内の情報を記した西洋の書）ヲ合考レハ、今ノ和蘭船ハ全ク名目計ニシテ、内実ハ西洋諸州ノ間諜ナルコト可知。アヽ年来彼カ欺罔ヲ受ケ、彼ニ愚弄セラルヽコト口惜キコトナラスヤ。然レハ愈「オロシヤ」「イキリス」表立タル交易ヲ許シ、姦猾ノ胆ヲ破ランコト誠ニ国家ノ長策トモ可謂乎。(3)

と記していることからも、彼はすでにモリソン号の来航とは関係なく、イギリス・ロシアとの交易の開始を望んでいたことがわかる。したがって、斗機蔵は「上書」の前半で、モリソン号の交易要求の件は拒絶し「右使節へ御暁諭有之、其上ニモ承服不仕、強テ剛情ニ申募リ帰帆不仕候ハヽ、其節ハ無二念船共撃砕候トモ、罪咎ノ帰スル所可有御坐」と記すものの、日・英両国の歴史的交流、現在の強大なイギリスの国力の強調などからみて、斗機蔵の真意はモリソン号の要求を受け入れるべきであるとするところにあったものとみられる。この斗機蔵の論法は、次にみる長英の『夢物語』の論法に似ていることが注目される。なおこの斗機蔵の「上書」に限らず『夢物語』や『慎機論』においても、しばしば建前と真意とを書き分けていることに注意すべきであろう。なお、長英も崋山もモリソンをあえて人名としているが、斗機蔵は原文の通り船名としている。

高野長英の『戊戌夢物語』

この『戊戌夢物語』(4)（約五千七百字）は、冒頭「冬の夜の更行まゝに、人語も微に聞えて、履声も稀に響き」という書き出しで、冬の深夜、夢の中で「甲の人」と「乙の人」が問答するという形で論旨が展開していく。なお「乙の人」の説を長英本人のそ

れとみるとわかりやすい。

はじめに甲の人が、

近来珍敷噂を聞り、イキリス国のモリソンといふもの、頭と成て船を仕出し、日本漂流人七、八人を乗せ江戸近海に舶を寄せ、之を餌として交易を願ふ由阿蘭陀より申出しとなん。抑イキリスといふ国は、如何なる国にて候哉。

と質問すると、乙の人がイギリスの地理・風土などを述べ、イギリスは世界中に広大な植民地と膨大な軍備を持つところの国力盛んな国であることを説明し、中国との交易も盛んであることを述べる。

再び甲の人がモリソンについて質問すると、乙の人が答えて、モリソンは「碩学宏才」で漢学に詳しく、近年は「広東交易使の総督とかに相成、南海中の諸軍艦一切支配仕候由に付、少くも水軍二、三万位も撫育仕候様に相聞へ申候。左候得者、此方の四、五万石位の大名の事に可有之哉と奉存候」と述べる。このように長英は、モリソンを船の名ではなく「モリソン」という人物としており、しかも強力な艦隊を率いる海軍提督であるかのように説明している。さらにイギリスが中国交易の改善のためマカートニーの使節を派遣するなど、広東でのイギリスの交易が盛んであることを述べる。

次に甲の人が「右様高官重職のモリソンと申もの、頭取仕候て送来る事、一向合点行不申」と問いかけると、乙の人が答えて、イギリスはかねてから日本との交易を望んでいるのに対し、わが国は「船国地へ近寄候得者、有無之御沙汰も無之、鉄砲にて打払に相成候。凡世界の中、如此御取扱は無之事也」と異国船打払い政策を厳しく批判する。

次いで、甲の人が、今回打払い策が実行された場合「先方の者、如何心得可申哉」という問いに乙の人が答えて「西洋諸国にては殊の外人民を重じ、人命を救候を何よりの功徳と仕候事にて」として、たとえ戦闘中でも自国の人民が敵船にいる場合は攻撃しないほどであると西洋の実例をあげる。次いで、

イキリスは、日本に対し、敵国にては無之、いはゞ付合も無之他人に候故、今彼れ漂流人を憐れみ、仁義を名とし、態々送来候者を何事も取合不申、直に打払に相成候はゞ日本は民を憐まざる不仁の国と存、若又万一其不仁不義を憤り候はゞ、日本近海にイキリス属島夥しく有之、始終通行致し候得者、後来海上の寇と相成候て、海運の邪魔とも罷成可申、たとへ右等の事無之候共、御打払に相成候はゞ、理非も分り不申暴国と存、不義の国と申触し、礼儀国の名を失ひ、是より如何なる患害萌生仕候やも難計。

と、人道主義的なイギリスに対する幕府の打払い政策の危険性を重ねて警告する。それを受けて「然らば如何取扱可仕候哉」との問いに答えて、

右漂流人御請取被遊、右之御挨拶として厚く御褒美御恵み被下置（中略）扨交易といふ処に至り候ては、国初より御規定の所、厳敷被仰渡、断然御制禁の旨被仰渡候はゞ、我に於仁義の名を失はず、彼に於て如何とも可致様無之恨も憤りも仕間敷、万事穏に相済可申被存候。

と一応無難な結論に達したかにみえる。このように漂流民は受け取るが、交易は認めないとする結論は、松本斗機蔵の「上書」の前半と同じである。しかし、この『夢物語』もこれで終わるわけではない。ここまでは例によって建前を述べているにすぎない。長英が言わんとする肝心なところはこれに続く部分であろう。すなわち後半の部分で、文化元年（一八〇四）に漂流民津太夫らをともなって長崎に来航した、ロシア使節レザノフの交易要請を幕府が拒絶したために、これを恨んだレザノフが部下に命じて

「蝦夷の騒動」（フヴォストフ、ダヴィドフらによる北辺の襲撃事件）を起したことをあげて、最後に、

此度のモリソンは、近く広東に罷在、其上軍艦許多支配仕候上、日本近海属島多く、魯西亜レサノットの類には無之候。非法の御取扱有之候はゞ、後来如何なる患害出来候哉、実に可恐奉存候。（中略）此度モリソン罷越候事は、尋常の事とは不被存候。

とモリソンの要求を拒絶することの危険性をくりかえし強調して終わっている。したがって長英は、モリソンという船号を人名と誤解したのではなく、意図的にすり替えて、恐るべき海軍提督のように偽ったとみるべきであろう。なお、最後に「戊戌の冬十月夷日の翌」とあり「戊戌」は天保九年「夷日」は恵比寿講の日で、十月二十日のこと、したがってその翌日であるから『夢物語』は天保九年十月二十一日に書かれたことがわかる。尚歯会の六日後である。

さきにみた斗機蔵の「上書」では、交易は謝絶するとしながらも、イギリスが「万一怨憤ヲ懐候節ニ至候ハヽ、中々以是迄之海賊船之所業ニテハ相済申間敷、終ニハ両国之戦争共相成可申モ難測」と危険な武力報復の可能性をほのめかし、それに続けて日英両国間の歴史的交流を肯定的に紹介している。同じく長英も前半で交易は拒絶するとしながらも「水軍二、三万位も撫育仕候」モリソンという海軍提督のような人物が、あたかも強力な武力を背景に交易を要求してくるかのように結論づけて、披見者の恐怖心に訴え、暗にモリソンの要求を拒絶すべきでないことを印象づけようとしたものとみられる。なお、長英は『蛮社遭厄小記』の中で次のように述べている。

モリソンとは舟の名とのみ思召れしも理り也。若又モリソン果して日本え来りなば、尋常の事にあらず。且彼等苟も仁義を唱え、漂民を護送し、万里風濤を不厭、幾多の人力を労し渡来せしを、漫

りに御打払になりなば、外国に寇を結ぶに当り、後来或は由々敷大事も萌発せん。地理学を攻《おさ》め、万国の事情を詳にするもの、かゝる時こそ国家の為に忠義を尽すべし(5)。

長英は、あたかも幕府のためをおもんばかって『夢物語』を書いたかのように記しているものの、彼の真意は、幕府にモリソンを恐れさせ、その交易要求を受け入れさせることであった。これは崋山の『慎機論』も同様である。

斗機蔵の「上書」も『夢物語』もそれぞれ前半では幕府の対外政策（交易拒絶）を肯定する、いわば穏やかな建前を述べながら、ともにその真意は、後半の交易要求を拒絶した場合の報復の危険性を暗示した部分にあるものとみられる。いずれにしても、両者は幕府の対外政策を批判することの危険性を考慮し、すなわち筆禍を恐れてこうした婉曲な論法を用いたのであろう。しかし、そこには開国を願いレザノフの二の舞を避けようとする、対外政策転換への期待がうかがわれる。

渡辺崋山の『慎機論』

『慎機論』(6)（約四千四百字）は、特に項目を建てて記されたものではないが、その内容を検討するにあたって、便宜上大別してみると、およそ八項目に分けることができるであろう。なお、前記の「上書」と『夢物語』がいわゆる一般的な「候文」であるのに対し『慎機論』は、いわば漢文読み下し調の固い感じのする、かしこまった文体である。崋山はこの『慎機論』を友人の海野予介を通じて老中太田資始《すけもと》に奉る予定であったという(7)。そのことは文体からもうかがえよう。

第一項　まず冒頭、

我田原は三州渥美郡の南隅に在て、遠州大洋中に迸出し、荒井より伊良虞に至る海浜、凡十三里の間、佃戸農家のみにて、我田原の外、城地なければ、元文四年の令ありしよりは、海防の制、尤厳ならずんば有べからず。然といへども、兵備は敵情を審にせざれば、策謀の繇《よっ》て生ずる所なきを以て、地理・制度・風俗・事実は勿論、里巷猥談・戯劇、瑣屑の事に至り、其浮説信ずべからざる事といへども、聞見の及ぶ所、記録致し措ざる事なし。

と書き出して、一介の陪臣である崋山が、あえて今回のモリソン号問題を論評する所以を述べる。初めに「我田原は」と著者が田原藩の人物であることを明らかにしていることは、崋山の場合、田原藩の年寄という立場からも、長英のように匿名で発表することはまず不可能であったからであろう。

幕臣である松本斗機蔵も「上書」の冒頭でその身分を明らかにしているが、崋山の場合はさらに彼独自の意図が込められているものとみられる。それは崋山があえて西洋を研究したり、対外問題を論ずる理由を弁明したもので、田原藩が太平洋に面した渥美半島にあるために、海防問題を重視しなければならず、そのため田原藩の年寄役である崋山としては、海外事情を研究しなければならないという理由を掲げることによって、崋山がたんなる軽薄な西洋崇拝者という誹《そしり》を避けようとしたものと思われる。また「元文四年の令ありしよりは、海防の制、尤厳ならずんば有べからず」と記すことによって、幕府の海防令を忠実に励行する田原藩と崋山の立場を強調したものとみられる。

こうした海外情報収集の過程で得た情報として「英吉利国人莫利宋なるもの、交易を乞むため、我漂流の民七人を護送して、江戸近海に至ると聞り」とモリソンの来航の件を提示する。なお、崋山は長英ほど積極的ではないが長英と同様、モリソンを船号ではなく人名としている。これは長英の発案に崋山が同調したのであろう。

第二項「按ずるに、莫利宋なる者は英吉利斯国竜動の人にして」と、モリソンについて述べる、すなわちモリソンは、マカオに十六年留学したこともあり「頗る唐山の学に通じ」中国に関する著述も多く、その人となりも英邁敏達で、英国において「品級尤高く、威勢盛なるよし、和蘭人往々称する事あるよし」とその人物を紹介する。

第三項「十年前、シイホルトと共に江都に来りし書記ビュルゲルといふもの（中略）広東に飄蕩せし時、適莫利宋留学の時に逢たり」と、前項との文脈はいったん途切れて、モリソンと親しいという長崎オランダ商館の書記ビュルゲルの身辺に話が飛び、彼の話では、ロシアが日本をうかがっており「必ず日本の杞憂北陲にあるべし」と警告したとする。次に「されどもホーレンを抜きしは明証ある事なり」と唐突にヨーロッパ情勢の説明に移る。ここではなぜかこうした主題とは直接関係のない文章が四百字以上にわたって挿入されている。しかし、なぜ崋山がこうした文章を挿入したのか疑問が残る。

このように前後の脈絡のないまま、この項の末尾では唐突に「然ればこれらを証として、推して莫利宋が事も考察すべし」と続くが、モリソンのことを述べた第二項との間に主題と直接関係のない文章が挿入されているため、証とすべき「これら」が何を指すのかわかりにくい。しかし、ここで再び本題に戻って「かかる顕名の士、首として護送しける事なれば、本国の命を領し来れる事、疑ふべからず（中略）亜細亜の人情も解し居る者なれば、極て其人を撰たるも、亦意あるが如く也」と、このような「有力者モリソン」を日本に派遣してくる英国の決意が尋常でないことに注意を促している。

第四項「抑我国外交の厳なる、海外諸国の熟知する所にして」と書き出すこの項では、モリソンがわが国の厳しい鎖国制度を承知のうえで来航するのであるから、かつて文化元年（一八〇四）に長崎に来航し、交易を拒絶されたロシア使節レザノフの「旧轍を不踏事必定なるべし」とし、これを前提としたうえで、一方わが国も「御国政の御変違ならざる事、たとひ是より事生るとも、動くべからざる大道なるべし」として、主題ともいうべきわが国の鎖国問題に迫るかにみえる。しかし「然といへども西洋諸国の道とする所、我道とする所の、道理に於ては一有て二なしといへども、其見の大小の分異なきに非ず。是能彼を審にするものにあらざれば、盲瞽想像《(ママ)》の如く、一尾一脚も、象は即はち象なり。若尾を捉て象を説かば、垂鼻長牙、又何れにあるや」と異国船打払い政策の不可を暗示するかのようにこの項を終わる。この項で崋山は、わが国の鎖国体制と交易という対立する主題を提示しながら、肝心の問題点を「其見の大小の分異なきに非ず」と見解の相違を曖昧にし、盲瞽想象の譬を持ち出すものの結論は下さない。こうした婉曲ないい回しには、正面から鎖国問題を論じることへのためらいがみられる。

第五項「夫西洋の各国、政度汚隆、風俗の美劣、人物の賢否、一ならずといへども」と、ここでは前項での重要な問題提起とは関係なく、唐突に西洋の政治・社会制度の優越性について述べる。そして「故に其芸術精博にして、教・政の羽翼鼓舞をなす事、唐山の及ぶ処もあらざるに似たり。茲を以て天地四方を審にして、教を布き国を利す。又唐山の及ぶ所にあらざるべし」と、西洋の科学技術・制度などが、唐山（中国）のそれよりも優れているとする。むろん、これは西洋の政治・社会制度などがわが国のそれよりも優れているということの暗喩とみられるが、しかし、この項全体は主題とは離れた西洋事情の紹介ともいうべきもので、文脈が前項とつながっていない。

第六項「今天下五大洲中、亜墨利加・亜弗利加・亜烏斯太羅利三洲は既に欧羅巴諸国の有と成」と、ヨーロッパ諸国の植民地が近年世界中に広がっていることを指摘する。しかもアジアで独立を保っているのは「僅に我国・唐山・百爾西亜《ペルシア》の三国のみ。其三国の中、西人と通信せざるものは唯我邦存するのみ。万々恐多き事なれども、実に杞憂に堪ず。論ずべきは、西人より一視せば、我邦は途上の遺肉の如し餓虎渇狼の顧ざる事を得んや」と、わが国の鎖国政策の危険性を指摘する。

次にイギリス船が来航した場合のイギリス側の主張を想定して、次のように述べる。すなわち、イギリスが、

我に説て云はんは、「貴国永世の禁固く、侵すべからず。されども我邦始め海外諸国航海のもの、或は漂蕩し、或は薪水を欠き、或は疾病ある者、地方を求め、急を救はんとせんに、貴国海岸厳備にして航海に害有事、一国の故を以地球諸国に害あり。同じく天地を戴踏して、類を以類を害ふ、豈之を人と謂べけんや。貴国に於ては能此大道を解して、我天下に於て望む所の趣を聞ん」と申せし時、彼が従来疑ふべき事実を挙て、通信すべからざる故を諭さんより外あるべからず。斯て瑣屑の論に落て、究する所、彼が貪惏の名目生ずべし。

ここでは人道に論拠をおいて具体的にわが国の排他的異国船打払い政策を批判し、そうした対外政策が、むしろイギリスやロシアに侵攻の名目を与えることになる、としてその危険性を指摘する。これは崋山の持論ともいうべき、鎖国や異国船打払いに対する批判が具体的に示されていてわかりやすく、崋山の開明性を示す言葉としてしばしば引用されるところである。しかし「海防の制、尤厳ならずんば有べからず」とする冒頭の一節やわが国の海防の不備を憂慮した、あとの第八項とは矛盾するといわざるをえない。

第七項「抑鄂羅斯は東漸して東北止白里より北亜墨利加の西岸に及、地方三千里、地球四分一を保

てり」と、ロシアは東から、イギリスは西からそれぞれ世界中に広大な領土を獲得しつつあると説く。また、ロシアは陸戦に、イギリスは海戦に長じているので、そのイギリスとわが国との間に事を生じた場合、ロシアも危険な存在となり、オランダもその間に動き出して、内治にも害を生じるであろう、とわが国が置かれている危険な立場を警告する。さらに西洋諸国の興亡の事例をあげて「古の隆盛たのむにたらず、今の無事も亦忽にすべからず」とわが国にとって危険な海外情勢を指摘する。しかし、これに続いてまたも「西洋諸国の地を考ふるに、大抵北極出地七十度に起り」と突如西洋の気候風土の説明に移り、西洋の厳しい地理的条件を述べて、そうした悪条件を克服して「終に英達の君出で、今の隆盛に及べり。然らば則土地豊福もたのむべからず。人の衆多も喜ぶべからず。夫唯勤惰に在んか」と、この部分も第五項と同じく主題に直接関係ない文章が挿入されて前後の脈絡がはっきりしない。

第八項「凡、政は拠る所に立、禍は安んずる所に生ず。今国家拠る所の者は海、安んずる所のものは外患、一旦たのむべきもの、恃のむべからざれば、安んずべきもの、安んずべからず」とわが国は海という天然の防壁に守られてはいるが油断してはならない、と海防の重要性に注意を促す。次に「我に在て世々不備の所（多く）其来るも亦一所に限る事能はず。一旦事ある時、全国の力を以すといへども、鞭の短して馬腹に及ばざるを恐るゝ也。況や西洋朦朧の徒、四方を明らかにして、万国を治め、世々擾乱の驕徒、海船火技に長ずるを以て、我短にあたり、海運を妨げ、不備をおびやかさば、逸を以て労を攻める、百事反戻して手を措く所なかるべし」とわが国の海防の不備を強調し、海戦を得意とする西洋に攻められたら防戦のしようもない、とあらためて海防の重要性を説く。次にそのような海防の不備にいたった原因として「惟皆唐山滉洋恣肆の風転じて、高明空虚の学盛なるより、終に其光明蔽障せられ、おのづから井蛙管見に落るを知ざるなり」と、観念的で科学的合理性とは無縁な伝統的学問の弊害を指摘する。最後に「況明末の典雅風流を尚び、干戈日に警むると雖、苟も酣歌鼓舞して、士気益猥薄に陥り、終に国を亡せるが如し。嗚呼今夫是を在上大臣に責んと欲すれども、固より紈袴子弟、要路の諫臣を責んと欲すれども、賄賂の倖臣、唯是有心者は儒臣、儒臣又望浅ふして、大を措き、小を取、一に皆不痛不癢の世界となりし也。今夫如此なれば、只束手して冦を待む歟」と海防の弱体を放置する為政者を痛烈に非難して終っている。特にこの最後の幕府の高官を「紈袴子弟」（貴族のお坊ちゃん）、「賄賂の倖臣」（ワイロまみれのお気に入りの家来）などと非難した部分は、のちに崋山の罪を決定づけた部分であろう。

ところで、崋山はすでに第六項で「西人と通信せざるものは唯我邦存するのみ。万々恐多き事なれども、実に杞憂に堪ず」と、わが国の鎖国政策の危険性を指摘し、また、「貴国海岸厳備にして、航海に害有事、一国の故を以、地球諸国に害あり。同じく天地を戴踏して、類を以類を害ふ、豈之を人と謂べけんや」などとわが国の厳重な鎖国・海防政策を批判しているにもかかわらず、この第八項ではわが国の海防の不備を憂えているのは矛盾といわざるをえない。

このように崋山の『慎機論』は論旨が一貫しておらず、しかも論旨に直接関係のない不必要と思われる文章が処々に挿入されている。そのため『慎機論』全体としての論旨の明瞭さが損なわれているといえよう。こうした『慎機論』の文体について杉浦明平氏は「崋山の『慎機論』は、佶屈とした文体で読みにくいけれど、長英の方は淀みがなくて、流れるように書かれている」[8]と評している。このように『慎機論』は中途で擱筆したままの未定稿とはいえ、論旨が一貫せずわかりにくい。

長英と同様崋山もモリソン号の来航情報に、レザノフの交易要請の失敗を前轍として、今度こそ開国につなげたいという思いで『慎機論』の筆を執ったのであろう。しかし、崋山は田原藩の助郷問題以来、海防論者として知られ、自身も保守的な海防論者を装ってきた。この『慎機論』でも冒頭から海防の重要性を強調しつつモリソン号の打払い策に反対しようとしたものとみられる。しかし、それは矛盾であり、文章はそうした自己矛盾から最後まで抜け出せず混迷を続ける。そのため「モリソンという人物」を紹介するものの、唐突にヨーロッパ情勢の説明に移り主題から離れるなど論旨が一貫していない。しかも、わが国の排他的海防政策を批判する一方で、海防の不備を憂慮するなどの矛盾を残しつつ、肝心のモリソン号の打払いの是非や交易許容の可否を明らかにできないまま、最後は海防の弱体を放置する為政者を痛烈に非難して終っている。

『慎機論』がなぜこのような難解で不可解な文章になったのであろうか。崋山はモリソン号来航の情報に開国を期待し『慎機論』の筆を執ったものの、田原藩の年寄という立場上、幕府の対外政策を批判することは不可能であった。また、これまでのように保守的な海防論者を装いつつ、モリソン号の打払いに反対すること自体矛盾であり不可能であった。こうした崋山の真意の吐露を阻む諸条件が崋山の精神的抑圧となって文章自体も逡巡をくりかえして結論にいたらず、はからずも幕府高官を厳しく非難するという意外な展開となって擱筆せざるをえなくなったものとみられる。こうして『慎機論』は筐底深く蔵されたまま発表されなかったが、崋山が拘引された際の家宅捜索によって発見され奉行所に押収された。

次に「慎機論」という題名についてみてみよう。崋山がモリソン号の来航問題を論ずるにあたって、その題名をあえて「慎機論」としたことには、それなりの理由があったものと思われる。

「慎機論」という題名

慎機論の「慎機」とは、諸橋『大漢和辞典』によれば「事のきっかけをつつしむ。物事の機会を鄭重にあつかう。機は事のきざし。〈崔琦、外戚箴〉患生不徳、福有慎機」とある。崋山が「慎機」を『後漢書』列伝「崔琦伝」[9]の一節「患生不徳、福有慎機」（患いは徳ならざるに生じ、福の有るは機を慎めばなり）によったものとすれば、崋山は今回のモリソン号の来航を何かの「きっかけ」「機会」とみなして鄭重にあつかうべきだと考えていたとみるのが妥当であろう。すなわち、モリソン号の来航という機会を「鄭重にあつかう」ことによって「福」（吉事）がもたらされると解釈することができる。その場合、崋山にとって「福」とは『初稿西洋事情書』で強調した「御規模の広大」すなわち「開国」を意味するものとみられる。崋山は「モリソン号の来航という機会を鄭重に（大切に）あつかう」ことによって開国を実現したいと考えて「慎機論」と命名したものと思われる。『慎機論』は崋山の意気込みにもかかわらず、結局崋山の真意を明らかにできず未完のまま発表できなかった。しかし「慎機論」という題名は、モリソン号の来航を開国につなげたいという崋山の真意を最も的確に表しているものといえよう。

長英も斗機蔵も「漂流民は受け取るが、交易は拒絶する」と一応穏やかな結論めいたことを記している。しかし、それが結論であるなら、彼らは筆禍の危険を冒してまで、あえて幕府の対外政策について論ずる必要はなかったであろう。彼らが「拒絶すべし」と述べたのは建前にすぎず、後段で斗機蔵は「東照宮様」以来の日・英両国の歴史的交流、現在の強大なイギリスの国力を強調し、長英はモリソンについて「魯西亜レサノットの類には無之候。非法の御取扱有之候はゞ、後来如何なる患害出来候哉、実に可恐奉存候」と警告し、両者ともモリソンの要求を拒絶してはならないことを暗にほのめかしている。また、崋山も「レサノットの旧轍を不踏事必定なるべし」といい、いずれも文化元年（一八〇四）に長崎に来航したロシア使節レザノフの例をあげて、暗に今回予想されるモリソンの交易要求を拒むべきでないことを示唆している。少なくとも幕府のために「イギリスを先頭とする、欧米資本主義の進出を警告した」[10]のではなく、長英や崋山の開国への期待こそ、彼らが筆禍の危険を冒してまで筆を執った理由であろう。

かつて杉田玄白が「野叟独語」に記した感慨、すなわち幕府がロシア使節レザノフの交易要請を拒絶したことに対する玄白の失望の思いは、はからずもモリソン号来航の情報を得て開国を願う長英や崋山、斗機蔵らの共感するところであったのであろう。長英が『夢物語』を、崋山が『慎機論』を書いた動機は、対外的危機意識や幕府への忠告ではなく、レザノフの交易要請拒絶の二の舞を冒してはならないという開国への積極的な期待であった。

『戊戌夢物語』の論評冊子

長英の『夢物語』はかなり流布した模様で、その直後『夢物語評』[11]（約二千字）『夢々物語』[12]（約九千字）などが現れた。

『夢物語評』の著者は不明であるが、冒頭に「此頃花井虎一、長田君より見せられたる由にて、夢物語てふ冊子持来る」とあり、

其説国家に忠あるものゝ様なれとも、実は大体を知さる人の書るものと見ゆるなり。盛にイキリス国の兵備仁政なとある様に書なし、又日本近海へ往来自由なとゝいへは、我に油断せしめさる様な

れとも、却て小民を恐れしむるに似たり。又己か意見の処は彼か為に遊説するに疑はし、是等は遠慮すへき事の様に思わるゝなり（中略）豈独已に漂民を救はさるの名を悪んて国家の大害を招き玉ハんや、浅智無識の叨《みだり》に議すへきにあらすとおもはるゝ也。

と、長英のイギリス称賛への反発と、漂民を犠牲にすることをも厭わないという姿勢で真っ向から長英の『夢物語』を批判している。この作者はイギリスへのかなり強い警戒心の持ち主であったものとみられる。また「却て小民を恐れしむるに似たり。又己か意見の処は彼か為に遊説するに疑はし」とする部分は、はからずも長英の意図を見抜いているといえよう。

次に『夢々物語』についてみてみよう。『甲子夜話』にこれを録した松浦静山は「庚子（天保十一年）の七月、善菴に値《あい》たるとき、曰ふ。能くも前事（蛮社の獄）に懲ざること迚、示す書あり。視に『夢々物語』と標し、且記者の名字を顕す。世に狂骨の者も蟻計利《ありけり》」と述べている。

この『夢々物語』は『夢物語評』のように長英の『夢物語』を批評するというよりも、むしろ長英の『夢物語』を藉りて自説を展開しているかにみえる。その点確かに大胆で、まさに「狂骨の者」といえよう。

例によって主人公夢菴先生が夢の中で夢亭山人と論じ合うという趣向は長英のそれと同じである。最初に夢菴先生が、夢亭山人の持参した長英の『戊戌夢物語』をみて「その冊子を披きみれば、最早此頃古めかしき莫利宋話なれば、先生、山人に向て曰。この莫利宋話は去冬已来世上にていひ古したる事なるを」とあるところをみると、蛮社の獄について、世間では幕府が追及したのは無人島渡航問題であって、長英の『夢物語』はさほど問題視されていないような印象があったのであろうか。そのため佐藤信渕元海（一七六九―一八五〇）は、署名入りでモリソン号問題を取り上げて幕府の対外姿勢を批判したものとみられる。字数も約九千字ほどで長英の『戊戌夢物語』（約五千七百字）より格段に多い。

内容は夢菴先生を訪ねた夢亭山人が、友人の夢堂居士の説として「何分交易は許さぬがよい抔といふは井蛙の見と云ものにて、日本より外に大国のあるといふ事もしらぬといふもの也」と鎖国政策を批判する。これに対し夢菴先生は「莫利宋に交易を許さぬのみか、支那、和蘭陀の交易迄も停止して、此後は外国共を一寸も海岸に寄付ぬ様にするが、大日本国万々年御永久之長策なるべし」と交易絶対反対論を交錯させたり、また巧みにイギリス人の口を藉りて「巳年巳来の凶饉にて日本国中に幾万人の餓死したる」とか「纔か七人の漂流人さへ遥遥と万里の波濤を凌ぎ護送する程なるに、日本国は五穀も沢山なる地にて有ながら、近年来数万人の生霊餓死させられたるは何事ぞや」と天保の飢饉をもたらした政治を厳しく批判する。この『夢々物語』の著者とみられる佐藤信淵は、その著『混同秘策』の中で小笠原島からマリアナ・フィリピンへの海外進出を慫慂するなど、鎖国を無視したような海外発展策を描いた経世家であるところからも、今回、長英の『夢物語』を批判するかにみせて自らの交易開国策を述べているものといえよう。静山の友人の国学者小山田《おやまだ》与清《ともきよ》は、この『夢々物語』について「是全く蛮学者の嘆声にして、旨、彼の道を説《よろこぶ》の所然《しかるところ》ならん」と語ったという。すなわち与清は、このような西洋を是とする説は洋学者としては当然であろうといい、静山もその説に納得したという。いずれにしても佐藤信淵が、蛮社の獄にも懲りず「記者の名字を顕す世に狂骨の者」であることもさりながら、当時一部の学者の間では、鎖国への反発、開国への期待がかなり高まっていたことを示すものといえよう。

註

（1）高野長英『わすれがたみ』（『日本思想体系』55「渡辺崋山・高野長英・佐久間象山・横井小楠・橋本左内」岩波書店、一九八二年、一七二頁）。

（2）松本斗機蔵「上書」（住田正一編『日本海防史料叢書』海防史料刊行会、第三巻、二二五～二三〇頁、クレス出版復刻第二巻）。

（3）松本胤親『献芹微衷』（同『日本海防史料叢書』第四巻、八六頁、復刻第二巻）。

（4）高野長英『戊戌夢物語』（前掲『日本思想体系』55、一六二～一七〇頁）。

（5）高野長英『蛮社遭厄小記』（同『日本思想体系』55、一九三頁）。

（6）渡辺崋山『慎機論』（同『日本思想体系』55、六六～七二頁）。

（7）佐藤昌介『渡辺崋山』吉川弘文館、一九八六年、一八〇～一八三頁。

（8）杉浦明平『崋山と長英』第三文明社、一九七七年、一三六頁。

（9）「崔琦伝」、後漢の人崔琦が河南の尹、梁冀を戒めて作った「外戚箴」に次の一節がある。「無曰我能、天人爾違。患生不徳、福有慎機、日不常中、月盈有虧」（我は能なりと曰うこと無かれ、天人は爾に違う。患いは徳ならざるに生じ、福の有るは機を慎めばなり。日は常には中せず、月盈ちて虧くること有り）（吉川忠夫訓注『後漢書』文苑列伝、第七十上、第九冊、岩波書店、二〇〇五年、二九四～二九五頁）。

（10）佐藤昌介『洋学史の研究』中央公論社、一九八〇年、一五六～一五七頁。

（11）前掲『日本海防史料叢書』第四巻、一四四～一四七頁。

（12）松浦静山『甲子夜話』三篇6、平凡社東洋文庫、一九八七年、四～一五頁。

無人島

蛮社の獄で崋山が拘引されると同時に、無人島への渡海を計画していたという容疑で僧侶や町人たちも捕えられた。しかし、一見無関係と思われる崋山と無人島渡海計画事件とはどのようにかかわっているのか、崋山と無人島関係の町人らを同時に捕縛した幕府の意図は何か、このことは蛮社の獄の真相を知るうえで看過できない意味を含んでいるように思われる。

江戸幕府と無人島

無人島（現在の小笠原諸島）は東京の南約一千キロメートルに散在する島々で、伊豆の下田〜八丈島間の四倍以上の距離にあたる。もっとも大きい父島でも伊豆大島の三分の一にも満たない小さな島々の集まりである。

寛文十年（一六七〇）二月、一隻のミカン船が紀州の有田から江戸に向かう途中遠州灘で遭難し、八丈島のはるか南の無人島に漂着した。現在の母島であった。船頭の勘左衛門は島で死亡したため、残る六人は五十日あまりかけて船を修繕し、五月のはじめ伊豆の下田に生還した。こうして荷主の紀州藤代の長衛門らの報告によって、この無人の島々の存在が知られるようになった(1)。

五年後の延宝三年（一六七五）、幕府はこの無人島に探検船を派遣して島々を調査し、その領有を宣言した。このとき、波の荒い危険な外洋に乗り出すことができたのは、長崎に来航する唐船を模して建造

された ジャンク様式の航洋船がたまたま長崎に一隻あったことと、朱印船貿易時代の航海術に詳しい嶋《しま》谷《や》市左衛門を船頭に迎えることができたためであった(2)。

この延宝の頃はすでに鎖国中ではあったが、あえて見知らぬ外洋に船を派遣し、島の位置さえ定かでない無人島を探検させるなど、鎖国中にもかかわらず、幕府にはまだ柔軟で進取的姿勢がみられた。それから百六十年あまり後、蛮社の獄では合法的な渡海を話し合っていた町人たちが罰せられている。幕府による最初の探検が行われた鎖国前期との違いが注目されよう。

江戸時代には現在の小笠原諸島もその手前の鳥島も区別せずにただ漠然と無人島といい慣わしていたが、蛮社の獄に関連する無人島とは小笠原諸島のことである。その後享保五年（一七二〇）正月、遠州新居の筒山五兵衛船（十一人乗組）が下田と小笠原島のほぼ中間に位置する無人島、現在の鳥島に漂着し、在島中九人が死亡し、残る二人は足かけ二十年後の元文四年（一七三九）に生還することができた。彼らは、たまたまさらに南の小笠原島母島に漂着した江戸堀江町、宮元善八船の一行が船を修繕して帰る途中、この鳥島に寄航した際発見されたのであった。しかし、幕府への届けでは、直接鳥島に漂着したことになっている。このような虚偽の報告を行ったのは、一行が帰路八丈島に寄港した際、島の役人から宮元善八船は小笠原島に漂着したのではなく、手前の鳥島に直接漂着したと報告してくれるよう頼まれて、幕府への届けでは偽証していたことが、近年明らかになっている(3)。八丈島の役人が小笠原島への漂着を伏せておくように頼んだのは、海上のことや船のことに無知な江戸の役人が、小笠原島へ調査船を派遣することを思い立った場合、八丈島の御用船や水主が動員されることを恐れたためとみられる。たとえ大型船であっても和船では、荒天の海を小笠原島へ渡ることはまず不可能であることを、八丈島の役人たちはよく知っていたからであろう。

この二十年も鳥島で救出を待っていた海難事件は、ときの八代将軍吉宗の上聞に達し、二人の漂流民は江戸城吹上の御庭に召出されて上覧が行われた。その後もこの鳥島では、漂着してから十三年後、十年後、八年後など、同じように偶然救出された例がある。将軍以下、たんなる好奇心から漂流民のめずらしい体験談には興味を示すものの、現に漂流民が救出を待っている可能性もある無人島への巡回や救出のための船を出すという発想はなく、その間多くの人々がこの鳥島で亡くなっている。

天明二年(一七八二)四月、幕府は八丈島の人口増加とたび重なる飢饉への対策として、無人島(小笠原島)への開拓移住を計画し、調査のため八丈島から島の御用船を出港させたが、途中で遭難し、吹き戻されて十日後の四月九日紀伊半島に漂着し、この和船での探検は失敗に終っている。

十九世紀に入り、幕府の外国への警戒が厳しくなると、やがて異国船無二念打払令が発令され、天保期には、無人島への渡海を、あたかも外国への脱出であるかのように警戒するほど、幕府の無人島に対する姿勢も萎縮し硬化していった。しかも小笠原島は航洋船のないわが国では、容易に渡海できる島ではなかった。当時の大きな和船、いわゆる千石船でも甲板は、荷物の積みおろしに便利なように上げ蓋式で水密甲板になっておらず、そのため江戸から八丈島へ渡る場合でも、好天を見計らって大島、新島、三宅島と島伝いに南下し、天候が荒れればただちに近くの島影に避難しなければならなかった。このように外洋の遠く離れた島に渡航するには、波浪をかぶっても船内に浸水しない、荒天でも航海できる、いわゆる航洋船でなければ不可能で、すでにこの当時、わが国にはそのような航洋船はなかった。幕府にはその位置さえおぼろげな遠い無人島への関心はなく、むろん海防のために無人島を護るという発想もなかった。したがって無人島をわが国の海防問題に結びつけて云々する説も少なくないがいずれも無意味といえよう。

延宝三年の探検以来、幕府は無人島をなかば放置していたが、その間一八二七年（文政十）にイギリスの探検船ブロッサム号（艦長ビーチー）が今の父島に来航し、英領宣言を行った。しかし、これは英国政府の正式な承認にはいたらなかった模様である。三年後の一八三〇年（天保元）には欧米人・ハワイ人など二十五名が父島に入植している。彼らは折から北太平洋捕鯨の最盛期を迎えて、父島に寄港する捕鯨船に水や食糧を売って生活していた。

従来蛮社の獄における無人島については、蛮社の獄の付随的事件として語られるにすぎなかったが、佐藤昌介氏は、幕府がイギリスの無人島占拠計画に刺激されて、無人島調査のために代官羽倉簡堂を派遣しようとし、崋山も無人島に注目し、藩政の放擲さえいとわず羽倉に同行しようとしたという。しかし、この頃幕府でさえその位置も定かでないはるか遠くの無人島を海防問題に結びつけること自体無意味といえよう。佐藤氏は、水野忠邦が天保九年（一八三八）十二月、目付鳥居耀蔵および代官江川英竜に江戸湾備場の検分を命ずるなど、江戸湾防備強化の必要を認めたのは、たんに前年のモリソン号の江戸湾進入事件に刺激されたためだけではなく「幕閣では極東におけるヨーロッパ諸国なかんずくイギリス側の動向に注目しており、特に英人らの無人島移住、ないし貿易監督官エリオットらを中心に企画された無人島占領計画について、ある程度感知していた、と思われるふしがある」(4)という。この佐藤氏の説はビーズリイ氏の説を参考にしたものとするが、ビーズリイ氏もその論拠を示しておらず、「モリソン号事件」の節でもみたように、これはたんに推測の域を出ないものとみられる。

さきに「蛮社の獄の背景」の節でみたように、幕府は「異国船無二念打払令」の「触」でも日本人と西洋人との接触を極度に警戒しており、また日本人は誰も無人島の正確な位置さえ知らず、荒海を乗り切る航洋船もなかった。さらに無人島を西洋への脱出口のように警戒していた幕府の姿勢からみても、幕府が無人島に西洋人が移住し、イギリスの占領計画があることを知っていたと否とにかかわらず、幕府が無人島に関心を抱くことはありえなかった。

のちに弘化三年（一八四六）、長崎のオランダ商館長は、長崎奉行に対し、日本の領土といわれる無人島に、外国人が許可なく定住しているのを放置しておくのは、後日の紛争の元であり、速やかに対処すべきであろうと忠告した。これはただちに江戸に報告されたが、幕府はなんらの措置もとっていない(5)。このような幕府の無人島に対する関心の低さからみても、当時の幕府には、無人島問題に注目して海外の情報を収集するような積極性はなく、江戸湾防備強化問題と、島の位置さえ定かでない無人島とを関連づけることは無意味といえよう。

天保九年、代官羽倉簡堂が行った伊豆諸島巡見は、松浦静山『甲子夜話』によると、羽倉は「支配所大島より、島々八丈まで到ることを官請し、允を得たり(6)」とあり、彼の支配地大島から八丈島までの巡見であることがわかる。その際の巡見の記録『南汎録(7)』にも羽倉が幕府から無人島渡航を命じられたことをうかがわせるような記述はない。このように羽倉の無人島渡航は、たんなる噂にすぎなかった。代官の伊豆諸島巡見は、在任中一度は代官が支配地を見回るのが慣例であった模様で、江川英竜も弘化三年四月に伊豆諸島を巡見している。

当時の和船では、八丈島への航海でさえ危険をともなったことが『南汎録』にも記されている。羽倉の一行は、八丈島を目前にしながら暴風雨に翻弄され、三浦半島の三崎まで押し戻されるなど難航を重ね、その間羽倉の従者らが殉職している。そもそもこの時代幕府が、西洋人が住むという無人島に日本人を派遣することはありえず、したがって羽倉の目的は、たんに支配地伊豆七島の巡見であって無人島とは無関係であった。

崋山と無人島

一八三〇年以来、父島には欧米人が定住していたが、崋山は『外国事情書』の中で「英吉利亜人、日本近キ海島ヲ見出仕、コレに拠り候由。一昨年中参り候蘭人ヲルフト申者話仕旨、風説承り候」と記している。この「日本近キ海島」とは小笠原諸島の父島のことで、崋山は西洋人が小笠原島に定住していることを知っていたものとみられる。また、それゆえに崋山は無人島に強い関心を持つようになったものとみられる。

天保八年（一八三七）十二月、崋山は田原藩の重役に宛てた「口上書」で、無人島への渡航のための暇を願い出ている。結局この願いは許可されなかったが通説では、崋山が無人島への渡航を思い立った動機は海防だという。しかし、『初稿西洋事情書』にもみられる崋山の開国に対する期待、海防に対する批判、これらをもたらしたと思われる崋山の西洋社会に対する憧れと、肯定的西洋認識を考えると、崋山が羽倉の無人島巡検の噂を事実と信じて、これに同行しようとしたその動機を、イギリスによる無人島占拠の情報に深刻な危機感を抱いたとする海防的見地(8)とみるのは不自然で、むしろ西洋人が住むという無人島を日本の近くに現実に存在する「西洋」とみて、彼自身の目で直接視察しようとしたものとみられる。このような例は、のちに嘉永六年（一八五三）プチャーチン率いるロシア艦隊が長崎に来航した際にもみられる。プチャーチンの秘書ゴンチャロフは、長崎に入港した直後、パルラダに上がってきた通詞との会話を次のように記している。

日本人達は、満足と驚異の笑顔を浮かべて、あの母音の多い言葉でひそひそと所感を話し合っていた。そのうちの数名、特に通詞の一人である楢林弟〈楢林は従兄弟、即ちゲイストル二人あり〉は、英語のいくらか話せる二十五歳位の青年であるが、その男が溜息をついて告白するには、ここで見たことは何から何まで感激した、自分はヨーロッパ人に、ロシア人になって旅行したい、何処でもよい、せめて小笠原島なりとも見てきたい……というのであった(9)。

長崎のオランダ通詞楢林は、プチャーチンの艦隊が長崎に来航する直前小笠原島父島に寄航してきたこと、父島には欧米人が住んでいることなどを聞いて「せめて小笠原島なりとも見てきたい」と語ったのであろう。このように崋山も楢林と同じように、ヨーロッパへ行くことはむろん不可能としても、小笠原島へ渡れば、西洋人の生活を実地にみることができると考え、崋山は羽倉の無人島巡検の噂に期待したのであろう。崋山はこうした公にできない理由のため、田原藩の重役に宛てた「無人島渡航願」においても渡航の目的を曖昧にしなければならなかったものとみられる。

このように通詞楢林が、海外渡航への思いを打ち明けることができたのは、かつてのオランダ通詞本木庄左衛門と同様、たまたま来航した露見する恐れはないとみた外国人に対してのみであった。

ゴンチャロフはこの文に続けて楢林について次のように記している。

不幸な男よ、君の同胞が否応なしに外国人を迎えたり、自国民を他国へ送ったりするようになるまで、君は生きていることが出来るだろうか。君は勿論、先覚者中の一人となるだろう。この楢林弟は謙遜で、思慮深い男である。この男には、一部の日本人の顔や挙動に見えるような間抜けたところはない。又自分の境遇に満足し切って、それ以上何も考えていない多くの人々のような自惚れもない。きっとこの男の頭の中には、その環境以上のものへの意欲と云ったようなものが、うごめいているに違いない。そしてこんな人物は一人ではない。この人々にこそ日本の将来が、又我々の成敗が懸っているのである。

ゴンチャロフは「せめて小笠原島なりとも見てきたい」と語った通詞を「不幸な男よ」と呼びかけ「きっとこの男の頭の中には、その環境以上のものへの意欲と云ったようなものが、うごめいているに違いない。そしてこんな人物は一人ではない」と鋭く指摘している。このゴンチャロフのいう「不幸な男」をそのまま十五年前の渡辺崋山に当てはめても違和感はないであろう。

一見海防に熱心であるかのようにみえる崋山の言動は、実は彼の西洋への憧憬、開国への願望をカモフラージュするための隠れ蓑であったことはすでにみた。したがって崋山が「海防のために」無人島行きを志すということはありえなかったが、崋山が無人島への渡航を強く希望していたことは事実で、その目的はむろん海防ではなく、西洋人が移住しているという小笠原島に対する強い関心であった。代官羽倉の無人島巡検は事実ではなかったが、この噂を信じて崋山は羽倉の伊豆諸島巡見に同行しようとしたものとみられる。そのため崋山は、藩の重役に宛てた「口上書」(無人島渡航願)の中で次のように記している。

此度羽黒《(ママ)》外記様地図御改ニ而豆州島々より八丈青島其外無人島へ御渡海被仰付候。右地図御用、私門人水戸御家来鈴木半兵衛ト申者御頼相成、英挙ニ従ひ罷越候。私義も此大事ニ相預、年来好嗜之蓄蘊をも相発、不朽之功ヲ相立申度候(10)。

崋山のいう「不朽之功」を立てるとは何を意味するのか明らかでない。海防のためともいってない。このように崋山の語る渡航の目的は曖昧で「年来好嗜之蓄薀」とあるように、以前から無人島に強い関心を抱いていたことは確かであるが、なぜ危険を冒してまで渡航しなければならないのか明らかにしていない。また、崋山は藩の重役に宛てた「無人島渡航願」の別紙で次のように記している。

蒙重御役候而、軽々敷進退仕候ハ、如何敷候得共、御一家之義ハ天下之義にて、今此撰ニ相当候者、乍恐私ナラテハ有之間敷候、（中略）譬余中死候而も天下之ために死候に而候得は、乍恐上ニも御不本意とハ不奉存候。私老母をも不顧奉願候程之義ニ候得者、深御仁察被下置、宜敷御内評奉願候。

崋山は渡海の目的を曖昧にしたまま「御一家之義ハ天下之義にて」とか「譬余中死候而も天下之ために死候に而候得は」と記しているが、しかし、そこには大仰ないいまわしが目につき、不自然さが感じられる。崋山の書簡などにときにみられるこうした不自然に大仰な表現には、真意を隠し建前のみを強調した場合が少なくない。いずれにしても、これはかつての本木庄左衛門やのちの楢林と同様、崋山がいかに海外に渡航することに強い憧れを抱いていたかを示すものといえよう。

ところで崋山は、この無人島渡航願について、彼が蛮杜の獄で捕われた際、獄中から藩の重役に宛てた密書で「昨冬伊豆七島へ罷越度候内願書、同役迄出候事御尋之由ニ付、もし御尋ニ候ハヽ、左様之願無之段、被仰上可被下候」(11)と書き送って、無人島渡航願のもみ消しを図っている。

佐藤昌介氏は、崋山が在野にあって無人島に注目し、藩政の放擲さえいとわず羽倉に同行しようとしたり、江川英竜を通じて外国事情に関する意見書を幕府に上申しようと企図したのも、崋山が無人島をめぐる海防的危機を憂慮したからにほかならないという(12)。すなわち崋山の無人島渡航願望は海防問題に触発されたものであるという。しかし、これまでみてきたように、崋山と海防は無関係であり、幕府はわが国の領土としての無人島にはまったく関心がなく、むしろ外国への脱出口のように警戒していたことからも、無人島と海防を関連づけることは無意味といわざるをえない。

崋山が実際に対外的危機感に触発されて無人島渡航を志したのであれば、奉行所での取調べの際、海防的見地すなわち対外的危機への憂慮を前面に打ち出して、無人島渡航を志したことの正当性を主張することもできたであろう。したがって崋山が密書で藩の重役に口止めを依頼する必要もなかったであろう。このことは崋山の無人島渡航の動機が私的なもので、むろん海防とは無関係であったことを意味するものとみられる。

無人島への憧れ

わが国で無人島について記した最初の刊本は、天明六年（一七八六）に出版された林子平の『三国通覧図説』であった。これは蛮社の獄の五十三年前で、ケンペルが『日本誌』で無人島をヨーロッパに紹介してから五十九年後のことであった。子平はこの中で「無人島は伊豆の辰巳二百七十里にあり」として、その地形・草木・魚介類を列挙し、有用な産物が豊富なことを強調して、次のように無人島の開発を奨励している。

すべてこの島は湊あり、平地あり、人居住すべし、五穀植べし。かつ暖気の辺地なる故、珍異の物を産するなり（中略）この島へ人を蒔て樹芸をなし、村落を建立して山海の業を起し、一州の産物を仕立て後、この島渡海の常船を造て、歳に一渡海して産物を収むべし。船を造る費は一渡海にて償うべし。これ尋常の商估（商人）の知らざる所なる故、後業のためにここに記すなり。願くは好事の商估噴発して、この業を興さば巨万の利目前にあるべし、之を勉めよ、之を勉めよ。(13)

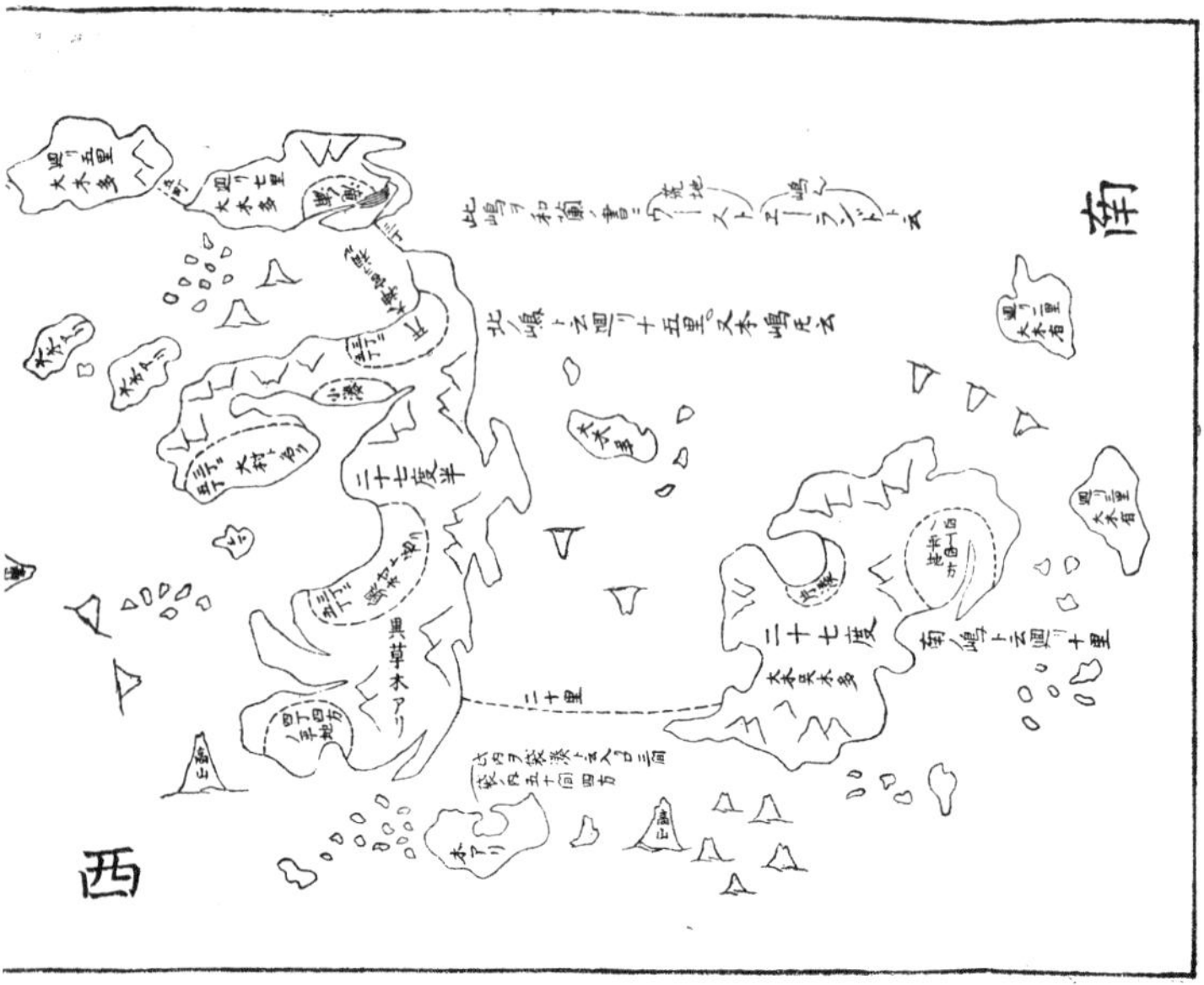

（『三国通覧図説』〈『新編林子平全集』第二巻，第一書房，1979 年〉）

この頃ほとんどの日本人は無人島、小笠原島の存在を知らず、この『三国通覧図説』ではじめて知ったことであろう。しかし、この『三国通覧図説』も日本人が海外に関心を抱くことを恐れる松平定信によって『海国兵談』とともに発禁・版木没収の処分となった。鎖国の祖法が打ち出された十八世紀末以降、幕府は海外事情に関心を抱く日本人を警戒し、排外的閉鎖性を強めていた。

父島に西洋人が入植してから十年後、蛮社の獄の翌天保十一年（一八四〇）正月、陸奥国気仙郡小友浦（岩手県陸前高田市小友町）の中吉丸が父島に漂着した。船頭の三之丞ら六人は島民に助けられて二ヶ月余り滞在し、船を修繕して全員無事銚子湊に生還することができた。この事件について『通航一覧続輯』には、同船が「異邦の一

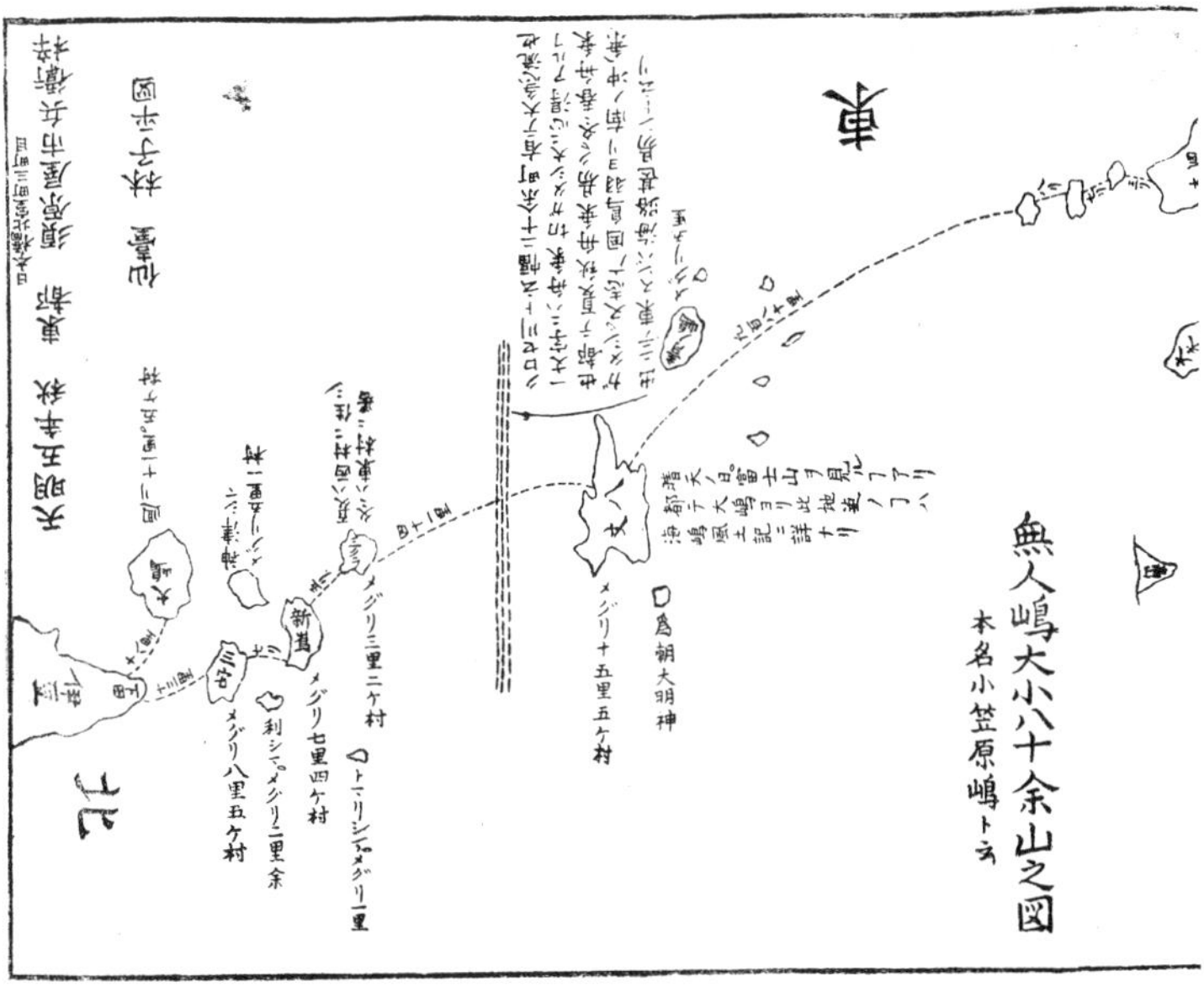

無人島の地図

島に漂着し[14]」とあることから、取調べの役人は中吉丸が漂着した島が、幕府が延宝三年（一六七五）に領有を宣言した無人島とは気づかなかったのか、それともあえて無視したのか、いずれにしてもかつて鎖国前期に探検船を送って日本領を宣言した頃とは違って幕府の無人島に対する関心はすでに失われていた。

一方、文政十年（一八二七）頃に書かれたと思われる『甲子夜話』の一節に、伊豆の沖の無人島に漂着したという人の奇妙な話が載っている。それによると、その無人島の東五、六十里のところにもう一つの島があり、そこには日本人が住んでいるという。

> 此島の名をメッポウ島と云て、近頃この島に移り住めども、日本へ年貢を納むると云うこともなく、稲は年々に能

く登《みの》りて食に乏きこともなく、畠も出き、木綿麻をも種《うえ》て衣服に事欠くことも無く、魚鳥はさらなり、草木多かれば、家居も心任せに処々に造りて妻子をも養ひ居るさまなり。何れの年、何の頃よりか此処に住めるぞと聞くに、いと近き頃にて、常州銚子の辺某村とか、一夜の間に一村の者云ひ合せ、打連れて舟を出して来れるなりと答へし由（中略）さて帰りてその事を語るに、近頃〈二十年許も以前にや有んと云ひけり〉銚子海辺の民家、一村の男女を尽して一夜の中に往方知らずになりたることあり。夫ならんと云あへりとぞ。(15)

この奇妙な話では、無人島は年貢もない、支配者もいない桃源郷のような島として描かれている。この話はむろん事実ではないが、本多利明の『西域物語』にも同様な話が載っており、十八世紀末以来このような無人島の噂は流布していたものとみられる。

同じく文政の頃、江戸の経世家佐藤信淵は、その空想的な日本発展策を綴った『混同秘策』の中で次のように述べている。

青島より又船を出して南海中なる無人諸島、所謂小笠原島等を開発すべし、この小笠原島の南には強盗島（マリアナ諸島）及び「ヒリピナ」の諸島ありて、大小数百の無人島東西五、六百里の海中に散在す、この「ヒリピナ」島の開発は（下略）(16)

この現実の鎖国を無視したかのような、空想的な海外発展策も、無人島の開発が最初のステップになっている。このように文政の頃には、すでにこうした桃源郷のような無人島の話や、はるか遠くの無人島開発論がひそかに語られていたものとみられる。一方この頃、幕府では異国船無二念打払令を発令して、日本人と西洋人との接触を厳しく禁じるとともに、西洋への警戒心の緩んだ日本人への警戒を強めていた。

こうした無人島の話に刺激されたのであろうか、やがて無人島への渡航を志す者も現れてきた。

無人島渡海計画

天保のなかば頃、常陸国鹿島郡鳥栖《とりのす》村（茨城県鉾田市鳥栖）浄土真宗無量寿寺の住職順宣とその倅順道は、無人島に関心を抱くようになり、現地への渡航に思いを馳せていた。また住職の順宣が寺用で江戸に出たときなどに定宿としていた日本橋本石町三丁目旅籠山口屋の後見人金次郎らも、この渡航計画に関心を持っていたという。江戸での参加者は、金次郎のほかに深川佐賀町の蒔絵師秀三郎、遠山半左衛門組御徒本岐栄作の父本岐道平、高家今川上総介家来医師阿部友進、御普請役大塚清右衛門の兄大塚庵、交代寄合福原内道家来斎藤仁三郎の養父斎藤次郎兵衛、のちに仲間を裏切って鳥居耀蔵のスパイとなった御小人頭柳田勝太郎組御納戸口番花井虎一らであった。

この無人島渡航計画は、むろん幕府の許可を得たうえで実行することになっていた。ただし、資金をはじめ、船や食糧の調達など具体的なことは何ひとつ決まっておらず、無人島に関心のある人々が、地図や記録類を集めては、それぞれの期待や夢を語り合っていたにすぎなかった。しかし、同じ仲間のひとり花井虎一が目付の鳥居耀蔵のスパイとなって密告に及んだため、天保十年（一八三九）五月十四日蛮社の獄で渡辺崋山が捕縛されると同時に、花井虎一を除く僧侶や町人らが北町奉行所に拘引された。容疑は無人島への渡航を計画し、漂流にことよせて「国外への脱出」「異国人との応接」を計画していたというもので、これはむろん事実無根の濡れ衣であった。

彼らはかつて百六十年余り前、幕命による探検も行われ、日本領を宣言した島へ渡ることが、幕府の咎めを受けるとは思いもよらなかったであろう。僧侶の順宣・順道の寺、茨城県鹿島郡鉾田町の無量寿寺には、現在も、林子平の『三国通覧図説』や尾張の廻船督乗丸の船頭重吉の漂流記『船長日記《ふなおさにつき》』などが残されているという。[17]『船長日記』は文化十年（一八一三）の冬、遠州灘で遭難した尾張の廻船督乗丸の漂流記で、新城藩の家老で国学者の池田寛親が船頭重吉の体験談をまとめたものである。船頭の重吉ら十四名は、一年三ヶ月余りにおよぶ漂流の後、カリフォルニアのサンタバーバラ沖の洋上でイギリスの商船フォレスター号に救助され、そのときの生存者は、重吉・音吉・半兵衛の三人であった。彼らはアラスカのシトカからカムチャッカを経て、ロシア船で択捉島へ送還され、こうして最後に残った重吉と音吉の二人は江戸で事情聴取を受けたが、すでに将軍の上覧はなかった。

この『船長日記』や『北槎聞略』『環海異聞』などの漂流譚には、かねて恐ろしい夷狄と聞かされていた西洋人から、思いもかけず親切に扱われたという話が随所に記されている。また常陸の僧侶順宣らは、水戸の沖で欧米の捕鯨船員らと漁民たちが物々交換を行った話も聞いていたことであろう。彼らにとって、もはや西洋人は、恐ろしい憎むべき野蛮人ではなく、また合法的に無人島への渡航を計画することになんら疑問を持たなかったものと思われる。しかし、一方この時期の幕府は、異国船無二念打払令成立の過程にもみられるように、日本人と西洋人との接触を厳しく遮断する鎖国の排外的閉鎖政策がほころび始めてきたことに危機感を募らせていたものとみられる。

註

（1）小笠原島の歴史については主に『小笠原島紀事』国立公文書館内閣文庫蔵、山方石之助『小笠原島志』東陽堂、一九〇六年、田中弘之『幕末の小笠原』中公新書、一九九七年、参照。

（2）浦川和男「延宝無人島巡見の船頭は誰か」（『海事史研究』五八、二〇〇一年九月）。
（3）小林郁『鳥島漂着物語』成山堂書店、二〇〇三年、八八〜九二頁。
（4）佐藤昌介『洋学史研究序説』岩波書店、一九六四年、二三八頁。Beasley, W.G.: *Great Britain and the opening of Japan 1834–1858*. Luzac & Co., 1951, p. 26.
（5）『続通信全覧』類輯之部、雑門「小笠原島開拓再興一件顚末提要」。
（6）松浦静山『甲子夜話』三篇3、平凡社東洋文庫、一九八九年、二六〇頁。
（7）羽倉簡堂『南汎録』校訂・訳・解説金山正好、緑地社、一九八四年。
（8）佐藤昌介『渡辺崋山』吉川弘文館、一九八六年、一七八頁。
（9）ゴンチャロフ著、井上満訳『日本渡航記』岩波文庫、一九六一年、八〇頁。
（10）天保八年十二月二十五日付、鈴木弥太夫・川澄又次郎宛「口上書」（無人島渡航願）（小沢耕一・芳賀登監修『渡辺崋山集』第三巻「書簡（上）」日本図書センター、一九九九年、二一八〜二一九頁）。
（11）田原藩重役宛、獄中よりの消息、月日不明（同『渡辺崋山集』第四巻「書簡（下）」二九頁）。
（12）前掲、佐藤昌介『洋学史研究序説』二四六頁。
（13）林子平『三国通覧図説』（『新編林子平全集』第二巻、第一書房、一九七九年、七八頁）。
（14）『通航一覧続輯』第四巻、清文堂出版、一九七二年、八六八頁。
（15）『甲子夜話』続編1、平凡社東洋文庫、一九八五年、一六一頁。
（16）『混同秘策』（『佐藤信淵家学全集』中巻、岩波書店、一九二六年、二三四頁）。
（17）鶴見俊輔『評伝高野長英』藤原書店、二〇〇七年、一五七〜一五八頁、一六〇頁。

V

鳥居耀蔵の告発

天保九年（一八三八）十月十五日、この日の尚歯会も一応閉会し、大方が帰りかけた頃、幕府評定所記録方の芳賀市三郎によってモリソン号来航の情報が漏らされた。このときの様子について長英は『蛮社遭厄小記』に次のように記している。

其頃久しき病に臥し、外に出ざりしに（中略）強て病を扶けて尚歯会に赴ぬるに、時期既に過ぎ、客過半退散して、残客存在する者、僅に十四、五名計有しに、其中に就て御旗元の士に評定所記録方を勤ける芳賀市三郎と云ふ人有しに（中略）座中窺に訟庭異事の有無を問者ありけるが、其頃和蘭陀加比丹より長崎鎮台へ訴へ出し事によりて、朝庭窺に評議有けるが、非常の事なれば、芳賀氏密に謄写して懐に蔵せしを窺に出し示されぬ。(1)

このとき芳賀市三郎によって漏らされたのが、さきに「モリソン号事件」の節でみた、評定所一座の強硬意見であった。長英がこの情報をもとに書いたのが、幕府のモリソン号打払い策を批判した『戊戌夢物語』である。なお、モリソン号は、すでに前年の六月に浦賀沖に来航して撃退された船であったが、長英も崋山もこれから来航するものと誤解していた。この『夢物語』はたんに幕府のために打払い策を批判したのではなく、実は長英の目的は、幕府要路がこの『夢物語』を読むことによって、強大なイギリスを恐れ、文化三、四年（一八〇六、〇七）のロシア船による北辺の襲撃事件の例からも、この際モリソン号の打払いを止めて「モリソン」の交易要請を受け入れるべきを暗に促したものであった。いわばかつて交易を求めて長崎に来航したロシア使節レザノフの「再来」であるかのように開国への期待を込めた打払い反対説であって、幕府のためをおもんばかって幕府に危険を忠告するためのものではなかった。

『戊戌夢物語』の著者の探索

長英はこの『夢物語』を友人にみせたところ、やがて筆写されて次第に広まり、翌天保十年（一八三九）の春頃には老中水野忠邦にも達した模様で、水野はその不気味な「モリソン」なる人物と『夢物語』の著者の探索を目付の鳥居耀蔵に指示した。そこで耀蔵は、部下の小人目付小笠原貢蔵と大橋元六に調査を命じた。たまたまこのときの小笠原貢蔵の手控(2)が残されており、それにはおよそ次のように記されている。

天保十亥年四月十九日於殿中鳥居耀蔵殿自分元六へ左之通被仰渡候
一　イキリス国人モリソンの事
一　夢物語と申、異国を称美し我国を譏りし書物著述いたし候者
　　　　　　　　　　　薩摩　　正　庵か
　　　　　　　　　　　町医師　玄　界
　　　　　　　　三宅土佐守家来　渡辺　登
　右取調可申聞事、越前守殿より

老中水野忠邦は、長英が『夢物語』で特に強調した「南海中の諸軍艦一切支配」するという海軍提督

のようなモリソンに注目したものとみられる。これこそ長英がひそかに期待したところであろう。この耀蔵があげたとみられる容疑者には長英の名はなく渡辺崋山の名をあげている。実は耀蔵は、すでにこの前年からひそかに崋山の身辺を探索しており、この機会を利用して「蘭学にて大施主」と噂される崋山の拘引を狙っていたものとみられる。なお、「薩摩　正庵」は明らかでないが「町医師　玄界」はのちに『夢々物語』を書いた佐藤信淵元海のことと思われる。

耀蔵から探索を命じられた小笠原貢蔵と大橋元六は、十日後の四月二十九日最初の探索結果を耀蔵に報告している。次にその要点を記す。

はじめに蘭方医の和田（佐藤）泰然が『夢物語』を所持していることを記し、次にモリソンについて、

一　去戌三月中阿蘭陀人ニイマン登城之節
印度亜地方の島国を十八島支配する総奉行モリソンといふもの当時の英雄にて漢学も出来候もの我国人漂流之者七人浦賀へ連来て貢物を定て交易願を申立、若不叶時は海辺の官舎民屋共に焼打海上之船々へ妨可申とのよし申立候由。

高野長英については、「仙台出生之者、蘭学も能出来医術相応に出来候者」とあるのみで、崋山に比べると極端に簡略である。『夢物語』については「長英の解に渡辺登執筆いたし候由」とある。

次に、勘定吟味役川路三左衛門、代官羽倉外記、同じく代官江川太郎左衛門、伊賀者内田弥太郎、増上寺代官として奥山喜三郎（増上寺御霊屋付地方調役奥村喜三郎が正しいとみられる）ら五人の名をあげて、彼らは水戸藩抱えの蘭学者であった幡崎鼎の教えを承けていたが、二年前鼎の旧罪露見のため、彼が伊勢菰野藩に預けられてからは、高野長英・渡辺崋山と懇意にしているという。しかし、これは大部分が

事実ではない、すなわち長英と懇意であったのは、内田弥太郎・奥村喜三郎のみで、特に川路のような幕府の高官が幡崎鼎の講釈を承けていた形跡はない。

渡辺崋山については、次のように記されている。

三宅土佐守家来にて
家老
渡辺　登
四十四　五歳

此者文武相応出来、書画もまた不拙、平常麁（粗）服を着、長剣を帯し、逢対静にして、一度逢候もの親み深く相成、近年蘭学を以世に名をしられ、幡崎鼎高野長英を友とし蘭学の徒多親み、土佐守隠居へも相進め隠居も蘭学好に相成、登義当今御政事向を誹謗し剰蛮船交易之義に付ては浦賀洋中にて、江戸廻船に妨なさば自ら江戸中困窮して交易の道も開け可申抔其徒に語候事度々御座候由、且又奥州金華山洋中纔の離島有之、蛮船繫居て海浜の漁師に金壱分を遣せば通路自在の事とも申談居候由。

一　夢物語は高野長英作または登の作とも風聞いたし候。

次に崋山と懇意にしていたものとして、松平大隅守家来小林専次郎、土井大炊頭家来鷹見三郎右衛門（ママ）（鷹見十郎左衛門、泉石のこととみられる）、松平出羽守家来望月菟毛の名をあげている。

次に『夢物語』とは関係なく、しかも水野の探索指令にもない無人島渡海関係者として、常州鹿島郡鳥栖村一向宗無量寿寺父順宣、倅順道以下七名の名が唐突にあげられている。しかも崋山と懇意であると記しているが事実ではない。

これら無人島関係者への探索は、水野の指令にもないものであるが、のちに判明するように、実は耀蔵の指示であえて探索させていたものとみられる。

崋山について耀蔵は、すでに前年から花井虎一を使って崋山の身辺をうかがっていたが、耀蔵から小笠原貢蔵への探索指令でも『夢物語』の著者として名があげられていた。これは、耀蔵が最初から崋山を標的にしていたことをうかがわせるものであろう。

以上が四月二十九日に鳥居に報告された探索書の主要部分であるが、次いで五月三日、小笠原貢蔵と大橋元六は水戸領鳥栖村（茨城県鉾田市鳥栖）の無量寿寺へ向った。

無量寿寺での調査を終えた小笠原貢蔵は、あらたに二回目の報告書（日付はない）を鳥居に提出している。次にその要点を記す。

無量寿寺の院主順宣については次のように記されている。

右者性質愚直に候得共、老来世事に馴染して、奇才の者又は山師等に相親み、無人島には奇石異草多く有之趣承伝、両三年以前より存立、右島へ渡海の上大材奇石異草等取得候て、格外利得に可相成と一図に存込候得共、不容易義且亦地理等も不弁、折々寺用に付出府の節々蘭学者又は山師等に出会存意申述候処、同意の者追々出来候得共、島絵図無之を深く相歎罷存所へ手を掛借請度より人毎に相願候由。

一　去年中水戸殿家来にて内縁有之額田久兵衛と申者へ相談の上、島へ渡海いたし度内願書差出候処、右は公儀にて思召も有之島故、水戸殿より申立は難相成旨申聞候由に付、此節公儀へ願方の

無量寿寺（茨城県鉾田市鳥栖）

義色々相考手続等取調罷在候由。（下略）

順宣は、前もって水戸藩へ無人島渡海の許可を願い出ていたが、これは「公儀」のこととして断られ、あらためて幕府へ渡海願いを出す準備をしていたという。

小笠原貢蔵は、この無量寿寺について「寺中広く最寄民家少なく山寺にて男女二人も召使、右は平生耕作為致順宣順道夫婦も農業手伝いたし此節寺中の桑を取、蚕を養ひ、日々相寄世話いたし本堂庫裏屋敷其外も大破の様子に御座候」と記している。

次に隠居斎藤次郎兵衛、公事宿山口屋彦兵衛について、いずれも無人島渡海計画の一味として探索結果を記しているが省略する。

渡辺崋山については次のように記している。

三宅土佐守家来にて
家老
渡辺　登
四十四　五歳

此者蘭学は勿論古事目前に見候様諸人へ物語いたし思慮少き者に候処、無量寿寺方へは秀才英雄蛮学巧者の由に山口屋彦兵衛と申者申触し、無人島へ渡海船并手当出来候て海路巧者なる船頭土佐守領分内に有之候間、差図いたし間欠不申様可取計旨申候義も有之候由御座候。

崋山は無人島渡海計画に無関係であるにもかかわらず、この二度目の探索報告では、崋山が田原藩の船頭を世話するなどと事実無根のことが記され、渡海計画に積極的にかかわっていたことになっている。

以上が前後二回にわたる小笠原貢蔵の探索書の概略であるが、内容は貢蔵が命じられた「モリソンの事」と『夢物語』の著者に関するものは少なく、水野からも命じられていないはずの無人島渡海関係者が大部分を占めている。これはのちの吟味でも明らかになるように、崋山と無人島渡海を結びつけようとする耀蔵の意図の表れとみられる。

鳥居耀蔵の告発状

無人島への渡海は、無量寿寺順宣（一七九〇―一八六七）に関する探索書でも明らかなように、順宣らは正式な手続きを踏んで、幕府の渡海許可を得てから実行するつもりであった。しかも、まだ船や食糧の手配の目途さえついておらず、地図や資料を集めつつある段階で、具体的なことは何ひとつ決まっていなかった。しかし、耀蔵は小笠原貢蔵の探索書と渡海計画グループの一人花井虎一の密告をもとに、一通の「上書」（告発状）を作り、五月上旬、老中水野忠邦に上申した。この告発状でも大部分が無人島渡海関係で占められ、『夢物語』については、高野長英の項でわずかに触れているにすぎない。

耀蔵は部下の小人目付小笠原貢蔵と大橋元六に『夢物語』の容疑者として「三宅土佐守家来　渡辺登」の名をあげていたにもかかわらず、この告発状では崋山を『夢物語』ではなく「漂流ニ托し、呂宋・サントーイツ・アメリカ国辺へ罷越候心組」などと無人島への渡海を容疑としている。このように耀蔵が崋山と無人島を強引に結びつけるために利用したのが花井虎一であった。なお、虎一は、耀蔵が無人島渡海グループに送り込んだのか、またはグループの一員であった虎一がのちに耀蔵に寝返ったのかは不明であるが、いずれにしてもグループのなかでスパイとして暗躍し、ひそかに耀蔵に情報を送っていたことがのちの吟味の場で明らかになっている。この耀蔵の告発状の末尾に、この内容は「花井虎一の申立」に基づくものとしながらも、のちにみるように奉行所での尋問の過程で虎一の証言は、ことごとく偽りであること、さらに虎一の証言が耀蔵の告発状とも齟齬していることが明らかになっている。これは虎一の証言を耀蔵がさらに潤色捏造したことをうかがわせるものであろう。また、虎一が仲間をそそのかして崋山の動静を探らせたり、自身も崋山を訪ねて崋山の渡海の証拠をつかもうとしていることからも、耀蔵が背後で虎一を操っていたものとみられる。こうして耀蔵は、まだ何も具体化していない無人島渡海計画を、あたかも国外脱出計画であるかのように捏造して告発したのであった。なお、花井虎一は、御小人頭柳田勝太郎組の御納戸口番で、宇多川榕庵の門で蘭学を学んだこともあり、崋山とも多少面識があった模様である。

次に鳥居耀蔵の「上書」(3)(告発状)を全文みてみよう。まず冒頭、

常州鹿島郡
坪内久四郎知行所
鳥栖村
無量寿寺
父　順　宜(ママ)
倅　順　道

此順宜(ママ)儀無人島ニ異国人常々船繋仕罷在候儀承及ひ、兼々右島へ渡り、異国人之応接致し、彼国之事情を探り度との存込深く、去年中江戸表へ出府、同好之者ともニ目論見致し、猶又去冬より倅順道を西本願寺用向ニ事寄セ出府為致、本石町三丁目寺社奉行公事宿山口屋彦兵衛類焼跡土蔵ニ借住

罷在、同意之者を集め、相談整次第渡海之心組ニ而、鉄砲火薬之用意も心懸居候由、順道儀右島之絵図を穿鑿致候ニ付、彦兵衛より御納戸口番花井虎一方へ引付貰、同人所持之図を借用致度段頼ミ入、渡海之目論見相咄し、同船を勧め候由、水戸殿領分中名前不知同意之者御坐候趣、僧之身分なから羽織着、長剣を帯し往来致候由。

本石町三丁目
住居類焼ニ付当時
新材木町住居
寺社奉行公事宿
山口屋　彦兵衛

此者宇田川榕庵方へ常々立入、謂れなく蘭学を信し候より無人島へ渡海、異国人へ応接致し度心組生し、去年中印籠蒔絵師山崎金（秀）三郎同道ニ而、花井虎一方へ右島絵図持参罷越、頻リニ渡海之心底御座候折柄、順宜《ママ》同道目論見承り、元より同意ニ付、同船渡海可致相談相整、所持之鉄砲を持参致候心組之由。

元御徒相勤候
青木伴蔵事
福原内匠家来ニ而
隠居
斎藤次郎兵衛

此者年来無人島へ渡海致度心懸罷在候処、順宣順道之心底承り弥決心致し、当節句後早々江戸出立、鳥栖村へ罷越、順宣と申合、粮米其外用意相整候は、順道方より案内次第順道同意之者同道、帰村之上、当月下旬来月上旬迄ニは出帆致候心組之由。

水戸殿領分

水戸中浜住居郷士

大内五右衛門

此者は無量寿寺同意ニ而、八百石積五百石積所持之船へ武器粮米等入れ、渡海可致用意罷在候由。

深川下佐賀町

印籠蒔絵師

山崎金(秀)三郎

此者蘭学を好ミ、順宜(ママ)幷山口屋彦兵衛致懇意、倶ニ渡島可致心組之由。

御使番

松平伊勢守

此者近年蘭学を好ミ、渡辺登高野長英を信用致し、外国之事情を探索仕度存候より、家来坪井久兵衛を花井虎一、斎藤次郎兵衛、山口屋彦兵衛等へ無人島へ渡海之儀を勧候よし、右之者此節無人島へ渡海之目論見ニ加リ候由。

三宅土佐守家来

渡辺登

此者儀文武心懸宜、書画も相応ニ出来、平常麁服を着、長剣を帯し、専家政を取扱ひ、応対温順にして、一度逢候もの親ミ深く相成候様之人物ニ而、兼て蘭学を好ミ、近年土佐守へも蘭学を勧め、好事之徒を集め、蘭書を講し、蘭学を以世ニ知られ候幡崎鼎高野長英へ深く交り、蘭科之医師を始其徒を集め、蛮国之事情を穿鑿致し、当今之御政事を批判、剰蛮国船交易之儀ニ付而は、浦賀洋中ニ而諸国之廻船邪魔致候へは、一時江戸困窮ニ相成、自から交易之道も開ケ可申抔、其外不容易事を常々雑談同様ニ申候様子、心底何共難心得よし、且奥州金華山之洋中之離島ニは異国人船繫罷在、其辺浜辺之漁夫ニ金壱分遣候へは、自在ニ通路出来候旨、同好之者へ相咄し候由。

一、無人島ニは異国人船繫候哉ニ承知仕候ニ付、兼々渡海応接致し度心底之処、去年中御代官羽倉外記伊豆七島巡見之節、無人島へも渡海致度段相願候ニ付、同船可致心組ニ而、主人土佐守へ願立候儀御座候由。

一、来子年羽倉外記手付手代無人島へ渡海為仕候心組有之候由、其節は同船致し漂流ニ托し、呂宋・サントーイツ・アメリカ国辺へ罷越候心組ニ而、此節順宜《(ママ)》初渡海之連中ニは加り不申候由。

一、去戌年参向之カヒタンニーマン江戸滞府中、天文方之者応接之節、岡部内膳正手医師小関三英と申者、対話致し候始末承り、鸚鵡舌小記と申書を作り、阿蘭陀人当今之御政事を批判致候を書載候ものヽ由。

一、魯西亜イキリス之船印旗印之類、蔵板ニ致し所持罷在候由。

一、当二月下旬頃より夢物語と申書物之儀ニ付、世上種々取沙汰有之候ニ付、総而蛮国之事情口外等不仕、何れより尋候共程能申断候様同好之者申合、病気ニ托し外出も不致、気欝之体ニ罷在候由。

遠山半左衛門組
御徒
本岐栄作養父
隠居　本岐道平

此者一体蘭学を好ミ、種々之細工物を工夫致し、近来専ドンドルと唱候小筒を製作致候、去年三月中御代官羽倉外記伊豆七島巡見之節、用人致し罷越候ものにて、猶又来子年外記手付手代七島より無人島へ可差遣目論見ニ付、其節は案内ニ罷越候旨申繕、同志之もの申合、漂流ニ事寄セ呂宋・サントーイツ・アメリカ国辺迄漂着可致心組之由。

麹町隼町
町医
高野長英

此もの仙台出生ニ而、幼年より蘭学を致し、医術も相応ニ出来、三宅土佐守より扶持貰居、去年中何れより取出候哉、アールド。レイキスキユンデ。ウヲールテン。フックと申蘭書を得て、蛮国之地理政事人情を和解し、日本と蛮国との政事人情之善悪を評し、夢物語と号し世上ニ流布致し、夫より種々風説起り候由。

水戸殿家来
幡崎鼎

此者長崎ニ年久敷罷在、高崎《(ママ)》作左衛門一件之節本多佐渡守之密事等相勤候儀有之、蘭学ニ秀て其後水戸殿へ被召抱、名も高く相成候処、去年中不埒之筋有之、土方仙之助方へ御預相成候由。

御使番
松平伊勢守

御代官
羽倉外記
江川太郎左衛門

御小姓組
秋田淡路守組
下曾根金三郎

伊賀者
内田弥太郎

増上寺代官
奥村喜三郎

此者共幡崎鼎を尊信し、銘々宅へ招き、或は鼎宅へ罷越、蘭書之講義を聞候処、鼎御預相成候ニ付、当時は渡辺登高野長英ニ随身致し、専ら蛮国之事情を探索尊信致し候人々之由。

右は柳田勝太郎組御小人御納戸口番花井虎一と申者、年来蘭学心懸罷在、其筋之者熟懇仕候処、無人島渡海之儀も内実は名目ニ而、異国へ漂流仕度心組ニも相聞、其外平日難心得咄多く、不容易事ニ心付、中立候段、奇特ニ奉存候。一体虎一儀は幼年ニ而父を失ひ、母壱人之手に育、孝道之聞へ御坐候もの故、全く貞実之至情より過慮仕候事ニも可有之哉、つまる所好事之もの共偏ニ蛮国之事情を穿鑿仕度存込候より之儀ニ而、敢而邪心御坐候儀とは不奉存候へ共、虎一中立候儘、認取此段奉申上候、以上。

五月　　　　鳥居耀蔵

この耀蔵の告発状では、崋山について「好事之徒を集め、蘭書を講し」とか「蘭科之医師を始其徒を集め、蛮国之事情を穿鑿致し、当今之御政事を批判」などはむろん事実ではない。さらに「浦賀洋中ニ而諸国之廻船邪魔致候へは、一時江戸困窮ニ相成、自から交易之道も開ケ可申抔、其外不容易事を常々雑談同様ニ申候様子、心底何共難心得よし」と記し、崋山を交易を望む容易ならざる人物としている。

このように耀蔵の関心が無人島渡海問題と、崋山に集中していることがわかる。また、無量寿寺順宣の無人島渡海計画の動機が、さきに小笠原貢蔵らが直接無量寿寺に出向き、耀蔵に報告したそれとも異なっている。小笠原貢蔵の報告書によれば、無人島渡海計画の目的は「無人島には奇石異草多く有之趣承伝、両三年以前より存立、右島へ渡海の上大材奇石異草等取得候て、格外利得に可相成と一図に存込候得共」として、功利が渡航の目的であると耀蔵に報告していたにもかかわらず、この耀蔵の告発状では「此順宜（ママ）儀無人島ニ異国人常々船繋仕罷在候儀承及ひ、兼々右島へ渡り、異国人之応接致し、彼国之事情を探り度との存込深く」などと、貢蔵の報告にもない「異国人との応接」を渡島の目的として捏造している。このように耀蔵は、たんなる無人島渡海計画を強引に「異国への漂流」「異国人との応接」

と捏造し、鎖国破り的事件に仕立て上げていることがわかる。

次の山口屋彦兵衛の場合も、貢蔵の報告にもない「異国人へ応接致し度心組生し」などと「異国人へ応接」に結びつけている。なお、山口屋彦兵衛について、判決文には「本石町三丁目五人組持店旅人宿彦兵衛幼年ニ付後見　金次郎」とあり、彦兵衛ではなく金次郎が正しいとみられる。

那珂湊の回船問屋大内五右衛門（清衛門、通称五衛門、一七八八―一八六七）は、貢蔵の最初の探索書に名をあげられているものの、のちの取調べで、本人は無人島渡海のことはまったく知らず、事件とは無関係であることが明らかになっている。

崋山については「来子年羽倉外記手付手代無人島へ渡海」という計画自体幕府にもなく「同船致し漂流ニ托し、呂宋・サントーイツ・アメリカ国辺へ罷越候心組ニ而」もむろん事実ではない。羽倉の伊豆七島巡視はすでに前年に終了しているため、耀蔵はあらためて、来子年（天保十一年）羽倉の「手付手代の無人島へ渡海」計画があるかのように捏造したものとみられる。また、崋山が所持していたという「魯西亜イキリス之船印旗印之類」、この件は、崋山の口書によれば十年ほど前、当時勘定吟味役中川忠五郎の了解を得てロシア・イギリスの船印を蔵板印刷し、村々に頒布したもので、無断で行ったものではなく、ましてや「其徒に送りし」ものでもなかった。

貢蔵の探索書によれば「漂流に事寄アメリカ辺へ直に罷越候方は無人島を経るより心易く」と発言したのは、元木（本岐）道平のみであるが、耀蔵の告発状では崋山が「漂流ニ事寄せ、呂宋・サントーイツ・アメリカ国辺迄」渡ろうとしていたとなっている。同じく貢蔵の探索書にないにもかかわらず順宣・山口屋彦兵衛・崋山が「無人島へ渡海、異国人へ応接致したき心組」であったと捏造している。これらはいずれも事実無根で、耀蔵が彼らを「異国人へ応接」「外国への脱出」の廉で捕縛し、崋山を一味に加えて断罪することを目論んでいたことを示すものであろう。なお貢蔵の探索書にあった御勘定吟味役川路三左衛門（聖謨）の名は、すでにこの鳥居の告発状にはない。また、耀蔵が江川を全面的に信頼していることは、すでに「江戸湾巡視」の節でみたが、この「上書」では羽倉とともに江川の名があげられている。これは崋山の友人には幕府の高官もいるのを奇として、耀蔵が水野忠邦に崋山の危険性、事件の重大さを強調するため、あえて羽倉・江川なども崋山・長英を尊信しているとして、両名の名をあげたものとみられる。また同様に、すでにシーボルト事件に連座して伊勢菰野藩に預けられている幡崎鼎の名もあげている。しかし、羽倉も、江川も取調べを受けた形跡はない。さきにみたように、耀蔵が江川を揶揄するような書簡を書き送っているのも、耀蔵には江川を告発する意図がなかったためとみられる。

二通の上書（告発状）

ところでさきにみた、鳥居耀蔵の上書（告発状）のほかに、もう一通の上書があることが知られている。いずれも『小笠原島紀事』五に収められており、前者には、表紙または包み紙とみられる部分に「上」「鳥居耀蔵」とあり、全体の末尾に「五月　鳥居耀蔵」とある。ただし後者には「上」（たてまつる）とあるが署名はなく、末尾に五月とあるのみで作成者はわからない。

後者の内容は、前者を敷衍して人物ごとに行状を記し、前者の記述のうち疑問とするところを指摘している。また、前者すなわち鳥居のそれが「異国人との応接」「海外への脱出」を強調し、むしろ決めつけているのに対し、後者では、「漂流に紛れ外々えも罷越可申哉之風聞相聞」と記すのみで決めつけていない。また虎一について鳥居が「不容易事に心付、中立候段、奇特に奉存候」と褒めているのに対し、後者では無人島渡航計画について「御納戸口番花井虎一儀も右等に同意致候哉に密々相聞申候」と虎一が彼らの仲間であることを記すなど客観的といえよう。また全体に前者の耀蔵の記述に批判的で、本岐道平についても「先頃羽倉外記廻嶋之節も家来分に相成付添罷越、其砌漂流の名目に而蛮国へ可罷越抔と外記を勧候儀も有之哉に候へ共、同人不承知抔と申浮説も相聞申候」とあり、代官の羽倉および江川についても「蘭学に志有之候へ共、差当り蛮国に通し、前書（耀蔵の上書）之始末柄は無之哉に相聞申候」との記述にも客観的姿勢がみられる。

このような後者の上書の成立について、佐藤昌介氏は、次のように推測し、「鳥居の告発状に接した水野は、この中に、かれの信任の厚い羽倉・江川らの幕臣の名があげられていたため、とくに再調査の必要を認め、かれが直属の隠密吏に命じて、探索・報告させたものがこの文書（後者）であったと推定される[4]」という。しかし、この説は次のような理由から疑問の余地があるように思われる。すなわち、水野の信任の厚い羽倉・江川らに疑惑が生じているのであれば、水野はただちに羽倉・江川を呼んで、実否をただすことができたであろう。信頼する部下についてひそかに隠密吏に探索させるようなことは、上司と部下の信義のうえからもありえないであろう。また、さきにみたように、水野は耀蔵を全面的に信頼し、耀蔵の捏造をもなんら疑問とせず、事件を直接指揮して花井虎一の密訴を高く評価するなど、水野と耀蔵の間には間隙がないこと、またのちにみるように、水野は崋山について、捕縛直後から「登事夢物語一件にてはこれ無く、全く無人島渡海一件の魁首なり[5]」と、耀蔵の告発を全面的に信じていることなどからも、水野が耀蔵の告発状を疑問視して、あらためて部下を隠密吏に再調査させることなどはありえないであろう。したがって「閣老水野の配慮によって、江川らが罪を免れた」[6]とする説、すなわち耀蔵と水野が対立関係にあるという前提に立つこの説は事実とは考えがたい。

したがって、この後者の上書（告発状）の成立については次のことが考えられるであろう。

この上書が耀蔵の上書に批判的であること、のちに取調べの段階で、虎一の偽証問題が浮上し、耀蔵の告発状の信憑性が問題化していること、北町奉行の大草安房守が、吟味の途中で御役御免を願い出て慰留されるなど、担当の北町奉行大草安房守と事件を告発した鳥居耀蔵との間には、深刻な対立があったとみられること、そのため奉行所側が耀蔵の強引な告発内容に疑問を抱いて、北町奉行所が独自に耀蔵の告発状を点検調査し、作成したのがこの後者の上申書ではあるまいか。また、耀蔵が「殿中において、配下の小人目付小笠原貢蔵ならびに、大橋元六に対し閣老水野忠邦の内命と偽って」『夢物語』の著者の探索を命じたとする説[7]もあえて偽る必要が見当たらないことから、水野が自分の直属の隠密吏に命じて、探索・報告させたとする説は成立しがたいといえよう。

註

（1）高野長英『蛮社遭厄小記』（『日本思想体系』55「渡辺崋山・高野長英・佐久間象山・横井小楠・橋本左内」岩波書店、一九八二年、一九一頁）。

（2）「古文書への招待」（『高橋磌一著作集』別巻、あゆみ出版、一九八五年、一六三〜一七二頁）。高橋磌一『洋学思想史論』新日本出版社、一九八五年、三二三〜三三二頁。

（3）『小笠原島紀事』五、国立公文書館内閣文庫蔵。佐藤昌介『洋学史研究序説』岩波書店、一九六四年、三九一〜三九七頁参照。

（4）同、佐藤昌介『洋学史研究序説』四〇二頁。

(5) 清水正巡『有也無也』(井口木犀編著『華山掃苔録』豊川堂、一九四三年、二七五頁)。
(6) 前掲、佐藤昌介『洋学史研究序説』二九二頁。
(7) 同、二七七頁。

一斉捕縛と取調べ

崋山の拘引

天保十年（一八三九）五月十四日、北町奉行所の捕吏が、半蔵門外三宅土佐守の藩邸の長屋から崋山を連行していった。崋山と親交のあった清水俊蔵赤城の長子清水正巡礫洲の記した蛮社の獄の記録『有也無也』には次のように記されている。

昨日〈即ち十四日〉崋山は越前守殿の内意を以て、御不審の筋ありとて、町奉行大草安房守より達しあり、即刻同道人差添へ、御役宅へ罷越し、直に揚屋入仰付られ、又留守宅へは大草組の者来りて、蔵書蔵器其外の品を長持台棹に入れ持ち去りたれば、家内一同殊の外仰天し居り、何を尋ぬるも一向に事柄分らず、止むを得ず家に帰らんとする途中、幸ひにも武四郎に出会ひ初めて五ケ条の御不審ありての事なりと聞きぬ〈蘭学心掛候事。大塩へ文通致候事。器物多く蓄へ候事。人を長崎へ遣し候事。旗崎と懇意の事〉是に由って更に椿山の許に往く。椿山の話に先日以来薄々御目付方にて登の事〈崋山の名〉御調ある趣聞込たれば、崋山に心付けたれども、崋山申には、我等も其事は承知せざるにあらず、併し只何と無く御内沙汰等ありて、田原勝手にても仰付けられては、外聞も宜しからず、表立ち御尋ねあらば、明白に申抜くべき覚悟なりとの話あり〈是れには当月六日頃の事と云〉(1)

当時南・北の両町奉行所は隔月で担当し、この年五月は南町奉行所の番であったが、急遽北町奉行所に変更された。これには次のような事情があったという。

同十四日登召捕に相成候、元来筒井事月番之処、思召を以非番之大草え被仰付候、是は筒井二男下曽根金三郎事、渡辺之蘭学門人に付、筒井も御疑と申事に候。(2)

こうして元来非番であった北町奉行の大草安房守高好が吟味を担当することになった。なお与力は谷村源左衛門・中島嘉右衛門で、奉行の大草も与力の中島も崋山の知人であったという。

崋山の拘引を聞いた友人たちは、ただちに対策に乗り出した。小田莆川（崋山の画の弟子）らは崋山の友人三人と画策している。

堉次郎に頼み、新見伊賀守より直書を以て、大草へ内頼したり〈新見も大草も共に崋山懇意の人なり〉然るに、此度の事は、手前も崋山とは兼て旧知の者なればとて、格別の御内慮を以て仰付られし事ゆえ、何分致方無し、只だ容易ならざる旨と、承知ありたしとの返答にすぎずと話す。(3)

担当の北町奉行大草高好は、崋山と懇意の人だが、しかし「格別の御内慮を以て仰付られし事ゆえ」とは、老中からの任命ということであろう。しかも取調べが始まる前からすでに「容易ならざる」事件と承知してもらいたいという。これは事実の如何を問わず、鳥居の告発状からみた大草の当然の所感であろう。

崋山が連行された頃、無人島渡海を計画したとして僧侶・町人ら数人も捕えられた。長英は崋山が連行されたのを知ると身を隠し、四日後の十八日夜に自首した。その前日十七日には小関三英が自殺している。奉行所は三英になんら容疑をかけておらず、三英もこれまで政治的言動は極力控えてきたが、こ

獄廷罪人図（崋山スケッチ『獄廷素描』田原市蔵〈『復刻渡辺崋山真景・写生帖集成』第三輯〉）

の頃崋山とともにキリストの伝記を翻訳していたという。三宅友信の「崋山先生略伝」には次のように記されている。

先生（崋山）常に思惟す、耶蘇教は海外普通の宗教、必ず邪宗にあらずと深く之を疑ふ。然ども当時厳禁にして其端を窺ふに由しなし、適々吉利支略伝の小冊子を獲て、竊かに小関三英に就て之を読ましめ、且つ自ら訳記す。一篇読訳終はらんとする時に三英忽ち先生の拘囚に逢ふ。報を聞き大に驚懼し且つ疑ふ、夫の人にして何の辜《つみ》かある、是必ず近日先生と訳読する所の書、耶蘇教の国禁を犯すに由る所ならん、崋山子何の罪あらん、吾自首して先生の禍を免れしめんと。已に公廷に赴かんとして熟思するに、吾国禁を犯し主家を累し、寧ろ磔殺の辱を受るよりは自裁するにしかずと、即夜刃に伏す。(4)

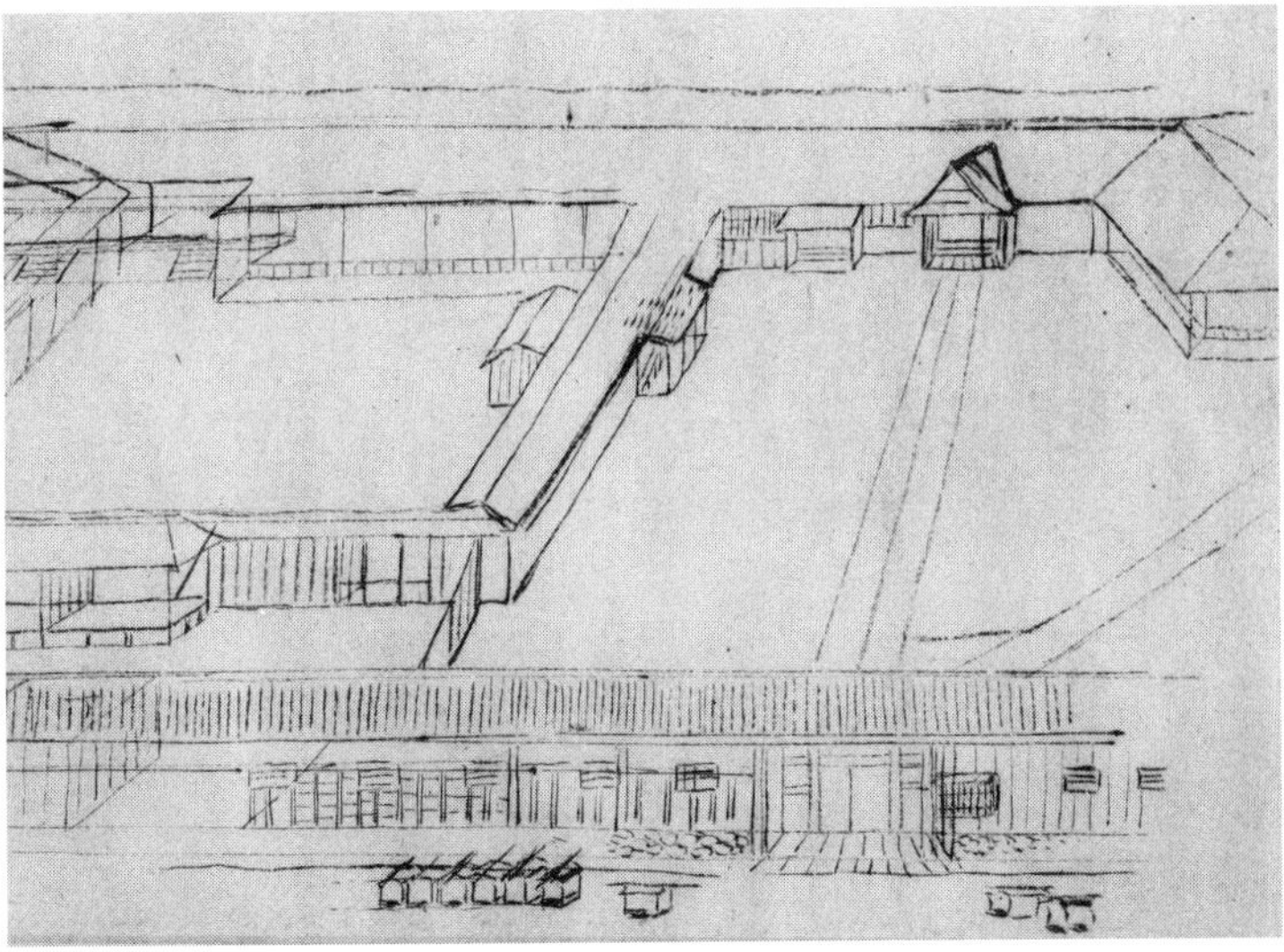

北町奉行所の図（崋山スケッチ『獄廷素描』田原市蔵〈『復刻渡辺崋山真景・写生帖集成』第三輯〉）

三英は、常々自分が幕府にとって危険人物であることを自覚していたのであろう。崋山が捕われたのを知って、いよいよキリストの伝記翻訳が露見したと思い込んで自殺したものとみられる。

蛮社の獄の吟味の様子については、いくつかの史料から、かなりのことを知ることができる。日頃交際の広い崋山には、奉行所や獄舎などの情報にも通じた友人もいた模様で、当時の事件としては意外なほど訟庭の情報が残されており、奉行所の記録から直接引用したとみられる部分も少なくない。崋山が北町奉行所に拘引され、揚屋入りを命じられたことを知った彼の師友や門人たちは、ただちに崋山の救援に動き出し、牢見舞いと称して金子を集め、ひそかに書簡の往復ができるよう手配した。ただし、獄中からの書簡などは、いずれも日付が明確なものは少なく、時系列的に示せない場合が少なくない。

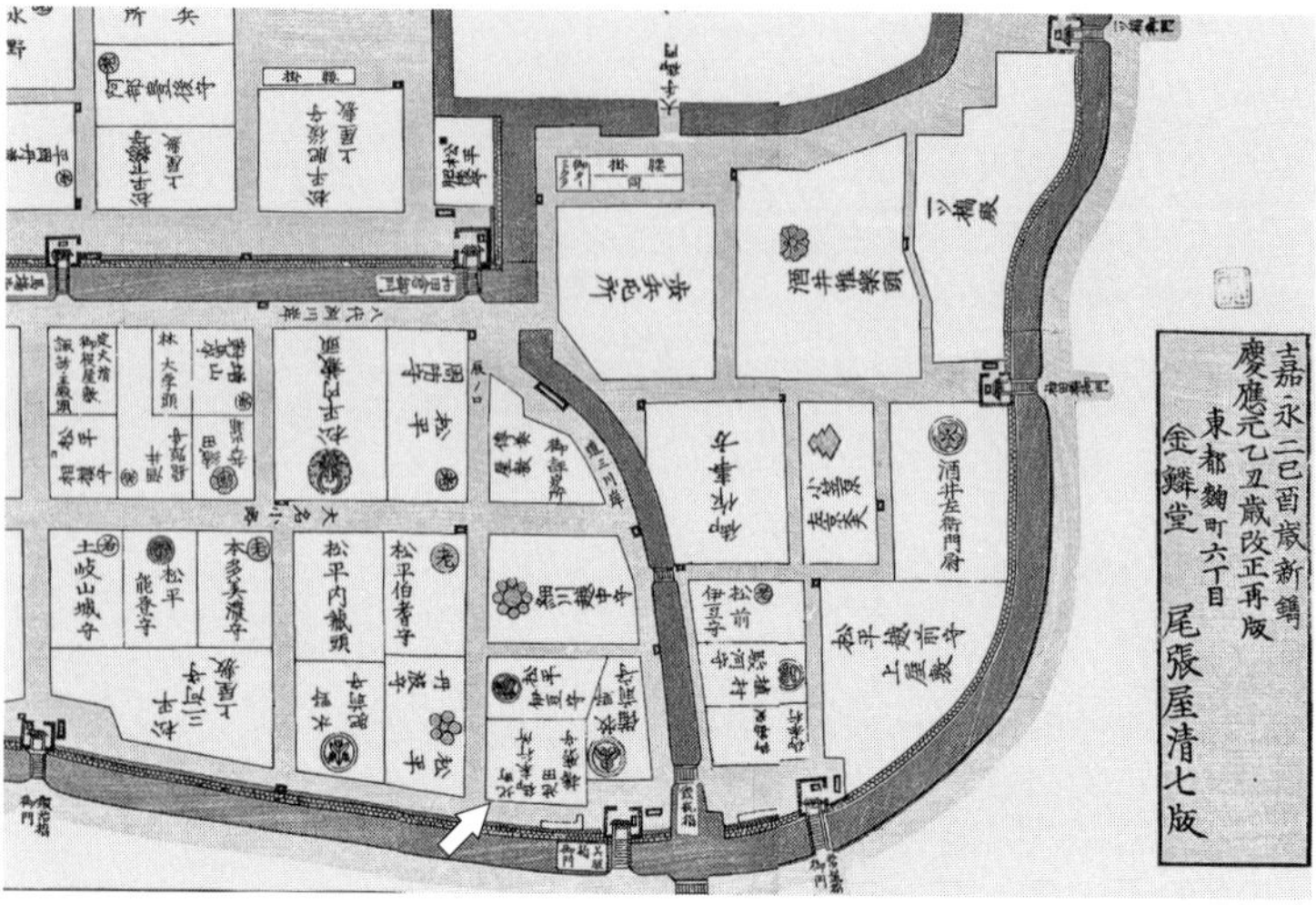

北町奉行所の位置（「江戸切絵図」）

また応答の部分についても原文が冗長でわかりにくい場合には、部分的に適宜現代語に直し要点のみを記すこととする。

吟味（取調べ）

吟味の様子については、耀蔵の手先となって暗躍した花井虎一の証言に関連する部分を中心にみてみよう。花井虎一は耀蔵の教唆によって、のちにみるように仲間の雑談などから「国外脱出」「鎖国破り」ともいうべき罪状を偽証している。

高野長英は『夢物語』の著者と目されて捕縛されたにもかかわらず、まず無人島問題から尋問されている。これは耀蔵が『夢物語』の著者の問題よりも、無人島渡航問題を重視していることをうかがわせるものであろう。ただし、長英は虎一との接点がなく、無人島渡海に無関係であることが明らかになると、次に『夢物語』の内容について問われている。

奉行長英に問。

其方夢物語認め候は「モリソン」と申す者、世

北町奉行所跡石碑，説明板（東京駅八重洲北口付近）

間にて申触し候様の事には無之、外国の人物にて賢者の名あり、只々恐れ候には及び不申事を心付候為めに認め候由、尤に候。左候はゞ人々にも為写候ても、苦しかる間敷を秘し候て、人に見せ不申は却て人を駭かし候様に致候は如何の心得か。

長英答。

左様に候、始めは随分世上にも弘め可申を存候て、一縉紳へ御覧に入れ候処、公辺にも拘はり候事も有之、余り弘め候は宜しかる間敷御内沙汰有之候故、其後秘し置き容易に他見致させ不申候(5)

奉行大草安房守の長英に対する尋問は、決めつけるようなものではなく、むしろ長英の釈明を引き出していることが注目される。

崋山の場合は、最初から無人島渡海の嫌疑を中心に尋問されている。崋山の吟味の様子について、拘留四日目、五月十七日付崋山からの獄中書簡によると「登一件のものとて僧俗六人、これ又家財迄引出され候処、皆々見も不知人にて互ニきもをつぶし候ほどの事」とある。(6) 僧俗六人とは、無量寿寺住職順宣・順道父子と江戸の町人ら無人島関係者であろう。同じ書簡で崋山は「根本ハ何ノ祟リカ一向不相分、唯無性ニ御不審ニ御座候」とある。しかし「登一件のものとて」とあるように、むろん事実無根であるが奉行所ははじめから崋山を無人島渡海計画の首謀者とみなしていたことがわかる。

また老中の水野忠邦も耀蔵の上申書にある、崋山や町人たちが「漂流ニ托し、呂宋・サントーイッ・アメリカ国辺へ罷越候心組」とか「無人島へ渡海、異国人へ応接致し度心組生し」などを、耀蔵の捏造と知ってか知らずか、これらを全面的に事実と信じていたものとみられる。すなわち清水正巡の『有也無也』には次のように記されている。

夜(五月十八日)順蔵来り、在塾の水野藩士が、越前殿の直話なりといふを聞けば、登事夢物語一件にてはこれ無く、全く無人島渡海一件の魁首なりとぞ。(7)(順蔵とは、清水礫洲の弟大橋訥菴《とつあん》のこと)

崋山の拘留早々老中水野忠邦は、すでに崋山を無人島渡海一件の首謀者とみていたという。また「登事夢物語一件にてはこれ無く」と断定していることは『夢物語』の著者の探索は、崋山を捕えるための口実にすぎなかったことを意味しているのではあるまいか。そのようにみた場合、「鳥居耀蔵の告発」の節でみたように、耀蔵が部下の小人目付小笠原貢蔵・服部元六に『夢物語』の著者の探索を命じた際、耀蔵が「右取調可申聞事、越前守殿より」と伝え、また探索すべき『夢物語』の著者として、はじめから崋山の名をあげていたことからも、すでに水野は、耀蔵が崋山を別件の『夢物語』の著者として捕えることを承知していたものとみられる。

崋山は初めの頃とみられる尋問で、蘭学や西洋に関心を持っていたことについて尋ねられると、次のように答えている。

私儀蘭学は不仕、翻訳ものにて吟味仕候義は、主人領分海岸有之、元文已来厳敷被仰出も有之事故、彼我の情を捜索仕主人顧問にも備度心底に付、蘭学に拠て御座候。(8)

崋山はその頃「蘭学にて大施主」という評判が立っていたが、彼はそうした「西洋を尊崇する人物」という風評を打ち消さなければならなかった。そこで崋山は、田原藩の助郷返上運動の際と同様、ここでも田原藩の海防問題を西洋に関心を持つようになった理由としている。むろんこれは言い逃れにすぎなかったが、それ以上追及されることはなかった模様である。

崋山は、拘留一ヶ月後の六月十五日に認めたとみられる獄中からの書簡で次のように記している。(9)

奉行より崋山への問。

其方奥州金華山にて異国船見物好み候得共、金子を遣し一覧出来候様申触れ候由如何。

崋山答。

此儀は四月下旬、花井虎一参り申には、前奥州金華山の事被仰候由、愈左様に候はゝ私罷越度段申聞候間、何さまその様なる事聞候事もあれとも慥なる事は不承段御答申上候。

この「奥州金華山で異国船を見物できる」という話は、のちの崋山の「口書」に「金華山洋中の義兼て話に承り及候義有之候へ共、不取留雑説故、私より口外致し候覚無御座候」とあり、崋山がまったく知らない話ではなかったものとみられる。花井虎一が訪ねてきたという「四月下旬」といえば、すでに崋山ら捕縛の直前である。崋山を訪ねた虎一は、金華山へ「私罷越度」などと口実を設けて、崋山が近海に出没する異国船情報に詳しいという傍証をつかもうとしたものとみられる。このとき崋山は虎一が耀蔵の手先とは知らずに『駃舌或問』などをみせている。さらにこの前年すでに虎一は斎藤次郎兵衛を崋山宅へ差し向けていたことが次の問答によってうかがえる。

奉行より崋山への問。

其方斎藤次郎兵衛なる者懇意致度、外国の事なと承りに罷越、殊近の無人島へ渡り外国と交易致候取結候旨如何。

崋山答。

誠に一向に不存、斎藤と申者は花井より聞旨にて去年一度罷越候。私儀は沿海異聞の由無人島の書補定仕度次郎兵衛に問候処、一向不存殊に其咄も甘み無之間、他事を申取合不申同人帰り、其後一度も参不申、渡海之事は一向不存申候。(10)

斎藤が崋山宅へ「去年一度罷越」とは蛮社の獄の前年天保九年のことであり、すでにその頃から耀蔵の指示で虎一が斎藤を使って崋山を探索していたことがわかる。これは耀蔵と江川の江戸湾巡視（天保十年一月〜三月）の前年のことで、したがって、江戸湾巡視における耀蔵・江川の確執が崋山に及び、蛮社の獄が引き起こされたとする通説は成り立ちがたいことを意味するものといえよう。

この日のこととみられる問答について『有也無也』には、次のように記されている。

奉行、斎藤次郎兵衛に問。

其方は虎一無人島渡海の儀致同心候処、虎一申候には、渡辺登事無人島穿鑿委敷人に付面会可相尋由申候に付、登方へ参り段々承り合せ候へば、一向無人島の談無之、但々余話のみにて失望候由、左様に候か。

次郎兵衛答。

如仰候、承り可申と存候事、更に分り不申、併し高名の先生に面会致候を幸と罷帰り申候。

奉行、崋山に向かって。

左様に候か。

崋山答。

如仰候。

そこで奉行は花井虎一に向かって。

両人（次郎兵衛と崋山）先日以来吟味致候趣いつも如右、其方（花井虎一）申立と相違致候が、如何の訳か。

これに対し虎一は「私申上候に相違無之両人偽りを申上候」と答えると、崋山はただちに「何を以て証拠と被致候や承り度といふ、虎一黙然として辞なし[11]」。

虎一は斎藤次郎兵衛のほかに山口屋金次郎にも崋山宅を訪ねるようそそのかしていたという。

山口屋云、渡辺は高名にて其上外国の事を存候人と申事故、いづれ訪ひ候様虎一より度々話候得共、かれこれ未だ面会不仕候[12]。

耀蔵は虎一を教唆して崋山と斎藤次郎兵衛・山口屋金次郎との接点を作り、崋山を無人島渡海の首謀者にまつりあげるため画策していたものとみられる。しかし、金次郎はまだ崋山を訪ねていなかった。

この日の吟味で崋山は、自宅から押収された無人島図に朱紙が張られていることを詰問されると、崋山は「買入候節より張り有之候、一向何の趣意を存不申、一体亜細亜州の事を心掛候故無人島の儀は穿鑿不仕候」[13]と答えている。

この朱紙の張り紙について、三宅友信「崋山先生略伝」の一節には、幕吏の尋問には「先生応へ言ふ、是恐く此書先きに所蔵人のなす所ならんと、吏も亦強て鞫究する能はずして已むと、実は先生の貼付する紅紙也」とある。

耀蔵の教唆であろうか、虎一は、斎藤次郎兵衛や山口屋金次郎をそそのかして、執拗に崋山と無人島との接点をつかもうとしていたことがわかる。崋山は無人島に強い関心を抱き地図などを集めていた模様であったが、町人たちの計画には参加していなかった。そのため危うく耀蔵の計略を逃れたといえよう。

ある日の吟味で、崋山は無人島渡海に深くかかわっていたかのような尋問を受けている。

奉行より崋山への問。

其方石町宿屋山口屋と申宅にて、無人島渡海、異国交易の儀折々打寄及相談候旨如何。

この問いについて崋山は、次のように記している。

私山口屋と申者一向に不存段申上候。

然る処御奉行様被仰候は、其方意趣遺恨にても受候者有之哉、御尋有之間、一向に覚無之、私人を恨み候儀無之間、私を恨候人可有之とは不存候段申上候。兎に角不容易御不審、恐入は不申哉と被仰候間、恐入候段申上候。依之御吟味中揚屋入。[14]

奉行の大草は、耀蔵の告発状に則って吟味を進めてきたのであろう、しかし、虎一の証言は信憑性に乏しく、たびたび偽証が露見していることから、大草は、耀蔵の崋山への告発そのものに疑問を持ちはじめたものとみられる。

さきにみたように崋山は最初から「無人島渡海一件の魁首」と決めつけられていたものの、これは耀蔵のでっちあげで、実際に計画を話し合っていたのは無量寿寺の住職順宣らで、崋山とは面識もなかった。崋山の獄中書簡には次のように記されている。

御不審の筋は、渡辺登始め皆々無人島渡海致、呂宋サントウイツ其の他外国人と交易致、山口屋土蔵に於て折々及相談、五月節句後六月上旬には窃かに水戸殿領分船持大内清衛門を雇ひ出帆致候旨如何。

順道父子（ママ）は云ふ、渡辺登と申は何人に御座候哉一向不存、私え花井虎一と申者手紙、かねて約束の通り、近々渡海可仕間、御用意可被成と手紙参り候に付、あまり疎忽の事故、願済の上は兎も角も可仕段返書遣し候[15]。

虎一が順宣父子を陥れようとして動いていた様子がうかがえる。これも耀蔵の教唆によるものとみられる。また、崋山らの容疑が「無人島渡海致、呂宋サントウイツ其の他外国人と交易致」ことであったとされている。むろんこれも事実無根である。

順宣・順道父子のうち虎一と接触のあったのは倅の順道のみであった。そこで奉行は順道に「然らば其方虎一へ面会致候節、無人島渡海里程の事申候は如何の訳か」と問うと順道は以下のように答えている。

右の段一向跡方無之事に候。虎一常陸鹿島へ参詣致度、船路如何に致候方宜敷と承候故、郷国の事にて兼〆案内も存候間、委曲に噺候節、船持は何の誰と申候也と承り候故、大黒屋と申候者、大家に候へ共、私の知人に無之、浜名屋は知人にて三千石の大船も所持仕居候由、咄し候へば、姓名認め呉れ候様申候に付、私虎一の矢立墨を以て、鼻紙へ認め遣し候に相違無之候。

順道は「無人島渡海里程の事」を虎一に話したことはないとはっきり否定している。そこで奉行は虎一に対し「其方申立候とは甚しき相違あるは如何」と問いつめると、虎一は「私申上候に相違無之、あの者偽申上候」と反論している。

さらに奉行は虎一に対し「昨春頃、面会致候者、当五月無人島へ出帆致候と申と話合、いづれにて致《ママ》し何の証拠を以て申立候や」と追及すると、虎一は「彦兵衛、道平等鉄砲所持致居候」と直接関係のないことを答えたため、奉行は虎一に「鉄砲の事は尋ね申さず、何を以て出帆致候と申立候也と、再三詰問せられたれば、虎一語塞る[16]」。

虎一は順道に巧みに常陸鹿島神宮へ参詣致したいともちかけ、順道は廻船問屋を教え「鼻紙へ姓名を認めた」にすぎなかったが、虎一は順道が「無人島渡海里程の事」を話したと偽証していたことが暴露されている。

この頃と思われる吟味について崋山の獄中書簡には、次のように記されている。

引続き虎一渡海の御吟味、嘘八百なる長き御吟味一々審明相成引合者え移る。此日引合之者虎一と対決致候所、誠に茫々然たる事にて厳敷虎一を御叱被成候。此度は誠におかしき支（事）ばかり（中略）此外又々渡海一件、虎一突合せと相成、外引合六人并に常州大内清左衛門（清衛門）阿部友進いづれも対決に及ひ候所、第一、五月節句六月初旬出船と申儀いずれが申出候事や、唯虎一言上の事ばかり、其大内清左衛門手船を用ひ候事も皆出所不相分、虎一を厳敷御尋に御座候。

このときの問答で虎一は、「私未熟者之儀、かねて御目付様（鳥居耀蔵）へも申上、何月幾日と治定申上候儀更らに覚無之」と弁解している。

これに対し与力が「御奉行被仰候は先刻其方審に申聞にては無之哉、猶変返り其様なる事申儀如何[17]」と追及したという。これは耀蔵が告発状に「虎一申立候儘認取此段奉申上候」と記した「五月節句六月初旬出船」という決定的事項が、実は虎一さえ知らない耀蔵の捏造であったため、その矛盾に困惑した虎一は、目付の鳥居耀蔵には出帆予定のことは申し上げていないと発言している。これは、はからずも虎一さえ知らない耀蔵の捏造を暴露したものといえよう。

この問答について崋山は次のように記している。

一向に突留も不致事治定致申上、其事柄も不容易次第厳敷御尋にて、御奉行仕舞にはため息を御付被成、何だわからぬ事、先ず今日はこれ切引取可申との事にて、其後今日迄未た御吟味無之候[18]。

奉行の大草は、虎一の証言から耀蔵の告発状の虚偽に気づいたものとみられる。

六月十六日付崋山の獄中書簡には、虎一の偽証について以下のように記されている。

虎一、二度迄言語塞り顕然たる偽作と相成候所、同人申には御目付様（耀蔵）え其様の事は不申上と申候処、御奉行様御叱りにて、鳥印だとて重き御役左様疎忽は不申上事、其外弥々疑敷など厳敷事に御座候。大内など遠方より御呼出し、御奉行もこまり之体にて一向に不存事ならば、せめて此引合の内に知りたる人があるかと御尋、一向無之、唯無量寿寺は一二度逢ひ申候。それなら今日は引取れと申事、訟庭一同珍らしき虚誕と申居候。然るに虎一今以て無難に引取申候[19]。

吟味の過程で、虎一の証言と耀蔵の告発状との矛盾が明らかになり、虎一はうっかり「御目付様へは其様の事は申上げていない」というと、奉行は一応耀蔵の顔を立ててか、目付の鳥居耀蔵だとて「重き御役、左様疎忽」なことをいうはずがない、と虎一をたしなめている。この場合も虎一の密告を耀蔵がさらに潤色して告発状を作っていたことを、虎一は知らなかったのであろう。しかも渡海計画に無関係の回船問屋大内五衛門[20]を遠く水戸から出頭させているのに、奉行が当惑するほど虎一の証言に虚偽が多いことが明らかになると「訟庭一同珍らしき虚誕」(作りごと)とあきれている。しかも偽証の張本人の虎一は、いまだに収監されることなく自宅へ引取っていることに、虎一が耀蔵の手先であることを知らない者たち一同は不審を抱いている様子である。

このほかにも高家今川上総介の家来で本草家の医師阿部友進(友之進)に対する吟味で、虎一がある日の会合で、自ら無人島の説明をしたにもかかわらず、それを他人の発言のように証言したが、阿部友進・秀次郎(秀三郎)・金次郎ら三人の証言によって虎一の偽証が暴露されている[21]。

こうした奉行所の吟味で、虎一の証言がことごとく偽りであることが明らかになると、取調べに当たった奉行大草高好も今回の告発そのものに不審を抱いたことがうかがわれる。しかし、その一方で、町人たち無人島関係者へは厳しい拷問が加えられていた模様である。『有也無也』には次のように記されている。

六月十四日に吟味あり、道平は大病、秀次郎、金次郎等は牢屋責めにて疲労し、且大暑に侵され危篤との事[22]。

こうした牢屋責め(拷問)が、耀蔵の告発状や虎一の証言に疑問を抱いていたとみられる大草奉行の指示で行われたとは考えがたい。むしろ耀蔵の指示で、目付の立会いの下に虎一の証言に沿った自白が強要され、拷問が加えられたものとみられる。

六月なかば頃とみられる崋山の獄中書簡には「御目付佐々木三蔵様御立会吟味と相成」[23]とあり、崋山の「口書」には「其後御目付様御立合、御吟味罷成候」[24]とあることから、この吟味には途中からであろうか目付佐々木三蔵が立ち会っていたものとみられる。これは虎一の偽証が徐々に暴露され、耀蔵の意図、すなわち耀蔵の告発状にある、崋山や町人たちが「漂流ニ托し、呂宋・サントーイッ・アメリカ国辺へ罷越候心組」とか「無人島へ渡海、異国人へ応接致し度心組生し」などのでっちあげが暴露されそうになったためであろうか。しかも、供述調書ともいうべき崋山の「口書」に「御目付様御立合」云々とあるのはそもそも不自然であり、そのようなことを「口書」（供述書）に記入する必要があったとは思えない。むしろこれは奉行所の吟味に目付が介入していることを暗に示すため、あえて奉行所側が挿入したのではあるまいか。

押収された『慎機論』

崋山の無人島関連の疑惑はすべて晴れたものの、崋山宅から押収された『慎機論』『鴃舌或問』『初稿西洋事情書』等の内容が問題となった。

五月二十三日付崋山の獄中書簡に「先無実之段ハ顕候処、宿よりツマラヌ草稿出候而、昨日吟味と相成候処、私考へ候ニ、御政事ヲ誹謗致、外国ヲ尊奉致スと〔の〕事、罪名ニ相定リ可申哉と存候」[25]とある。

崋山が『慎機論』の末尾で幕府の高官を痛烈に非難した部分、すなわち「嗚呼今夫是を在上大臣に責んと欲すれども、固より紈袴子弟、要路の諫臣を責んと欲すれども、賄賂の倖臣」などの記述については、途中で筆を止めた反故同然の未定稿にすぎないと釈明に努めたが認められなかった。

奉行、崋山に問。

其方蘭書心掛穿鑿仕候は、主人海岸御備も被仰付居候事故、外国の動静承知不仕候も無念の事と存じ、穿鑿致候尤之事に候、乍併書記の駃舌小記中に三ヶ条公辺を恐れざる事記し有之、又慎機論中にも三ヶ条有之、右之儀恐入候事か。

崋山答。

如仰候乍併、右は草稿未定反古同然の書にて、人に示し候者にも無之、但存寄候て書記し置而已にて、別段恐入候と申儀無之と存候。

奉行問。

過日は恐入候趣申候は如何。

崋山答。

右等之所は御奉行様の貴慮に可有之と存候。(26)

大草奉行は「主人海岸御備も被仰付居候事故、外国の動静承知不仕候も無念の事と存じ、穿鑿致候尤之事に候」などと崋山の釈明に肯定的であった。

崋山は大塩平八郎の書簡を同藩の鈴木孫助から一時借りていたことを追及されたが、大塩とは無関係であったとしてそれ以上の追及はなかった。ただし、鈴木孫助はすでにその書簡を焼却していたが、のちに「焼捨候段卒忽之至り不埒に付押込」(27)という判決が下っている。

崋山は厳しい吟味を受けながら、耀蔵の真の目的がわからなかったためか、獄中からの書簡で次のような不審を漏らしている。

芟《かり》二洋学一候に、拙者ヲ首トシテ事ヲ起コシ候事不審ニ御座候。殊其通之御遠慮ナラハ、先前広ニ禁洋学アルヘシ。御触流しにても事ハ行ハレ申候。(28)

崋山は今回の事件について、洋学を禁止するためなら一片のお触れで済むことであり、自分を槍玉にあげることは考えられないとしている。

しかし、崋山はこれより五日前の書簡で「已ニ此度御不審外国ヲ講談致、友ヲ会論二議御政事一と申ケ条有之」(29)と記しているように、崋山には「蘭学にて大施主」と噂されるほどになった西洋紹介の啓蒙活動が災いしていたことがわかる。そのため耀蔵から危険人物視され、折から『夢物語』の著者との名目で拘引されたものの、実際には耀蔵が前年からひそかに崋山を探索しており「無人島渡海一件の魁首」というでっちあげで断罪することを狙っていたのであった。崋山は耀蔵が奸策をめぐらしていたことを知らなかったものとみられる。いずれにしても長英が『蛮社遭厄小記』に記したような洋学への弾圧や尚歯会は無関係であった。

註

(1) 清水正巡『有也無也』(井口木犀編著『崋山掃苔録』豊川堂、一九四三年、二七一～二七二頁)。

(2) 赤井東海『奪紅秘事』(同『崋山掃苔録』二九二頁)。

(3) 前掲『有也無也』二七四頁。北町奉行大草安房守高好は、関宿藩主久世広周の実父で、広周は久世広運の養嗣子となり、天保元年(一八三〇)関宿藩主に就いている。

(4) 三宅友信『崋山先生略伝』(『崋山全集』第一巻、崋山会、一九四〇年、三二一～三二二頁)。

(5) 前掲『有也無也』二八四頁。
(6) 五月十七日付、椿椿山宛崋山書簡(小沢耕一・芳賀登監修『渡辺崋山集』第四巻「書簡(下)」日本図書センター、一九九九年、二二頁)。
(7) 前掲『有也無也』二七五頁。
(8) 藤田茂吉『文明東漸史』報知社、一八八四年、三七五頁。
(9) 同、三七六頁。
(10) 同、三七七頁。
(11) 前掲『有也無也』二八〇~二八一頁。
(12) 前掲『文明東漸史』三八〇頁。
(13) 前掲『有也無也』二八一頁。
(14) 前掲『文明東漸史』三七七頁。
(15) 同、三七八~三七九頁。
(16) 前掲『有也無也』二八一~二八三頁。
(17) 前掲『文明東漸史』三八四~三八五頁。
(18) 同、三八五頁。
(19) 同、三八七~三八八頁。
(20) 大内清衛門、通称五衛門(一七八八—一八六七)。水戸藩の豪商、湊村(現在の那珂湊市)で回船問屋を営む。
(21) 前掲『有也無也』二八三~二八四頁。
(22) 同、二七九頁。
(23) 前掲『文明東漸史』三八〇頁。

(24) 小沢耕一編『崋山書簡集』国書刊行会、一九八二年、三一八頁。

(25) 五月二十三日付、市野権平・村上定平・椿椿山・鈴木春山宛崋山獄中書簡(前掲『渡辺崋山集』第四巻「書簡(下)」二一七頁)。

(26) 前掲『有也無也』二七九〜二八〇頁。

(27) 「口書」(前掲『崋山書簡集』三一六頁。なお『改定史籍集覧』第十六冊、臨川書店復刻、一九八四年、四三二頁には鈴木孫六とある)。

(28) 六月九日付、鈴木春山宛獄中書簡(同『崋山書簡集』二九二頁)。

(29) 六月四日付、椿椿山宛獄中書簡(同『崋山書簡集』二八八頁)。

判決とその周辺

「蛮社の獄」の申渡し（判決）は一行の拘引から七ヶ月後の十二月十八日に行われた。[1]ここでは冗長になるのを避けるため、渡辺崋山の判決文のみ全文を掲げ、他は要点のみとし解説で補った。

判決申渡し

三宅土佐守家来
渡　辺　登
年四十七歳

其方儀、主人領分三州田原は遠州洋中へ出張り候場所にて、其方海岸懸り相心得罷在候に付、海防手当は勿論蛮国之事情に通し、主人の輔翼に相成度心底にて、高野長英並に小関三英、幡崎鼎と厚く交り、蘭書を学ひ、西洋諸国之風俗等去年参向之甲比丹ニイマンの説話等伝聞之儘筆記致置候分書集、鴃舌或問、同小記を著述致し、其上追々蘭書之義理相分候に随ひ、彼国之政教武備等行届候様存、主人領分海岸手当之義深く心配致し罷在候処、イキリス人モリソンと申者、日本漂流之者を自国の船へ乗せ江戸近海へ送来候旨、甲比丹より内々申上候由之風聞及承、右モリソンは暫唐国へ留学致し学力も有之、当時官禄も重く被用候人物之旨伝聞之説を実事と心得、彼国表に信義を唱、漂民を送来候処、近来被仰出候通り打払被仰付候而は後来恨を結ひ不可然旨存迷、慎機論並海外事情等を受答候趣之書面を綴り右之内には、井蛙鴃鴂或は盲瞽想像《ママ》等之譬を取其外恐多き事共を相認、御政治を批判候段、畢竟海岸御手当薄く候而は、不慮之儀有之節国家之御為に不相成儀と一途に存過し候心底を以、自問自答之心得にて右之通認置候へ共、はからずも不容易文勢に流れ候に付恐入候義と相弁、未た稿を終不申下書之儘仕舞置、他見為致候儀は更に無之由申立候得とも、右始末、不憚公儀不敬之至、重役相勤候身分、別而不届に付、主人家来へ引渡、於在所蟄居申付之。

天保十己亥十二月十九日(2)

この判決文では耀蔵が告発状に記し最も重視したとみられる、崋山が「兼々異国人と応接致し度心底」のため、無人島へ渡海し「漂流ニ托し、呂宋・サントーイッ・アメリカ国辺へ罷越候心組」にはまったく触れていない。したがって老中水野が崋山を「全く無人島渡海一件の魁首」と決めつけた件も否定されたことになる。また崋山の啓蒙活動にも触れていない。さらに『慎機論』『鴃舌或問』等の政治批判の記述も「畢竟海岸御手当薄く候而は、不慮之儀有之節、国家之御為に不相成儀と、一途に存過し候心底」であったとして情状酌量している。こうした北町奉行大草安房守の姿勢は、崋山を標的とした耀蔵の奸計を退けることであり、当然耀蔵の反発を招いたであろう。

判決文の冒頭における「海岸懸り相心得罷在」などは事実ではないが、海防を前面に打ち出した崋山の釈明が認められている。ただし家宅捜索の際押収された『慎機論』『鴃舌或問』『鴃舌小記』を書いたこと、その中に「井蛙《せいあ》管見《かんけん》」「盲瞽《もうこ》想象《そうぞう》」などと恐れ多き文言を用いて幕府政治を批判したことをあげて「右始末、不憚公儀不敬之至、重役相勤候身分、別而不届に付、主人家来へ引渡、於在所蟄居申付之」との判決であった。この判決で最も重視され「別而不届」と決定づけた文言とは『慎機論』の末尾の「嗚呼今夫是を在上大臣に責んと欲すれども、固より紈袴子弟、要路の諫臣を責んと欲すれども、賄賂の倖臣」などと幕府高官を痛烈に非難した部分であったとみられるが、しかし、判決文ではたんに「不二容易一文勢に流れ」とあるのみで、幕府にとって不面目な部分や崋山が自ら没にした『初稿西洋事情書』の開国待望をうかがわせる箇所など、幕府が公にしたくないとみられる部分にはあえて触れていない。崋山がモリソンという船号を有力な高官の名であるかのように記したことについては「伝聞之説を実事と心得」とあるように、長英が発案したとみられる「モリソン＝高官」説を奉行所側では、すでに事実ではないことを見抜いていたものとみられる。

御留守居松平内匠頭与力青山儀兵衛地借

町医　高野長英

「其方儀年来蘭学を好、博く蘭書の理義を解釈致候に随ひ」との書き出しで、長英が西洋の教育・政治が行き届いているかのように信用し、またモリソンが送還する漂流民をともなって来航し「直に彼国之事情を訴、交易之儀を嘆願致候儀に可有之処、右之趣意御糺も無之、兼て御触之通打払被仰付候ては、御仁恵之御趣意に不相当、其上外国之恨を結ひ不容易儀と存迷ひ夢物語と題号致候書を著述」し、世間に流布したこと、奉行所の呼び出しにもただちに応じなかったことなどをあげ「不憚公儀致方右始末不届に付永牢申付候」との判決であった。耀蔵の告発状では、無人島関係と崋山に重点がおかれていたためか、長英の罪状は崋山に比べてさほど深刻なものではなかった。しかし、判決は厳しいものであった。それは『戊戌夢物語』がたんなる処士横議ではなかったためであろう。『夢物語』はモリソン号打払いへの批判にとどまらず、長英がモリソンという船名をあえて人名とし、強力な艦隊の海軍提督であるかのように偽り「魯西亜レサノットの類には無之候。非法之御取扱有之候はゞ、後来如何なる患害出来候哉、実に可恐奉存候」など、あえて幕府にモリソンを恐怖させ、交易要求を受け入れさせようとした部分があり、幕府にとって許しがたい文言であったからであろう。しかし、こうした幕府への脅しともいうべき、幕府にとって不面目な部分には崋山の場合と同様触れていない。

坪内久四郎知行所常州鹿島郡鳥栖村
一向宗無量寿寺住職
順　宣

順宣について「其方儀倅順道、無人島漂流記を一覧致以来、金二《(ママ)》郎秀三郎申談無人島え渡海目論見候旨承、右島開発致候はゝ御為にも相成且徳分も可有之と存付候得とも（中略）願済之上渡海可致心得之由」などと、奉行所は順宣が「願済之上渡海」など手続き順序を踏んでいることを認めたものの、出家の身でありながら、利欲に走り渡海計画を進めたため、金次郎らも深くかかわる結果となったとして「右始末不埒に付押込申付ル」という判決で、倅順道が獄死しているのに対し父親の順宣は比較的軽い判決であった。耀蔵の告発状では順宣について「兼々右島へ渡り、異国人之応接致し、彼国之事情を探り度との存込深く」など「異国人之応接」を強調していたが、判決ではまったく触れていない。これは父親順宣が虎一との接点がなく、耀蔵の奸計を逃れたためとみられる。また無人島渡海計画そのものは合法的であることを、奉行所側が認めたことを意味しているものとみられる。

順宣の倅順道については「吟味中致病死候間其旨可心得」とあるのみで、罪状さえ記されていない。

したがって本来父親の順宣同様押込程度の軽い処分であったであろう。しかし、吟味の際奉行所側から、順道に関する虎一の偽証が指摘されているところをみると、虎一の偽証に基づく拷問によって獄死したものとみられる。

江戸におけるグループの中心的人物と目され、判決理由は、無届で大塚庵より鉄炮を質に取り、流になったまま所持していたこと。また秀三郎と連立って花井虎一宅を訪ねた際「渡海中風波に逢、呂宋、サントウイツ、アメリカ国等へ漂流致候は丶、外国をも一見可相成、異国船に出会、被捕候共、相頼帰国相成候事之由同人申聞候節、艱難之中に面白事も可有之抔不容易儀を雑談」に及んだとして「右始末旁不届ニ付存命ニ候へは永牢可申付処病死致し候間其旨可存」。

本石町三丁目五人組持店旅人宿彦兵衛幼年ニ付後見　金　次　郎

一行の中でも斎藤次郎兵衛と共に最も厳しい「永牢」という判決であったが両人とも獄死している。はたしてこのような会話があったのであろうか、たとえあったとしても、たんなる雑談が終身禁固に相当するとは、庶民の西洋に対する警戒心の緩み、鎖国の弛緩に対する幕府の警戒がいかに厳しかったかを示すものといえよう。

交代寄合福原内匠家来仁三郎養父　斎　藤　次　郎　兵　衛

次郎兵衛は、渡海計画を仲間と話し合った際「右渡海容易に願済には不相成、廻船、粮米之手当出来候は、願に不及、出帆致候心得之由にて（中略）右始末旁不届に付存命に候得者永牢可申付処、病死致候間其旨可心得」とあり、「永牢」の判決であったが判決以前に獄死している。渡海の中心人物の無量寿寺順宣は、幕府の許可を得たうえで実行に移す予定であったという。にもかかわらず、次郎兵衛が

「願に不及、出帆致候心得之由」であったとは考えがたい。おそらく虎一の讒言を事実として拷問を受けたのであろうか。奉行所によって作られたとみられる「上書」によれば、この斎藤次郎兵衛は元御徒であったが「借財相嵩無拠株式相譲り、其後所々徘徊し、当時本所林町五丁目辺ニ罷在候由(3)」とあり、すでに幕臣ではなかったため町人扱いとなり、拷問を受け獄死したものとみられる。

深川佐賀町金七店　秀　三　郎

判決理由は、金次郎と連立って花井虎一方へ行った際「右島渡海の節、呂宋、サントウイツ、アメリカ国等へ漂流致候は、、不思寄外国をも一見可致、洋中異国船に出会被捕候共相頼候へハ、帰国可相成」などと雑談し、絵図書物類などを貸したとして、「不届ニ付、存命ニ候ハ者、江戸払可申付之処病死いたし候間其旨可存」という「江戸払」という比較的軽い判決であったにもかかわらず獄死していることは、西洋に対する警戒心を欠いた発言を咎められ、拷問を受けて獄死したものとみられる。

遠山半右衛門組御徒栄作父　本　岐　道　平

判決理由は、トントルヒュスという小筒を修理した経験から、同様のものを「新規に鋳立候段不埒に付」とのことで「所持の鉄砲取上押込」との判決であった。

しかし、鳥居耀蔵の告発状では、本岐は「猶又来子年外記手付手代七島より無人島へ可差遣目論見ニ付、其節は案内ニ罷越候旨申繕、同志之もの申合、漂流ニ事寄セ呂宋・サントーイツ・アメリカ国辺迄漂着可致心組之由」とあり、少なくとも町人金次郎・秀三郎同様の罪状とみられるが、判決ではその部分には一切触れず、「鉄砲鋳立」の件のみの罪で押込という軽い処分であった。これは、本岐道平が幕臣本岐栄作の父であるため、無人島関係は不問に付したものとみられる。

高家今川上総介家来医師　阿部友進

友進は幕府の許可を得たうえでの渡海のつもりであった。しかし、金次郎に無人島の絵図を写して与え、また大塚庵が金子に差支えていたので鉄砲を金次郎に預けて、金子を借受けさせたとして「不埒に付押込」との判決であった。

この阿部友進は高家今川上総介の家来で医師という身分のためか、無人島渡海計画にかかわっていたにもかかわらず、それには触れず鉄砲の件のみで軽い判決となっている。

このほかに耀蔵の告発状に「当時は渡辺登高野長英ニ随身致し、専ら蛮国之事情を探索尊信致し候人々」として、御使番松平伊勢守、御代官羽倉外記、江川太郎左衛門、御小姓組秋田淡路守組下曾根金三郎、伊賀者内田弥太郎、増上寺代官奥村喜三郎ら六名の名があがっている。しかし、申渡書（判決文）に彼らの名はなく、吟味を受けた形跡もない。彼らは幕臣であり、無人島渡海に関係のない彼らは吟味の対象から外されたものとみられる。耀蔵の目的が、そもそも事実の如何を問わず、無人島に関連した町人たちを犠牲にしたみせしめ的断罪であったことを意味するものではあるまいか。

御普請役大塚政右衛門兄　大塚庵

金次郎へ鉄砲を預け「金子受取返済滞相流し候段不埒に付押込申付候」とあり、無人島関係には触れず、これも幕臣のためか、たんに「押込」となっている。

三宅土佐守家来　鈴木孫介

この鈴木孫介は蛮社の獄に直接関係なかったが、田原逗留中すでに病死した元輔より大塩平八郎の書簡二通を貰い受け、渡辺登へ貸したが、その後「焼捨候段卒忽之至り不埒に付」とのことで押込となっている。

金次郎の家主清蔵および同じく平右衛門、町名主傳左衛門らは、金次郎の渡海計画と鉄砲の所持を見過したことを咎められてそれぞれ過料を申し付けられた。

花井虎一以外の判決を整理してみると次のとおりである。

高野長英	永牢	三十六歳
渡辺崋山	於在所蟄居	四十七歳
旅籠山口屋　金次郎	永牢（獄死）	三十九歳
蒔絵師　秀三郎	江戸払い（獄死）	四十歳
斎藤次郎兵衛	永牢（獄死）	六十六歳
順道	未決（獄死）	二十五歳
順宣（無量寿寺住職）	押込	五十歳
阿部友進（陪臣医師）	押込	
本岐道平（御徒隠居）	押込	四十六歳
大塚庵（御普請役の兄）	押込	
鈴木孫介（三宅土佐守家来）	押込	

この他に家主らが処罰されている。

旅籠山口屋金次郎の家主	清蔵	過料三貫文
同	平右衛門	過料拾貫文

同　町名主　傳左衛門　過料拾貫文

なお、事件を担当した奉行大草高好が、この年八月に老中へ伺いを立てた際、それへの指令の参考とされた評議書には、田原藩前藩主の異母弟で崋山が親しく仕えた三宅鋼蔵友信、崋山が西洋諸国の船印旗印等を板行し領内に配った際、それを許可した当時の勘定吟味役中川忠五郎、および崋山と相識であった勘定吟味役川路聖謨への捜査は行わないこと、また密告者である花井虎一は処罰しないとしている(4)。

花井虎一の判決文(5)は、耀蔵の教唆による無人島一件での虎一の暗躍に対し、奉行所側が示した不快の念を明らかにしているものとして注目される。

花井虎一の判決

この花井虎一への申渡書の大部分は、虎一の証言が推測に終始した偽証であることを指摘するという異例の判決文であった。次にその要点をみてみよう。

①斎藤次郎兵衛は、雑談の中で幕府に願い立てしなくても、船の手当ができ次第出帆したいものと話したことがあったが、友進・順宣は願済みのうえで出帆のつもりであった。しかし、虎一は、金次郎・秀三郎らがどちらとも決定していなかったにもかかわらず、願い立て無用説に同意し、申し合わせをしたと虚偽を申し立てたこと。

②渡海中漂流して外国へ渡るとか、金華山辺に異国船が来るので、見物できると金次郎・秀三郎・渡辺登らが話していたなど、このような重要なことについて実否も確かめず聞き捨てにしておきながら、今になって虎一はいずれも推測までの雑談を事実として申し立てたこと。

③虎一は、船の準備ができ次第出帆することについて金次郎・秀三郎も一同同意していると勝手に推測する一方、大内五衛門が、順宣も同意で持船に武器粮米等を積み入れて渡海の用意をしているな

など、大内・順宣さえ関知していない事実無根のことを事実として申し立てたこと。
④探索のためとはいえ、虎一は奉行所へ無断でそのような仲間に入ったこと。
⑤虎一は届出もせずに秀三郎らと旅行したこと。
これら五項目のうち、特に①・②・③の偽証はいずれも各人の吟味の中で事実として自白を迫り「牢屋責」が行われたのではあるまいか。④・⑤は、耀蔵の教唆で奉行所へ無断で探索したことなど、目付鳥居耀蔵の強引な介入に対して奉行所側に不快の念が存在していたことがわかる。これらは虎一個人よりも、虎一を使嗾して探索させ、偽証させた耀蔵への暗黙の抗議といえよう。ここに示した①〜⑤は、すべて耀蔵の教唆によるものとみられる。

判決では以上のような虎一の不始末について最後に「軽くも御扶持被下候者之身分ニ有之間敷儀不届ニ付重追放可申付処、発起以前及密訴候ニ付身分者是迄之通居置御仕置宥恕申付ル」と密訴を理由に無罪としている。

このような虎一の偽証からみると、金次郎の罪状としてあげられている「廻船粮米之手当出来候ハヽ、願ニ不及出帆致し候心得之由ニ而、同人儀鳥栖村へ参リ、順道より添手紙貰請参候ハヽ、宜有之旨相答候段」という部分、および秀三郎についても同様、①の指摘で、虎一の証言により有罪となったが、実は偽証であったことがわかる。また、金次郎や秀三郎らの「渡海中風波に逢、呂宋、サントウイツ、アメリカ国等へ漂流致」云々は、そのような会話があったとしてもたんなる雑談で、しかも仮定の想像であったにもかかわらず「不届」として処罰の対象とされ、しかも獄死させられている。このように虎一の偽証によって罪が構成され、牢屋責めが行われ、旅籠山口屋金次郎・蒔絵師秀三郎・斎藤次郎兵衛・僧侶順道らが獄死したものとみられる。これをみると耀蔵の捏造と虎一の偽証を隠蔽するために意図的に町人たちを獄死に追い込んだという可能性も否定できないのではあるまいか。

これまで北町奉行の大草は、崋山らに同情的である一方、虎一の偽証を指摘するなど、鳥居耀蔵の告発に不審を抱いている様子がうかがえる。したがって無人島関係者に対する牢屋責めで獄死者を出すほどの過酷な取調べは、大草奉行の指示によるとは考えがたく、むしろ奉行と対立していた目付鳥居耀蔵が強引に鎖国破りを立件するために、目付佐々木三蔵の立会いで行われたものとみられる。

このように虎一の判決文においては、彼の偽証が指摘されており、崋山の六月九日付、鈴木春山宛獄中書簡には「草尹（大草奉行）ノ御沙汰ニ鳥印（鳥居耀蔵）申立ト有之候。然ル上ハ事ヲ起シ候ハ、鳥ニ無相違、其策尤巧也」[6]とあることから、告発者の耀蔵が奉行大草の吟味に不服をとなえたものとみられる。

鳥居耀蔵の告発状の内容と、奉行の大草が取調べた結果とが矛盾しているにもかかわらず、耀蔵がでっちあげた虚偽を強引に認めさせようとして、町人たちに厳しい拷問を加えたのではあるまいか。また吟味中の崋山に、大草奉行が「其方意趣遺恨ニテモ受候者有之哉」と尋ねていることなどは、この事件の異常さを示すものといえよう。

北町奉行大草安房守の急死

判決が下される以前のことについて『奪紅秘事』には次のように記されている。

七月後九月に至り、追々風聞も薄く相成申候。崋山は崋山切り、長栄《ママ》は長栄限り、無人島は無人島限り、と夫々明白に相成申候に付、其外之党名も皆々讒人どものこしらへと申事相分り候様子に御座候、全く大草能登守《ママ》御役を御免願候て、保護致候よし。[7]

これは耀蔵が虎一を使嗾して作り上げた捏造などの不法な行為に、担当奉行の大草が抗議し御役御免を願い出たが、慰留されたという意味であろうか。いずれにしても事件を告発した耀蔵と取調べを担当した北町奉行大草安房守高好との間には、吟味および判決をめぐって深刻な対立があったことがうかがわれる。

こうした事情を反映するかのように、この判決の申渡しは大草によるものではなかった。すなわち申渡書の末尾に「右天保十年亥十二月十八日落着、大草安房守掛り但し同人病気に付筒井紀伊《（ママ）》守（伊賀守）御役所にて申渡[8]」とある。しかも清水正巡の『有也無也』には次のような記述がある。

是歳十二月十日大草房州は暴卒し、十八日南町奉行筒井伊賀守役宅に於て、伯登（崋山）一件も全く落着したるなり[9]。

事件を担当した北町奉行大草安房守は「病気」ではなく、すでに八日前の十二月十日に暴卒（急死）していたという。そのため急遽南町奉行筒井伊賀守役宅において判決申渡しが行われた。なお、公式には大草奉行は、翌天保十一年（一八四〇）一月十八日死去により北町奉行を退いたことになっている。

取調べの過程で、虎一の偽証と耀蔵の捏造が明らかになったにもかかわらず、目付鳥居耀蔵の介入によって裁判が壟断され、しかも自分が担当した事件で四人もの獄死者を出したことについて、北町奉行大草安房守としては心外であり責任を感じていたことであろう。

告発者耀蔵と対立し「御役御免」を願っていた大草奉行の判決申渡し直前の「急死」が、はたして尋常な病死であったのか、いずれにしても不可解といわざるをえない。

このほかにも今回の吟味および判決では不可解ともいうべき異例な点が少なくない。三人の町人たち全員と僧侶一人が獄死しているにもかかわらず、幕府の御徒本岐栄作の養父本岐道平は町人たちと同様の発言をしていたことが明らかであっても、判決では無人島関係は一切不問に付され、鉄砲所持などの別件のみで「押込」という軽い処分になっている。同じく陪臣の医師阿部友進は、無人島渡海計画に参画していたにもかかわらず、鉄砲にまつわる金子を借り受けたとの別件のみで「押込」という軽い判決となっている。

これは耀蔵の目的が、無人島渡海計画に託して海外脱出という鎖国破り的事件をでっちあげて、西洋・西洋人に対する警戒心の希薄化の傾向、鎖国の弛緩に対し、みせしめ的に町人たちを犠牲にして一罰百戒を狙ったためではあるまいか。このようにみた場合、幕臣を処罰する必要はなく、また幕臣を罰した場合、捏造そのものが露見する恐れもあったであろう。こうして弱い立場の町人三人と僧侶一人は、虎一の偽証によって国外脱出という濡れ衣を着せられ、しかも牢屋責めによって四人とも獄死していることは、当時といえども異例の事件といえよう。

判決申渡しから十日後の十二月二十八日、すでに大草安房守は十二月十日に急死していたが、大草安房守の名で与力同心への御褒美の申請が次のようになされている。

天保十亥年十二月廿八日水野越前守殿江安房守進達可致処、病気ニ付紀伊守を相頼荒井甚之丞を以上ル。

組与力同心御褒美之儀奉願候書付

大草安房守

大草安房守組与力

谷村源左衛門
中島嘉右衛門
同組同心共
五　人

右は当五月中無人島渡海相企候一件、御目付佐々木三蔵立会被仰渡、吟味之上夫々御仕置相伺落着相済申候、一体右一件之儀は不容易吟味筋ニ而、御書取を以被仰渡候御趣意も有之、事柄不相分内、当人とも病死仕候而は御取締ニ相拘り、御仕置筋も不相立儀ニ付、一同深心配仕誠ニ外吟味と違ひ甚手数も相懸且其頃吟味者も口〻差□ひ候処、格別打はまり取調骨折相勤候儀ニ付、以来励之為ニも御座候間、相応之御褒美被下置候様仕度此段厚奉願候。

文政十三寅年九月御書物奉行天文方兼帯高橋作左衛門御詮議一件ニ相懸り候同役筒井紀伊守組与力弐人江御褒美金七両つゝ、同心七人江金五百疋宛被下置候。以上

大草安房守(10)

亥十二月

部分的にわかりにくいところもある文章であるが「御仕置相伺落着相済」「一体右一件之儀は不容易吟味筋ニ而、御書取を以被仰渡候御趣意も有之」とは、この事件の立件が困難であったこと、水野忠邦から立件に関する指示と御仕置の許可があったという意味であろうか。しかもその指示によって強引な牢屋責めが行われ「事柄不相分内、当人とも病死仕候而は御取締ニ相拘り、御仕置筋も不相立儀ニ付、一同深心配」したという。事実四人の獄死者を出したことについて、うしろめたいものがあったのであ

ろう。それらを払拭するためであろうか「以来励之為ニも」と「相応之御褒美」を求めている。なお、文政十三年（一八三〇）にシーボルト事件で獄死した「高橋作左衛門一件」を前例としてあげている。鎖国破り的事件における獄死という面で両者は似ているものの、蛮社の獄における町人たちはまったくの冤罪であった。この褒美の申請は大草安房守の名で出されているものの、大草奉行死去後のこととみられ、大草奉行と耀蔵とが対立していた吟味の経過からみても、大草奉行による褒美の申請は不可解といわざるをえない。この褒美申請の結果、日付は明らかでないが、与力二人に五両ずつ、同心四人に三両ずつ、同じく同心五人に三百疋ずつが下付された。

なお、この褒美申請の書付で、事件について「当五月中無人島渡海相企候一件」と記しており、また、のちの天保十三年正月、在任中の不正の廉で投獄された南町奉行所与力仁杉五郎左衛門が吟味中に獄死した事件に関して、この年五月年番より差し出された「甲斐守元与力仁杉五郎左衛門御吟味一件相懸候下役其外御褒美取調申上候書付」（『天保撰要類集』四十九下）には御褒美の前例として、この大草安房守組与力同心への褒美の件があげられ、その際この事件を「三宅土佐守家来渡辺登其外之もの無人島渡海相企候一件」と称している。また、北町奉行大草安房守から、老中へ伺いを立てた際の評議書においても「三宅土佐守家来渡辺登一件」[11]とある。このように奉行所の記録では、いわゆる「蛮社の獄」は、事件発起当初から、罪状の有無に関係なく事件落着後も、終始「渡辺崋山を首謀者とする無人島渡海計画事件」として処理されていたことがわかる。

さきにみたように、崋山拘引当日の様子について『有也無也』には「昨日〈即ち十四日〉崋山は越前守殿の内意を以て、御不審の筋ありとて、町奉行大草安房守より達しあり、即刻同道人差添へ、御役宅へ罷越し、直に揚屋入仰付られ(12)」とある。

また、崋山の拘引を聞いた友人たちは「塙次郎に頼み、新見伊賀守より直書を以て、大草へ内頼したり〈新見も大草も共に崋山懇意の人なり〉然るに、此度の事は、手前も崋山とは兼て旧知の者なればとて、格別の御内慮を以て仰付られし事ゆえ、何分致方無し、只だ容易ならざる旨と、承知ありたしとの返答(13)」であったという。

水野忠邦と蛮社の獄

また、蛮社の獄の一連の申渡書（判決）の末尾には次のように記されている。

右者水野越前守殿依御差図、右之通申渡候間、得其意銘々主人並其筋へ可申聞、登儀者和田伝へ引渡遣(14)。

耀蔵が部下の小人目付小笠原貢蔵と大橋元六に『夢物語』の著者の探索を命じた際「右取調可申聞事、越前守殿より」とあり、今回の一斉捕縛が「越前守殿の内意を以て」「格別の御内慮を以て仰付られ」「水野越前守殿依御差図」などとあるように、この断罪が形式的にせよ老中水野忠邦直々の指示で行われていたことがわかる。また、この吟味には水野の指示で目付佐々木三蔵が直接立会い、牢屋責めも許可されていたことがさきにみた大草組への褒美申請の文書からもうかがえる。

一連の吟味で偽証をくりかえした花井虎一は、密訴を理由に無罪となっただけでなく、その判決文の末尾に「身分は是迄之通居置」と釘を刺されていたにもかかわらず、その翌日には、老中水野忠邦によって身分の引き上げが次のように指示されている（水野の日記『己亥日簿』天保十年十二月十九日条）。

御納戸口番

花井虎一

右羽織格の者に候へとも、上下《かみしも》格相応之場所明キ有之節、可被召出候事

右は無人島渡海企候節、内訴いたし候者に候。(15)

判決の翌日におけるこの水野の素早い行動は、虎一に対する奉行所の「身分者是迄之通居置」という判決を無視したのは、虎一の虚偽の証言を、あたかも全面的に事実であったかのように偽装するためであろうか。その場合、すでに老中水野は耀蔵・虎一の虚偽を承知のうえで、この事件を処理していたことが考えられよう。

崋山への判決といい、この虎一への異例な判決文といい、大草奉行の裁断は、耀蔵・水野の奸計を潰したことになろう。そのためこの判決を否定するかのように水野が虎一への身分の引き上げを指示したとみるのは推測に過ぎようか。なお、御納戸口番の花井は最下級に位置する幕吏であったが、この老中水野による異例の昇進指示によって翌天保十一年(一八四〇)には学問所勤番となり、その翌年耀蔵の腹心の小笠原貢蔵とともに長崎奉行所の組与力に出世している。(16)

このように水野が虎一の身分引き上げを指示していること、崋山捕縛直後水野が「登事夢物語一件にてはこれ無く、全く無人島渡海一件の魁首なり」と断言していることなどからみて、耀蔵の個人的次元の恣意的告発とは考えがたい。むしろ、水野は耀蔵の虚偽を承知でともに町人たちと崋山の断罪を狙っていたことが考えられよう。耀蔵は上申書で虎一の密訴によって事件が発覚したかのように記しているが、実際は耀蔵の教唆による虎一の暗躍と、耀蔵の捏造によって事件が構成され、それを水野が全面的

に支持したものとみられる。いずれにしてもこの蛮社の獄といわれる事件は、老中が直接指揮するほどの重大な事件であったことがわかる。当時、長英の『夢物語』に衝撃を受けた水野と、すでに独自に崋山の動静を追っていた耀蔵とは、ともに萌し始めた鎖国のほころびに危機感を抱いていたものとみられる。

以上のことから、水野を耀蔵と対立する「開明派」とみて「当時幕政を指導した閣老水野忠邦の施策が、基本的には、崋山ら〈蛮社〉と志向を共にしていた」[17]とか、また高島秋帆捕縛事件に関連して「水野政権の開明的施策に反対する鳥居耀蔵ら守旧派の陰謀」[18]など「開明的水野」に対する「守旧的鳥居」という対立的構図は成り立ちえず、したがって、耀蔵が配下の小人目付に重みをつけるため「閣老水野忠邦の内命と偽った」[19]とか、水野が鳥居の告発に疑問を抱き、水野が直属の隠密吏に再調査を命じたとする説[20]も事実とは考えがたい。そもそも「崋山らと志向を共にする水野」はありえず、少なくとも蛮社の獄前後、天保改革の最終段階以前においては、水野は耀蔵を全面的に信頼していたものとみられる。

鳥居耀蔵の崋山追及

従来の通説では、崋山の捕縛について、洋学への弾圧、または江戸湾巡視における耀蔵と江川の確執が崋山に及んだものとされてきた。しかし、これまでみてきたように、江戸湾巡視以前から、耀蔵は花井虎一を使嗾し、崋山の動静をうかがい、崋山に「漂流ニ托し、呂宋・サントーイッ・アメリカ国辺へ罷越候心組」という嫌疑を着せようとしている。

このように耀蔵が、崋山を陥れるために行ったとみられるいくつかの動きについて、告訴と吟味と判決の微妙なずれにも注目しながらあらためて整理してみよう。

（1）耀蔵と江川による江戸湾巡視の前年（天保九年）、耀蔵にそそのかされた虎一が、斎藤次郎兵衛を崋山宅へ差し向けて、崋山と町人たちのグループとの接点を作ろうとしたが、崋山が相手にしなかったため失敗している。このように耀蔵はすでに江戸湾巡視以前から、崋山の動静を探索し、彼を陥れようと画策していた。また崋山が拘引される直前には、虎一が直接崋山宅を訪ねて、奥州金華山沖で操業している異国の捕鯨船に接触する方法を教えてほしいと巧みに崋山を誘導したが、これも崋山に断られて失敗している。

(2) 崋山が拘引される一ヶ月ほど前、耀蔵が部下の小人目付小笠原貢蔵と大橋元六に『夢物語』の著者の探索を命じた際、容疑者として、いち早く「三宅土佐守家来　渡辺　登」の名をあげている。

(3) 耀蔵の告発状では、崋山が羽倉簡堂の伊豆七島巡視に加わろうとして藩に願い出たという事実を記すものの、実際には崋山は参加しておらず、それでは崋山を処罰できないとみたのか「来子年」に今度は羽倉簡堂の手付・手代が再度無人島へ渡海するという架空の渡海話を捏造し、それに崋山が参加し、しかも「其節は同船致し漂流ニ托し、呂宋・サントーイツ・アメリカ国辺へ罷越候心組」であると捏造している。

(4) 崋山が拘引された直後、信任する耀蔵から情報を得たとみられる水野忠邦は「登事夢物語一件にてはこれ無く、全く無人島渡海一件の魁首」と決めつけている。このことは、崋山を夢物語の著者ではないことを承知で捕縛したことを意味するものとみられる。

(5) 耀蔵は告発の段階から崋山を「漂流ニ托し、呂宋・サントーイツ・アメリカ国辺へ罷越候心組ニ而」と無人島に結びつけていたが、吟味の段階で無実であることが明らかになり、したがって判決文でも無人島には一切触れられていない。それにもかかわらず、奉行所の記録では、のちのちまでこの事件、いわゆる蛮社の獄を「三宅土佐守家来渡辺登其外之もの無人島渡海相企候一件」(『天保撰要類集』四十九下)と称し、崋山を無人島渡海の首謀者として処理している。

以上のように耀蔵は崋山に対して画策し追及する一方、無人島渡航計画者たちは、それぞれ「渡海中風波に逢、呂宋、サントウイツ、アメリカ国等へ漂流致候は、外国をも一見可相成、異国船に出会、被捕候共、相頼帰国相成候事之由(中略)艱難之中に面白事も可有之抔不容易儀を雑談」に及んだなどの容疑で捕縛している。

これらはいずれも、無人島渡航にことよせて、国外への漂着をも意図していたとし、耀蔵は彼らをいわば鎖国破りを計画したと捏造して、崋山と同時に捕えることによって、崋山と町人たちの国外脱出を立件しようとしたものとみられる。しかし、崋山の判決文では無人島関係は一切触れておらず、これは耀蔵が告発状において崋山に「漂流ニ託し、呂宋・サントーイツ・アメリカ国辺へ罷越候心組」という濡れ衣を着せて、町人たちと同時に断罪しようとした企みが失敗したことを意味するものであろう。無人島関係の町人たちが、すべて無実の罪で断罪され、獄死しているにもかかわらず、水野忠邦から「無人島渡海一件の魁首」と名指されていた崋山が、判決ではまったく無人島関係に触れられていないのは、耀蔵と対立した大草奉行の尽力の結果といえようか。しかし、幕府は事実の有無、判決の如何を問わず、終始崋山を「無人島渡海一件の魁首」として扱っている。このことは幕府の意図、蛮社の獄の性格を物語るものといえよう。

以上のことから、いわゆる「蛮社の獄」とは、耀蔵が『夢物語』の著者の探索にことよせて「蘭学にて大施主」と噂されていた崋山を、町人たちとともに「無人島渡海相企候一件」として断罪し、鎖国の排外的閉鎖性の緩みに対する一罰百戒を企図して引き起こされた事件であったといえよう。

註

（1）『小笠原島紀事』五、国立公文書館内閣文庫蔵。『改定史籍集覧』第十六冊、臨川書店復刻、一九八四年、四二五〜四三四頁。
（2）同、四二五頁。
（3）佐藤昌介『洋学史研究序説』岩波書店、一九六四年、三九九頁。
（4）「三宅土佐守家来渡辺登一件之儀ニ付大草安房守御答書之趣評議」（『御仕置例類集』乙第四輯「取計四」、国立国会図書館『御仕置例類集茶表紙後集六』所収）。
（5）前掲『小笠原島紀事』五。前掲『改定史籍集覧』第十六冊、四二九〜四三〇頁。
（6）小沢耕一・芳賀登監修『渡辺崋山集』第四巻「書簡（下）」日本図書センター、一九九九年、三五頁。
（7）赤井東海『奪紅秘事』（井口木犀編著『崋山掃苔録』豊川堂、一九四三年、二九六頁）。
（8）前掲『改定史籍集覧』第十六冊、四三四頁。
（9）清水正巡『有也無也』（前掲『崋山掃苔録』二七九頁）。
（10）『天保撰要類集』四十九下（国立国会図書館蔵「旧幕府引継書」マイクロフィルム版）。
（11）前掲「三宅土佐守家来渡辺登一件之儀ニ付大草安房守御答書之趣評議」。
（12）前掲『有也無也』二七一頁。
（13）同、二七四頁。
（14）前掲『小笠原島紀事』五。前掲『改定史籍集覧』第十六冊、四三三頁。
（15）大口勇次郎監修『水野忠邦天保改革老中日記』第六巻、ゆまに書房、一九九九年、三九八頁。
（16）前掲、佐藤昌介『洋学史研究序説』三四六頁。

(17) 同、三五六頁。
(18) 同、三五七頁。
(19) 同、四〇〇頁。
(20) 同、四〇二頁。

蛮社の獄をめぐって

蘭学と蛮社の獄

高野長英は蛮社の獄の十一年前に起きたシーボルト事件について『蛮社遭厄小記』の一節で「之によりて蛮学者流、一時大に畏縮し、蛮学頓《とみ》に衰えぬ(1)」と記している。しかし、これは長英の誇張で、シーボルト事件の直後、文政十二年（一八二九）に坪井信道は、深川上木場に蘭学塾安懐堂を、ついで天保三年（一八三二）には冬木町に日習堂を開き、翌天保四年、長英とともにシーボルトに師事した伊東玄朴は、下谷に象先堂を開いている。彼らはシーボルト事件が蘭学への弾圧ではないことがわかって安堵したものとみられる。

蛮社の獄でも一時蘭学界は粛然となった模様である。津山藩の蘭学者箕作阮甫《みつくりげんぽ》は、崋山・長英が捕えられ三英が自殺したことから、いよいよ蘭学への弾圧が始まったと思い、相当の覚悟をしていたという。それにもかかわらず、自分が「天文台蘭書和解御用」を仰せつかったことから、崋山らの捕縛から一ヶ月後の天保十年六月十四日付、野上玄博・島崎鳩卿宛の書簡で次のように記している。

就ては西学社中のもの大かた一応は御尋も可有之抔と眉をひそめ居候処、此度小弟天文台出役被仰付、社中一統安心いたし候。此節の騒動にては横文字も御制禁と相成、洋医流も改業可被仰付抔の評判も有之候へども、此趣にては右様の事も有御座間敷、小弟一己の難有のみならず、社中の大幸と皆々悦申候（中略）崋山長英両人も全く無実の事にて御赦に可相成、山口屋も無人島開墾は願候由なれ共、アンゲリヤ抔と通じ候抔の事は無之。是亦讒訴より出候事の由、大方御免に可相成、尚後便可申上候。(2)

この書簡にもみられるように、幕府は「蘭学」と蘭学者らの反鎖国的、鎖国破り的事件とを、はっきりと区別していたといえよう。しかし、巷間ではまさに蘭学への弾圧が始まったと噂し、蘭学者はかなり悲観的であったことがわかる。沼田次郎氏は「この事件（蛮社の獄）に鑑みて蘭学者や蘭学研究を取締るような措置は採らなかった。その後も幕府は、翻訳書の出版、蘭書輸入等について数回にわたって規制の措置をとったがそれも別に禁止したわけではなく、蘭学の研究自体について抑圧するような方策は採ったことがない(3)」という。なお、箕作阮甫は、崋山・長英両人も無人島関係者も「是亦讒訴より出候事の由」と、かなり正確に事件を把握していたことがわかる。しかし、耀蔵の奸計までは見抜けなかったものとみられる。このように「蛮社の獄」は、シーボルト事件と同様、蘭学や蘭学者に対する弾圧ではなかった。

蛮社の獄と無人島事件

明治以来蛮社の獄は、新思想の弾圧、蘭学者への弾圧という面が強調され、主に渡辺崋山・高野長英をめぐって事件が語られ、解釈されてきた。しかし、崋山と同時に捕縛され、取調べを受けた町人たちは、合法的な無人島渡海計画にもかかわらず、海外脱出、異国人との応接という冤罪によって拷問を受け、四人の町人たちが獄死している。これまで蛮社の獄は、史料の豊富な崋山・長英の面から主に語られてきたが、しかし、史料をほとんど残さずに四人の犠牲者を出した無人島事件を明らかにすることによって、はじめて「蛮社の獄」という事件の全貌を把握するようことが可能になるであろう。そこであらためて蛮社の獄における無人島事件のかかわりについてみてみよう。

（1）鳥居耀蔵は、水野忠邦への上書で部下の小人目付小笠原貢蔵の報告にもない、町人たちが「異国人との応接」を渡島の目的としているとか「漂流ニ托し、呂宋・サントーイッ・アメリカ国辺へ罷越候心組」など、まだ雑談段階の「無人島渡海計画」を強引に「異国人との応接」「国外脱出」に結びつけて、鎖国破り的事件に仕立て上げている。しかも拷問によって多くの獄死者を出すほど厳しい追及がなされた。

（2）耀蔵はすでに江戸湾巡視の前年から、花井虎一を教唆して斎藤次郎兵衛に崋山宅を訪ねさせ、崋山を無人島渡海、海外脱出に結びつけようとしていた。これは従来蛮社の獄の要因といわれる耀蔵と江川との確執があったといわれる江戸湾巡視の前年のことである。

（3）崋山拘引の直後、老中水野忠邦は「登事夢物語一件にてはこれ無く、全く無人島渡海一件の魁首なり」と断言している。さらに水野が「無人島渡海企候儀、内訴いたし候者」として、町人たちを裏切ってスパイとして暗躍した花井虎一を高く評価し、判決直後に異例の昇進を指示している。

（4）後年、天保十三年（一八四二）五月、北町奉行遠山左衛門尉より老中水野越前守に上申された与力同心に褒美を与える伺い書の一節に、先例として「三宅土佐守家来渡辺登其外之もの無人島渡海相企候一件」とあり、崋山はすでに吟味の過程で無人島渡海の容疑は晴れていたにもかかわらず、幕府ではこの事件を終始既定の事実として、崋山を首謀者とする「無人島渡海相企候一件」として扱っている。

ところで「蛮社の獄」という名称は、蘭学者らの集まりが弾圧された事件という意味であり「蛮社」は具体的には「尚歯会」を指すものとして、現在でも「蛮社の獄」とは「尚歯会」が弾圧された事件として解釈されることが少なくない。しかし、これまでみてきたように、尚歯会は蘭学者だけの集まりではなく、また弾圧もされていない。したがって「蛮社の獄」という名称は、事件の内容・性格について誤解を生じやすい名称といえよう。

従来、蛮社の獄の犠牲者といえば、長英・崋山の名があげられてきた。しかし、鳥居耀蔵の奸計を一身に浴びて獄死したのは、四人の町人たちであった。しかも、みせしめともいうべき冤罪であった。このことは蛮社の獄という事件の性格をよく表しているといえよう。こうした蛮社の獄の実態・性格からみて、この「蛮社の獄」という事件は、むしろ「無人島の獄」と称するのがより実態に近いといえようか。

市井の噂、落首

蛮社の獄に関する史料は、長英・崋山ら自身や、その関係者が残したものばかりではなく、江戸の町人たちの噂話などにもみられるので、そのいくつかを紹介したい。

○渡辺登の騒動

参州田原の城主三宅土佐守家来渡辺登といへる者、外に医一人・坊主一人都合三人同意にて、是迄年来八丈島へ渡り、私《ひそか》に交易をなせしが、此度密《ひそか》に無人島を開発し、己れらが物にせんとて大勢の党を結び右坊主江戸表に滞留して、多の武器を買取りぬるにぞ、近来騒々敷時節、殊更大塩已来、別してかやうなる事は厳しく吟味有事なるに、坊主の身分にて仰山に買納るゝ事故大に怪み、其宿屋より直に訴へ出、当人は申に及ばず、其党大勢被召捕騒動せしと云へり。(『浮世の有様』〈『日本庶

民生活史料集成』第十一巻、三一書房、五四三頁〉）

○無人島は二百里向ふ、開く心の企も、鉄砲余多の音強く、三宅の家老渡辺登外に徒党の六七人、皐月十四日に御尋ねありと、揚屋へ入らる。（「天言筆記」〈『新燕石十種』中央公論社版、第一巻、一八〇頁〉）

○流行切支丹蘭学沙汰

無人島開発可致趣之由ニ而、武器夥敷取拵、別而鉄砲沢山仕込候由、何れも紅毛文字ニ而書面取替せ致し候由、種々之風説ニ付召捕也。（近世庶民生活史料『藤岡屋日記』二巻、三一書房、九九頁）

○やよ蛙　蝌蚪《かと》（おたまじゃくし）のむかしはわすれても　おらんだ文字の横飛びはすな。（「天言筆記」〈『新燕石十種』中央公論社版、第一巻、一七九頁〉）

ここにあげたものには、それぞれ「渡辺登」「切支丹」「無人島」「鉄砲」「おらんだ文字」などが読み込まれており、当時この事件は巷間でも崋山を首謀者とする不気味な事件として印象づけられたものとみられる。

「蛮社の獄」とは何か

これまでの各章では、主に事実関係をみてきたが、それぞれの事実が錯綜し、蛮社の獄という事件の構図、全体像がわかりにくいという嫌いもなしとしない。そこで事件全体の概要を簡単にまとめてみよう。

蛮社の獄の背景には、文政七年（一八二四）に水戸の漁民たちが沖合で欧米の捕鯨船員と物々交換を行い、三百人余りが取調べを受けるという事件があり、また文政十一年には書物奉行天文方筆頭の高橋景保が幕府禁制の地図を贈ったシーボルト事件など、前代未聞の反鎖国的事件が続いた。かつて松平定信が「老中心得」の一項として警告したという「外国遠く候ても油断致すまじき事」という戒め、すなわち鎖国を弱体化させかねない動きがこの時期、一八二〇年代から三〇年代にかけて現実の問題として浮上してきたといえよう。こうした事件の頻発に衝撃を受けた幕府は、近接する異国船を撃退する異国船無二念打払令によって、日本人と西洋人との接触の遮断を強化する一方、日本人の西洋・西洋人に対する警戒心の緩みを引き締める必要に迫られていたものとみられる。したがって、蛮社の獄は「異国船無二念打払令」の延長線上に位置する事件であったといえよう。

事件のあらましは、当時文政から天保にかけて、ひそかに開国を期待する蘭学者や蘭学系統の知識人はむろんのこと、鎖国の排外的閉鎖性を疑問視する漁民も現われるなど、西洋・西洋人への警戒心の緩み、希薄化の傾向が顕著になってきた。こうした傾向を危惧し警戒していた目付鳥居耀蔵は、当時鎖国の撤廃を求めて「蘭学にて大施主」と噂されるほど西洋を肯定的に評価して啓蒙活動を行っていた渡辺崋山を処罰する機会をうかがっていた。同じく耀蔵はその頃江戸で無人島への合法的渡海を話し合っていた僧侶や江戸の町人たちを「異国人との応接を目的とした無人島渡海を計画し、その途中漂流にこと寄せて呂宋、サントーイツ、アメリカへの渡海を企てた」という事実無根の容疑で捕え、同時に崋山をこの町人たちのグループの首謀者にでっちあげて捕えた。崋山は町人たちの計画とは無関係であったため、鳥居の奸計は失敗したかにみえたが、崋山は家宅捜索の際押収された『慎機論』などの文言を咎められて在所蟄居の判決が下った。町人たち三人全員と僧侶一人の合計四人は「異国人との応接」「海外脱出」という濡れ衣を着せられ拷問を受けて獄死した。むろんこれは冤罪であった。高野長英は『夢物語』におけるイギリスとの交易を促す記述などを咎められて永牢（終身禁固）に処せられ、小関三英は事件には無関係であったが、自身の反鎖国的思想が露見するのを恐れて自殺した。長英の『夢物語』は耀蔵によって崋山や町人たちを捕えるきっかけとして利用されたといえよう。

この事件では町人たちと同罪とみられる罪状がありながら、幕臣や陪臣はそれぞれ別件で「押込」という軽い処罰で済まされており、これは罪状の有無よりも、耀蔵の目的が西洋・西洋人に対する警戒心の風化を戒める一罰百戒として、みせしめ的厳罰という要素が強かったため、幕臣は除かれ町人たちだけが犠牲にされたものとみられる。

『夢物語』『慎機論』による幕政批判と、町人たちの冤罪事件からなるこの「蛮社の獄」は、禁制の地図を外国人に譲渡したという事実が問題となったシーボルト事件とは、その点多少性格を異にするが、鎖国の排外的閉鎖性の強化、引き締めという意味では、「蛮社の獄」もシーボルト事件の延長線上に位置する事件であった。蛮社の獄では、あえて事件を捏造してまで無実の町人たち四人に牢屋責めを加えて獄死させている。これは江戸時代においても異例の事件といえよう。また同じく獄死した高橋景保の場合と同様、当時幕府がこうした反鎖国的事件をいかに重大視していたかを示すものであろう。

以上のように蛮社の獄とは、通説でいう、江戸湾巡視における耀蔵と江川との確執や、林家や耀蔵の蘭学・蘭学者への嫌忌による蘭学者弾圧事件ではなく、目付鳥居耀蔵の告発をもとに老中水野忠邦が総指揮をとり、当時「蘭学にて大施主」と噂されていた崋山を処罰するために「三宅土佐守家来渡辺登其外之もの無人島渡海相企候一件」として引き起こされた事件であった。

「蛮社の獄」とは、一言でいえば「幕府が緩み始めた鎖国の排外的閉鎖性の引き締めを図った事件」で、その標的となり犠牲となったのが渡辺崋山をはじめ高野長英・小関三英そして常陸の僧侶と江戸の町人たちであった。崋山と長英は鎖国と向き合い、格闘した、いわば確信犯であったが、江戸の町人たちは冤罪による無実の犠牲者であった。

こうして「蛮社の獄」以降、国内から鎖国の撤廃を働きかける動きは跡を絶った。しかし十四年後幕府は開国要求を掲げるペリー艦隊を迎えることになる。

註

（1）高野長英『蛮社遭厄小記』（『日本思想体系』55「渡辺崋山・高野長英・佐久間象山・横井小楠・橋本左内」岩波書店、一九八二年、一八九頁）。

（2）呉秀三『箕作阮甫』大日本図書、一九一四年、一一三〜一一四頁。

（3）沼田次郎『洋学』吉川弘文館、一九八九年、二四二頁。

あとがき

かつて小笠原島史研究の途上で、無人島渡航問題から蛮社の獄について触れることになり、事典や概説書によって前へ進むつもりでいたところ、一歩踏み込んでみると、この事件は意外に複雑でわかりにくく、しかも定説があるようでなく、蛮社の獄の研究はいまだ途上にあるという感を深くした。そこでまず崋山の日誌や書簡類などの基本的な史料から読み進めてみると、崋山の実像ともいうべきものは、西洋の社会制度を称え、ひそかにわが国の鎖国の撤廃を、開国を期待する人物であった。一方、従来の定説で知られる海防問題に熱心な崋山とは、建前を述べている崋山であって、崋山には田原藩の助郷問題など、ことさら海防問題を標榜しなければならない事情があったことがみえてきた。長英の場合も、同僚の蘭学者が政治問題に沈黙を守っているときに『夢物語』を書いてひとり幽囚の身となり、同僚たちからも浮き上がってしまったため、その点を釈明せずにはいられなかったものとみられる。そこで獄中で書いたのが釈明の書ともいうべき『蛮社遭厄小記』で、その中で彼は『夢物語』を書いたのは「幕府への忠言」と強弁しているものの、長英の本心は崋山と同様鎖国の撤廃、開国への期待であった。このように事件の当事者の残した最も信拠すべき史料といえども、田原藩年寄としての崋山の立場、長英の事情からの証言、記述であり、そこには韜晦・隠蔽とみられる部分が多分に含まれていることにあらためて気づくとともに、こうした当事者による韜晦が、蛮社の獄をわかりにくくしている一因でもあると考えるようになった。その間、恩師箭内健次先生のご紹介で佐藤昌介先生にも抜刷りを見ていただき、貴重なご教示をいただいた。そこであらためて蛮社の獄に関する史料を読み返してみて、従来の諸説にとらわれずこのようにまとめてみた。ただし、本書で述べてきたことは、従来の大方の通説とはかなり異なっており、違和感を覚える方もおられるのではないかと思われるが、お気づきの点などご教示いただければ幸甚です。

本書を上梓するについては、日本海事史学会で長年お世話になった田中健夫先生にご相談申し上げるつもりでいた矢先、突如先生の訃報に接し途方に暮れていたところ、はからずも「田中健夫先生を偲ぶ会」において吉川弘文館の一寸木紀夫氏にお会いすることができ、本書の出版にご尽力いただけることになった。これも田中先生のお引合せと感謝するとともに、あらためて先生のご冥福をお祈り申し上げます。また駒沢大学図書館の方々には何かとお世話になったこともあらためて御礼申し上げます。最後に私事ですが、私の歴史研究を励ましてくれた今は亡き父母、田中大全・美代に感謝します。

二〇一一年三月

田中弘之

著者略歴
一九三七年　東京に生まれる
一九六四年　駒澤大学文学部歴史学科卒業
元駒澤大学図書館副館長

〔主要著書・論文〕
『幕末の小笠原』（中公新書、一九九七年）
『幕末小笠原島日記』（校訂・現代語訳、緑地社、一九八三年）「阿部正弘の海防政策と国防」（『日本歴史』六八五号、二〇〇五年）
「鳥居耀蔵と蛮社の獄」（『日本歴史』六五七号、二〇〇三年）「江戸時代における日本人の無人島に対する認識」（『海事史研究』五〇号、一九九三年）

「蛮社の獄」のすべて

二〇一一年（平成二十三）七月十日　第一刷発行

著　者　田《た》中《なか》弘《ひろ》之《ゆき》
発行者　前田求恭
発行所　株式会社 吉川弘文館
郵便番号一一三―〇〇三三
東京都文京区本郷七丁目二番八号
電話〇三―三八一三―九一五一〈代表〉
振替口座〇〇一〇〇―五―二四四番
http://www.yoshikawa-k.co.jp/
印刷＝株式会社 理想社
製本＝ナショナル製本協同組合
装幀＝清水良洋

ISBN978-4-642-08059-0

渡辺崋山（人物叢書）

佐藤昌介著　二二〇五円

渡辺崋山は幕末のすぐれた文人画家であるだけではなく、三河・田原藩家老として藩政を担当し、また蘭学を通じてアヘン戦争前夜の対外的危機状況を的確にとらえ、幕府の鎖国政策を批判して、蛮社の獄の悲劇を招いた。本書は、戦後発掘された新史料を駆使して、崋山の人となりや藩政との関係、蛮社の獄の真相等を究明、従来の崋山像を更新した労作。

（価格は5％税込）

洋　学（日本歴史叢書）

沼田次郎著　二八三五円

鎖国下きわめて限られた西欧の学術・文化の伝来を、人々はいかに受けとめ発展させたか。「蘭学」の発達を中心に据えて異文化との接触と対応のあり方、日本の近代化との関連を当時の政治・社会状勢等を踏まえて簡潔に説く。

幕末の海防戦略　異国船を隔離せよ（歴史文化ライブラリー）

上白石　実著　一七八五円

突然のペリー来航は、幕府に衝撃を与えたが、外交交渉には周到な準備をして対応した。なぜそのような戦略をもちえたか。さまざまな異国船への対応を検証し、海禁を維持するために奔走する幕府の姿から海防政策の本質に迫る。

江川坦庵（人物叢書）

仲田正之著　二一〇〇円

伊豆韮山代官。兵学者。品川台場、反射炉を構築。太平に眠る幕閣に警鐘をならした幕末先覚者の伝。

吉川弘文館